현존을 찾는 법

세인트 저메인의 제자가 된 애견 미용사

현존을 찾는 법
세인트 저메인의 제자가 된 애견 미용사

초판 1쇄 발행 2024년 7월 10일

저자 박근영
그림 박경옥
펴낸이 장길수
펴낸곳 지식과감성#
출판등록 제2012-000081호

주소 서울시 금천구 벚꽃로298 대륭포스트타워6차 1212호
전화 070-4651-3730~4
팩스 070-4325-7006
이메일 ksbookup@naver.com
홈페이지 www.knsbookup.com

ISBN 979-11-392-1981-4(03290)
값 16,700원

- 이 책의 판권은 지은이에게 있습니다.
- 이 책 내용의 전부 또는 일부를 재사용하려면 반드시 지은이의 서면 동의를 받아야 합니다.
- 잘못된 책은 구입하신 곳에서 바꾸어 드립니다.

지식과감성#
홈페이지 바로가기

현존을 찾는 법
세인트 저메인의 제자가 된 애견 미용사

박근영 지음
박경옥 그림

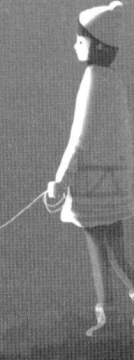

차례

서문 - 6

나의 친구, 경옥 - 10
레이키 수업과 신비 체험 - 14
은하문명 출판사 - 32
송과체 - 36
부착영과 사념체 - 39
명상 - 50
현존을 찾는 법 - 63
현존이 만들어 준 드라마 - 68
현존의 가이드 - 80
세인트 저메인과의 만남 - 87
네 명이 만나다 - 96
반려견 별이 - 102
빛의 일꾼 - 109
현존레이키의 로고 - 113
에키네시아 - 118
가게를 내놓다 - 123
세인트 저메인의 선물 - 127

이니시에이션 - 131

마스터 수업 - 137

전생 카르마 정화 - 145

상냥한 개 - 155

친구가 된 고래 선생님 - 159

비물질 존재의 삶 - 164

레이키의 빛 - 169

애견숍 - 180

상부 오라장 - 186

중심부 오라장 - 190

상가 구하기 - 200

빛 탐구 - 204

정반대 감정 - 214

빛의 모습 - 220

I AM 가르침 - 224

가게가 나가다 - 232

부록 - 감정 찾기 프로젝트 - 236

| 서문 |

  2023년 당시 제 나이 52세였고 서울 강남에서 작은 가게를 20년째 홀로 운영해 오고 있었습니다. 저는 27년을 애견 미용사로서 살았고, 그 일은 나 자신이자 삶 그 자체였기에 그 일 외에는 다른 어떤 일을 할 것이라고는 상상도 하지 못했습니다. 상승 마스터 세인트 저메인을 만나기 전까지 말이죠. 제가 세인트 저메인을 만나게 된 사연은 레이키라는 에너지 힐링 요법을 배우게 된 이후, 나 자신을 정화하고 불편한 감정들을 탐구하면서부터입니다.

  저는 보이지 않는 세계를 항상 궁금해하긴 했지만 영적인 탐구나 체험을 위해 무언가를 적극적으로 하는 사람은 아니었습니다. 그러던 중 저에게 육체적인 한계에 부딪히는 일이 생겼습니다. 그 일을 계기로 내 삶의 모든 것을 잃어버리는 경험을 하게 되었습니다. 결과적으로 그 일은 나의 삶에서 가장 강력한 변화를 가져왔고, 영혼의 계획임을 알게 되었습니다.

  상승 마스터란 우리처럼 인간으로 태어나 삶을 살아가면서 자신의 의식을 현존의 의식에 가깝게 도달한 사람을 말합니다. 상승 마스터는 영적 성취를 이루어 반복되는 윤회에서 벗어난 사람들로서 인류를 위해 봉사하고 있습니다. 상승 마스터들은 지상에서 살고 있는 사람들에게 나타나 영적 성장에 도움을 주거나, 진정으로 인류를 위해 봉사를 원하는 사람들에게 나타나기도 합니다.

애견 미용 일이 천직이라고 생각하고 산 저는 영적인 일을 하면서 봉사를 원하거나 그 길을 가길 원한 적이 단 한 번도 없었습니다. 그런 저에게 상승 마스터가 찾아와 "레이키 교재를 쓰라"라는 안내와 함께 저에게 펼쳐진 삶의 청사진을 알려 주었습니다. 청사진 중에는 "삶을 쓰라"라는 안내도 함께 있었는데 글이라고는 한 번도 써 본 적이 없는 저에게 한 번에 두 권의 책을 쓰라는 안내는 큰 도전이었으며 제 한계를 뛰어넘는 일이었지만 그 일을 자연스럽게 받아들이게 되었습니다.

저는 레이키를 배우기 전에도 영성에 관련된 책을 무수히 반복해서 읽었지만 저를 완전히 바꾸지는 못했습니다. 의식이 나의 가슴 중심이 아닌 외부에 있었기 때문입니다. 또한 상승 마스터들의 빛의 도움 없이는 절대적으로 자기완성을 이룰 수 없다는 것을 알게 되었습니다. 저는 상승 마스터들의 도움으로 저를 옭아매고 있는 생각과 감정들의 사슬을 벗게 되면서 점점 진동이 올라가는 경험을 하게 되었습니다. 그것이 저를 빠르게 변화시켰으며 카르마를 정화할 수 있는 엄청난 기회와 행운을 얻을 수 있었습니다. 우리가 만든 생각과 감정을 용해하는 일이 자신의 해방을 가져다줄 유일한 탈출구이자 진정한 자유를 얻는 길이며 I AM 현존을 만나는 가장 빠른 길입니다.

상승 마스터들의 도움은 저를 위한 것만은 아니며 모두를 위한 것이었습니다. 그것은 의지와 노력만 있다면 누구나 할 수 있는 일이며 근원의 빛으로 자신을 정화하고 높은 경지에 이르게 할 수 있습니다. 자신의 영적인 성장과 진화는 어떠한 책이나 언어로써 전달되지 않으며 경험과 체험을 통해서만 얻을 수 있다는 것을 온몸으로 느꼈습니다. 오직 정화만이 그토록 찾던 나의 높은 의식인 현존과 하나가 되는 것이며 진정한 나를 찾는 것입니다.

 이 책은 상승 마스터들의 사랑과 도움으로 쓰였으며, 모든 사람들이 자신 안에 내재한 높은 의식을 경험하며 현존을 찾는 날이 오길 희망합니다.

 책에서 나오는 모든 그림들은 제3의 눈(송과체)으로 본 모습을 탐구하여 그림으로 표현한 것입니다. 현존레이키 마스터 박경옥에 의해 표현된 그림은 사념체[1]의 모습과 부착영[2] 모습, 근원의 빛의 모습들이 투시가 안 되는 사람들을 위해 실제로 볼 수 있는 것처럼 표현해 보았습니다.

---

1 생각과 감정이 만들어 낸 에너지체. 육체, 아스트랄체, 멘탈체, 원인체에 저장되어 있고 프라나가 다니는 나디를 막으면서 신체의 진동을 낮춘다.

2 물리적 신체를 떠난 혼적인 부분이 세상을 떠돌다 자신의 파장과 비슷한 몸체에 붙어 존재함. 또는 사람의 감정과 생각의 에너지가 시간적 흐름에 의해 뭉쳐 사람의 형태를 뚜렷이 띠고 있는 에너지체를 포괄하는 개념.

나의 친구, 경옥

제가 하는 애견숍 옆에 네일숍이 생겼습니다. 저는 한 가게에서 20년 넘게 일을 하고 있지만 제 가게 옆은 2~3년 간격으로 새로운 가게가 오픈을 하고 문을 닫고 다시 오픈하고 문을 닫았습니다. 인테리어 가게, 떡볶이 가게가 번갈아 생겼는데 어느 날은 새로운 업종인 네일숍이 오픈을 했습니다. 그러나 그 가게도 2년도 채 되지 않아 문을 닫고 가게를 내놨습니다. 그리고 얼마 안 가 새로운 주인이 그 가게에 나타났습니다.

새로운 주인은 30대 초반의 여성으로 짧은 커트 머리가 아주 잘 어울렸습니다. 세련된 패션 감각과 아름다운 모습에 깊은 호감을 느꼈습니다. 처음에는 눈인사만 가끔씩 하다 나중엔 점심을 같이 먹는 사이가 되었습니다.

저는 친구가 거의 없습니다. 나이가 어릴 때는 사람을 만나서 술도 마시고 여기저기 다니며 놀았지만 점점 나이가 40이 되면서는 내가 사람을 만나 노는 것을 좋아하지 않는다는 것을 알았습니다. 그 후 시간이 지나면서 친구들과의 만남은 점점 줄어들었습니다. 관심도 없는 이야기들을 하면 들어 줘야 하는 게 재미가 없었습니다. 저는 누구와도 즐거운 대화를 나누지 못했다는 사실을 이 친구를 만나게 되면서 알게 되었고 우리는 점심시간을 기다리며 대화의 즐거움에 빠졌습니다.

저는 우리가 살고 있는 물질세계 외에 보이지 않는 다른 세계에 항상 목말라 있었습니다. 보통 사람들에게는 전혀 관심이 없는 이야기라는 것을 받아들이면서 이런 이야기들은 아예 안 하고 사는 것이 당연시되 없습니다. 그렇다고 누구를 만나는 성격이 아니라 그냥 혼자 일을 하면서 심심하게 지내는 저에겐 그저 행운이었습니다. 나이도 16살이나 어린 친구가 생겼으니까요. 저는 왜인지 모르게 이 친구에게 그냥 자연스럽게 내가 하고 싶은 말을 했고 거부감 없이 잘 받아들이는 모습에 더 많은 이야기를 했습니다.

보통 다른 사람들 같으면 보이지 않는 세계나 사차원적인 이야기를 하면 얼굴이 불편해하는 표정으로 변했기 때문에 말을 하다 그들의 얼굴을 살펴야 했습니다. 그들의 호기심을 자극시키려고 외계인 이야기를 하면 더욱 거북함을 표현했습니다. 하지만 경옥이는 내 얼굴을 똑바로 바라보고 들었으며 너무 잘 받아들이고 이해하는 듯한 모습에 점점 수준을 올리면서 말을 했습니다. 박경옥이라는 친구를 만난 지 이렇게 6년이라는 시간이 흘러 우리는 이제 둘도 없는 친구가 되었습니다.

어느 날 저는 경옥이에게 조심스레 말을 꺼냈습니다.
"나 뭐 배우려고 하는데 너도 같이 배우지 않을래?"
"뭔데요?"
"'레이키'라는 것이 있는데 명상이랑 같이하면 좋을 것 같아서…. 에너지 힐링인데 난 요즘 이것만 생각해. 그래서 레이키를 내가 배우려 하는데 너도 배웠으면 좋겠다."

그런데 처음 듣는 단어이니 당연히 무덤덤하게 툭 던지듯이 경옥이는 말했습니다.
"그게 뭔지 한번 알아볼게요."

경옥이는 내가 보기엔 좀 시큰둥한 표정을 지었습니다. '왜 내가 이것을 배워야 하지?' 하는 표정이었습니다. 저는 속으로 '당연히 이 친구가 배워야만 해!' 하고 생각했고 무슨 생각인지 저는 확신도 있었습니다. 그러나 한편에서는 '혹시나 안 한다고 하면 어쩌지? 이 친구가 안 한다면 안 되는데…. 무조건 해야 하는데….' 하고 두 가지 마음이 동시에 들었습니다.

이 얘기를 한 뒤 하루가 정말 길게 느껴졌고 안 한다고 할까 봐 마음이 조마조마하기까지 했습니다. 저도 집에 같이 사는 남자 친구가 있는데 그 친구도 "이거 사이비 아냐! 이런 것을 믿다니." 하고 부정적으로 바라봐서 '다들 이렇게 생각하는구나. 경옥이도 그렇게 생각할까?' 하고 내심 걱정을 했습니다.

그다음 날 저는 레이키 이야기를 꺼내지 않고 기다리기로 했는데 마음이 초조해지면서 내가 왜 이렇게 경옥이랑 가기를 원하지? 하며 나 자신이 이상하다 생각했습니다. 그리고 점심시간이 되어 식사를 하면서 드디어 경옥이가 먼저 말을 꺼냈습니다.

"남편을 설득해야 하기 때문에 무슨 말로 설득할지 고민을 하고 있어요."

그렇게 말을 하길래 저는 속으로 '가긴 갈 거구나. 휴, 다행이다.' 하며 너무 기뻤습니다. 하지만 내심 티를 내지는 않고 아무렇지 않은 듯 경옥이에게 물었습니다.

"레이키 배울 거야?"

"응, 뭐, 괜찮을 것 같아요. 사실… 저는… 이런저런 거 많이 배워 봤는데 가면 별거 없더라고요. 그리고 항상 실망을 해서 기대는 안 해요."

아무 감흥 없이 말하는 경옥이를 보고 '내가 가자고 해서 억지로 가는 건가?' 하고 생각했습니다. 어쨌든 저는 같이 가 주는 것이 너무 좋았고 고맙기까지 했습니다. 경옥이가 안 간다고 한다면 내 돈을 주고서라도 데리고 가야겠다는 생각까지도 했는데 같이 가겠다니! 경옥이에게는 이런 말은 안 했지만 속으로는 뛸 듯이 기뻤습니다. 그래서 경옥이에게 "네 신랑한테는 레이키 배운다 말하면 안 될 것 같으니 다른 것을 배운다 해야 해."라고 알려 주고 신랑한테 나처럼 사실을 말하면 반대할 테니 섣불리 말을 하지 말라고 신신당부했습니다. 저도 남자 친구가 펄쩍 뛰는 것을 미리 봤기에 솔직하게 말하면 안 된다는 것을 알았습니다. 경옥이 신랑도 제 남자 친구와 성격이 비슷한 것 같아서 우리는 경옥이 신랑에게 거짓말을 해야겠다고 생각했습니다. 저는 동거 중인 남자 친구에게 "이렇게 레이키 못 하게 하면 난 자기랑 못 살지." 하며 단호하게 말해 버렸으니까요. 남자 친구는 걱정이 돼서 한 말이지만 저는 화가 올라왔습니다. 무조건 할 거라는 확신을 보여 주고 싶어서 그렇게 말했지만 레이키를 사람들이 이해하기가 좀 어려운 것 같았습니다. "레이키라는 것은 근원의 빛이며 그것을 받으면 내 손에서 빛이 나간다. 그 빛으로 자신을 치유할 수 있다."라고 일반 사람들에게 진실을 말한다면 아마 미친 사람이라고 할 것이 뻔하고 사이비 단체에서 사람을 꼬드기려고 그러는 것이라 생각할 수 있기 때문에 그럴싸한 말로 포장을 해야 했습니다. 경옥이 남편이 못 하게 할 것 같아서 우리 둘은 머리를 맞대고 오랫동안 고민한 끝에 명상을 배우러 간다는 거짓말로 결론을 냈습니다.

  그리고 드디어 우리는 수강 신청을 하게 되었습니다. 그 이후 저는 레이키를 배우지도 않았는데 할 생각만으로도 숨이 쉬어지는 느낌을 받았고 마음이 편안해졌습니다. 그리고 수업을 받을 날을 기다리며 설레는 3주를 보냈습니다.

레이키 수업과 신비 체험

레이키 수강료를 결제하면 레이키 교재가 수업 전에 학생 집으로 보내져서 먼저 읽을 기회가 주어졌습니다. 책을 받자 선물을 받은 것 같으면서 들뜬 기분을 감출 수 없었습니다. 집에 책이 도착하자마자 책의 포장을 뜯고 책을 드는 순간 손에서는 진동이 느껴지고 책을 펼쳐 보는 내내 머리 정수리에서 빛이 반짝이는 느낌을 받았습니다. 그래서 진동이 느껴지는 손을 여기저기 몸에 대 보고 '어! 이게 뭐지?' 했습니다. 머리 위에도 계속 진동이 와서 레이키가 이런 거구나 하고 그냥 알아 버렸습니다.

저는 너무 설레서 잠도 잘 오지 않더니 잠을 자려 눈을 감고 눕자 보라색 플라스마 같은 둥근 빛이 이마 정중앙에 보였습니다. 저는 이 빛이 희미해질 때까지 바라보며 잠이 들었습니다.

다음 날 저는 경옥이에게 어제 책을 받고 손에서 진동이 느껴진 것에 신기해하며 "너도 손과 머리에 진동이 왔어?" 하고 물었습니다. 경옥이는 "무슨 진동이요? 잘 모르겠는데요?" 하며 무슨 말을 하는 건지 모르는 표정을 지었습니다. 저는 어제 일을 설명하니 경옥이는 자기는 아무것도 못 느꼈다고 말하기에 모든 사람이 다 똑같이 느끼는 것이 아니란 걸 알았습니다.

그리고 드디어 며칠이 지나 레이키 수강 날이 왔습니다. 마음이 들뜨고 긴장도 되고 잘해야지 하는 기대감이 컸습니다. 레이키 입문 수업은 이틀 동안 진행되고 아침 10시부터 6시까지 하기 때문에 그날은 가게 문을 닫고 수업을 들으러 갔습니다. 경옥이랑 같이 수업을 들어서 저는 마음이 편하고 의지도 되고 너무 좋았습니다. 레이키는 정말 신기하고 신비롭다는 생각도 들면서 이걸 왜 지금 알았을까? 했습니다.

 레이키 역사는 100년도 넘었고 우리나라에 소개된 지 20년 이상 되었다지만 저에게는 생소한 것이었습니다.

 미국이나 다른 나라에서는 에너지 힐링, 에너지 정화로 정신적 질병이나 신체적 질병을 치료하는 데 다양하게 사용되며 오히려 병원에서 진단이 내려지지 않아 알 수 없는 정신적, 육체적 질병에 많은 효과를 보고 있는 힐링 요법입니다. 우리나라에서도 대중적으로 알려지는 단계에 있고 영성을 추구하는 구도자들도 레이키를 사용하기도 합니다.

 손에서 에너지가 나간다고 말을 하면 중국 무협영화에서 볼 수 있는 손에서 장풍이 나가는 모습을 생각하겠지만 저는 정말 손에서 무언가 나가는 것을 확실히 경험했습니다. 그러나 그것은 장풍이 아니라 "진동"이었습니다.

 레이키 수업 중에 제일 중요한 "어튠먼트(Attunement)"라는 전수 과정이 있습니다. 선수 과정이라는 것은 레이키를 하는 선생님이 처음 배우는 학생에게 레이키가 작동되도록 전수시켜 주는 과정을 말하는데 그 과정을 거쳐야지만 레이키 에너지가 학생의 몸으로 전달이 되면서 레이키를 할 수 있게 되는 것을 말합니다. 전수 과정 이후, 학생에게 레이키 에너지가 흐르게 되면 학생들은 다양한 신비 체험을 하게 됩니다. 그리고 전수하는 동안 학생이 느끼고 체험한 것을 말하는 시간이 주어집니다. 그러나 저는 특별한 것을 느낄 수 없었기에 뭐라고 말을 해야 할지 속으로 고민해야 했습니다.

레이키 전수 과정 중에 제가 느낀 것은 이러했습니다. 약간의 열감이 이마와 허벅지에 손바닥 크기로 전해졌고 가슴의 두근거림과 하염없이 흐르는 눈물이었습니다.

눈물이 흐를 때 좀 이상한 것이 무슨 슬픔인지 모르지만 그냥 슬프면서 눈물이 계속 흘러 '빛을 받는데 왜 눈물이 나지? 이것도 느끼는 거겠지?' 생각했습니다. 하지만 저와는 다르게 경옥이를 비롯해 다른 사람들은 조상도 만나게 해 주고, 하늘도 날게 해 주고, 보석도 따게 해 주고, 아름다운 빛도 보게 해 주고, 부착영도 치유해 주었습니다. 높은 진동의 에너지를 받으면 상위 차원의 빛들과 영상들을 보기도 하고, 메시지를 듣기도 하며, 돌아가신 영혼들도 만나는 것 같았습니다.

그런데 저는 다른 학생들에 비해 아무것도 보이지 않았기에 별다른 것이 없다고 생각했습니다. 아무 느낌이 없어도 아무것도 보이지 않아도 작동은 다 되고 있는 것이니 걱정은 안 해도 된다는 선생님의 말이 위로는 되었지만 여러 번의 전수 과정 내내 아무것도 보이지 않는 것은 슬픈 일이었습니다.

그렇게 이틀이 지나 수강이 끝나고 저는 배운 것에만 만족해야 했습니다. 오히려 기대가 너무 컸던 저는 좀 힘이 빠져 제 자신을 위로해야 했고, 아무 생각 없이 갔던 경옥이는 송과체가 바로 활성화되어서 빛을 보게 됐습니다. 레이키는 명상을 오래 하면 느낄 수 있는 것들을 아주 짧은 시간 안에 이르게 해 주는 것 같았습니다.

레이키를 배운 첫날 바로 빛을 보고 투시가 된 경옥이는 레이키의 에너지가 이 정도인지 상상도 못 했기에 많이 놀란 것 같아 보였습니다.

처음 전수를 받자마자 하얀빛이 일자로 내리꽂아 "이게 도대체 뭐야?" 하고 저에게 놀란 토끼 눈이 되어 말을 했고 얼떨결에 따라왔다가 아름다운 빛의 향연을 접한 경옥이는 레이키를 진심으로 믿게 되었습니다.

저는 레이키를 배우기 전에 미리 검색을 하고 이것저것 정보를 찾아보았을 때는 그냥 에너지 힐링 정도로 생각하고 명상할 때 도움이 되겠지 하고 생각했습니다. 그런데 경옥이가 제3의 눈으로 빛을 보게 된 것을 보고 저 또한 적잖이 놀랐습니다.

'진짜 근원의 빛을 받으면 경옥이처럼 빛을 바로 볼 수가 있구나!' 저는 아무것도 보지 못한 마음을 스스로 달래며 그날 저녁 집에 와서 오늘 배운 것을 해 보고 싶어서 자기 전에 의자에 앉았습니다. 편안한 자세로 이완시키고 셀프 힐링이라는 것을 하려고 책을 펴서 그대로 따라 했습니다.

셀프 힐링은 레이키 에너지가 손에서 나오고 있으니 편안한 자세를 하고 손을 자신의 몸에 대고 있는 힐링 기법입니다. 레이키 배운 그날 저녁, 완전 초보라 손에서 뭐가 나가는지 잘 느껴지지도 않고 작동이 되고 있는지 모르지만 그냥 에너지가 손에서 나온다고 무조건 생각하고 힐링을 시작했습니다.

저는 흔들의자에 앉아서 3분 타이머 명상 음악에 맞춰 손의 포지션을 바꿔 가면서 손을 몸에 대고 에너지가 손에서 흐르는지 감각을 세우며 느끼려고 노력했습니다. 그러나 생각처럼 손에서 에너지가 나간다는 느낌은 없고 그냥 아주 기분 좋은 편안함이 몰려왔습니다. 한 15분쯤 지났을 때 몸이 편안해지고 이완이 되면서 몸이 의자 뒤로 쑥 하고 빨려 드는 느낌이 들었고 등가죽이 의자에 달라붙는 것 같았습니다.

'어! 이거 기분 너무 좋다.'

'이게 이완이구나! 몸이 이렇게도 말랑말랑해질 수 있을까?'

이러한 느낌이 들면서 갑자기 내가 보고 있는 장면이 순간 바뀌었는데 제가 광활한 우주 공간에 있는 것이었습니다. 온통 까만 하늘에 별들이 있고 그 우주 속에 제가 있었습니다. 그리고 내 앞에서 광속으로 약간의 타원을 그리며 날아가는 것이 있었는데, 저는 의자에 앉아 광속으로 날아가는 것을 지켜보았습니다. '저것은 원자인가?' 생각이 들면서 제 몸이 원자 속도에 못 이겨 왼쪽 방향으로 약간 쏠리고 있어 앉아 있는 흔들의자 양 팔걸이를 꽉 잡았습니다. 그런데 분명히 광속으로 저와 원자가 함께 날아가고 있는데 제가 보는 장면은 멈춰 있는 것처럼 보였습니다. '어디로 가는 거지?' 의문을 품고 이상하다고 느끼는 순간 그 장면이 사라지고 저는 바로 의자에 앉아 있는 몸으로 돌아왔습니다.

그런데 좀 특이한 점은 의자에 팔걸이를 하고 앉아 있던 몸이 아닌 의자를 반 이상 이탈한 상태로 팔과 머리가 바닥에 널브러져 있었고 엉덩이만 의자에 간신히 걸치고 있는 몸으로 돌아온 것이었습니다. 의자에 앉아 원자를 바라보던 몸은 육체가 아니었습니다. 그래서 육체로 돌아온 몸은 마치 해파리처럼 흐물흐물해서 몸을 추스르기가 힘들었습니다. 흐느적거리는 해파리 같은 몸에 완전한 힘이 들어가기까지는 1~2분의 시간이 소요된 것 같았습니다.

의자에 자세를 바로 자리 잡고 앉아서 저는 이 상황을 천천히 짚어 보니 '이것이 말로만 듣던 "유체이탈"인가? 나에게 이런 일이 일어나다니! 어떻게 내가 유체이탈을 한 거지?' 하며 생각지도 못한 경험에 좀 놀랐습니다. 수업 중에 못 느꼈던 것을 우주여행으로 보상을 받은 것 같았습니다.

그런데 희한한 것은 속도는 분명 느껴졌는데 그 자리에 원자가 머물러 있는 것이 이상하다는 생각이 들었습니다. 속도가 광속에 가까워지면 시간의 흐름이 점점 느려지다 못해 완전히 정지된다는 말처럼 이것도 그런 건가? 하는 생각이 순간 들었습니다.

저는 그 느낌을 똑같이 느끼고 싶어서 셀프 힐링을 다시 시도를 하였습니다. 그러나 아무 생각 없이 할 때와 다르게 아무리 하려 해도 되지가 않았고 점점 몸에 힘이 들어갔습니다. 저는 세 번 정도 시도를 하다가 완전히 포기해 버렸고 한 번의 유체이탈로 만족을 해야 했으며 생생하게 체험한 우주를 생각하면서 계속 흥분 상태로 그날은 그렇게 지나갔습니다.

그다음 날 경옥이는 호들갑을 떨면서 제 가게에 들어왔습니다.

"언니! 언니! 저 정말 신기한 경험을 했어요."라고 말을 하길래 속으로 '얘도 유체이탈 경험을 했구나' 하고 생각했는데 경옥이는 더 놀라운 말을 했습니다. 자신의 친언니가 있는데 1년 전 유방암 수술을 해서 지금도 치료 중이라 언니 생각이 나서 언니에게 원격으로 레이키를 해 주었다가 흥미로운 경험을 했다는 것이었습니다. 거리와 상관없이 멀리 떨어져 있어도 원격으로 레이키가 되는 것을 배웠기에 경옥이는 친언니에게 원격으로 레이키를 해 주다가 얼굴에 붙어 있던 부착영 두 명을 내보냈다고 말했습니다. 언니는 병원을 갈까 생각하고 있었을 정도로 왼쪽 턱에 통증이 있었다고 했습니다. 그러던 중에 경옥이가 원격으로 턱에 레이키를 보내니 바로 부착영이 나간 것이었습니다. 경옥이는 언니에게 그 말을 전하니 썩 믿는 눈치는 아니었다고 했습니다.

저는 너무 놀라서 경옥이에게 물었습니다.

"어떻게 나간 것을 안 건데?"

"언니의 가슴 윗부분에 레이키를 보내다가 언니 턱 쪽에 두 명의 얼굴이 보였어요. 왼쪽 턱에 살고 있었던 것 같았는데 턱에 레이키를 10분 정도 보내자 바로 나가 버렸어요. 그런데 그 부착영 애들이 장난치려 붙어 있는 느낌까지 전해졌어요."

레이키를 배울 때 귀신을 부착영이라 부르고 퇴마처럼 내보낼 수 있다고 배웠습니다. 그런데 그것을 경옥이가 했다는 것입니다. 저는 "대박! 너 이제 퇴마도 하는 거야?" 신기해하며 놀라서 물었습니다. 아무것도 보이지 않는 제가 "나도 부착영 보고 싶다." 하고 흥분하며 말을 하니 경옥이는 얼굴이 못되게 생겼다며 얼굴 인상을 자세히 설명을 하였습니다. "그럼 그것은 귀신이야? 안 무서웠어?" 저는 물었고 경옥이는 전혀 무섭지 않고 그냥 얼굴 보는 것이 재밌다 했습니다. 저는 '경옥이가 안 보이는 나를 생각해서 그 황당한 말을 담담하게 하는구나.' 하고 생각했습니다.

레이키를 배운 지 이틀 만에 우리는 유체이탈로 우주를 가고, 부착영을 내보냈습니다. 그러면서 지금까지 우리가 알고 있던 단순한 에너지 힐링이 아니라 더 대단한 뭔가 있구나 생각했습니다.

그리고 그날 저녁 저도 경옥이처럼 누군가에게 레이키를 해 보고 싶었습니다. 멀리 따로 사는 내 동생에게 말을 하지 않고 레이키를 보내고 싶어서 '집안일을 끝내고 해야지!' 하고 생각했습니다. 그런데 그 순간 속이 울렁울렁하더니 헛구역질이 계속 나고 기침이 나오면서 생각만으로 미리 작동이 되고 있는 것 같았습니다.

저는 하던 일을 멈추고 원격으로 동생 복부 쪽으로 레이키를 보냈습니다. 제 동생은 평소에 과민성 대장 증후군 때문에 불편함을 가지고 있

현존을 찾는 법

었고 오랜 세월 동안 고통을 호소한 적이 많았었기에 동생 사진을 보면서 복부에 원격으로 레이키를 시작했습니다.

10분쯤 지나고 헛구역질이 멈춰지면서 제 몸속에서 무거운 검은 연기 같은 것이 스멀스멀 올라오더니 입으로 빠져나가는 느낌이 들었습니다. 저는 연기 느낌이 다 나갈 때까지 입을 계속 아~ 벌리고 있었습니다. 느낌이 정말 야릇하다고 해야 하나 기분 나쁘다고 해야 하나 처음 느끼는 기분이었습니다. 저는 '보이지 않으니 이런 식으로 느끼는구나! 다 작동이 되는 것이 맞구나! 나이 50이 넘은 내가 되면 아무나 다 되는 거네.' 하고 부착영을 내보낸 것에 뿌듯함이 올라왔습니다.

레이키 초보여서 손에서 레이키가 나가고 있는 건지 잘 느껴지지 않았습니다. 아주 집중을 하지 않으면 정말 작동이 되고 있는 건지 도저히 알 수가 없었습니다. 그래서 치유가 되는 건지 안 되는 건지 모르기에 부착영이 나갈 거라고는 상상을 못 했습니다. 주체 못 할 기쁨이 느껴졌습니다.

우리는 그날 이후 부착영 퇴마에 돌입했습니다. 분명 다른 사람을 한 번 레이키 했을 뿐인데 부착영이 나간다면 우리 몸에도 많이 있을 거라 생각하고 우리는 시간이 나는 대로 계속 레이키를 했습니다.

나의 첫 번째 부착영은 이마에 살고 있는 할머니였습니다. 할머니를 내보내기에 우리 힘이 역부족이라 3일 연속으로 매일 레이키를 해야 했습니다. 저는 "명상할 때 안 보이는 것은 6번 차크라에 귀신이 있어서 그럴 거야. 아마도 이마에 누군가 있을지도 몰라." 하고 농담 삼아 경옥이에게 말하곤 했습니다. 이렇게 재미 삼아 이마에 레이키를 하기 시작했는데 진짜 그곳에 할머니가 있을 줄 상상도 못 했습니다. 경옥이는 제

이마에 레이키를 하면서 고개를 갸우뚱하며 이해할 수 없다는 표정으로 말했습니다.

"할머니는 정말 나가고 싶지 않나 봐요. 원래 이렇게 내보내는 데 오래 걸리는 건가? 친언니 했을 때는 10분이면 나갔는데… 이상하네."

레이키를 배운 지 며칠이 되지 않아 그런지 한 명 내보내는 것이 오래 걸렸습니다. 게다가 오랜 세월 내 몸에 있었던 것 같은 할머니는 검은 가림막 뒤에 안전하게 숨어 있어서 좀처럼 나가지 않아 빨리 나가게 해 달라고 기도까지 했습니다.

할머니의 검은 가림막은 너무 강력해서 도무지 사라지지 않았는데 레이키의 빛을 계속 넣어 주었더니 검은 가림막에 구멍이 생기면서 그 구멍으로 빛이 들어갔습니다. 그 구멍 안으로 빛이 한참 채워지면서 할머니를 발견하게 되었습니다. 며칠을 계속 레이키를 하니 그 검은 가림막은 사라지고 할머니의 얼굴만 남았습니다. 할머니 얼굴에 빛을 쏘자 빙글빙글 돌면서 빛 속으로 가 버렸습니다.

할머니는 머리가 옛날 할머니처럼 쪽 찐 머리에 눈썹은 아주 검고 눈을 감고 있었는데 누워 있는 형상이라고 했습니다. 할머니가 있던 자리에 레이키의 빛을 한참 보내니 레이키 빛이 스스로 또 한 명의 부착영을 찾아냈습니다.

경옥이는 "언니, 옆에 한 명이 또 있는 것 같아요. 보였다 안 보였다 해요. 근데 이 사람은 남자 같아요!" 하고 격양되어 말하며 계속 그쪽으로 레이키를 보내겠다 했습니다.

두 번째 부착영은 할머니 옆에 있는 아저씨였고 할머니보다 빨리 몇 분 만에 나갔습니다. 이마에 레이키로 빛을 계속 보내다 보니 옆에 숨어 있던 남자 부착영에게까지 영향이 미쳤던 것 같았습니다.

이렇게 해서 제 이마에 있는 부착영 두 명을 다 내보냈습니다. 두 명을 하늘로 올려 보내니 속이 다 시원한 느낌이었고 이제 부착영은 내 몸에 없겠지! 하며 안도했습니다. 그러나 안도는 하루 만에 부서졌습니다. 그렇게 많은 부착영과 사념체들이 저를 기다리고 있는 줄은 상상도 못했습니다.

경옥이 말에 의하면 부착영은 불투명한 보호막을 쳐 놓고 그 안에 숨어 있었고 보호막에 레이키의 빛을 한참 보내면 그 막이 희미해지면서 얼굴이 보인다 했습니다. 그리고 부착영이 나갈 때는 부착영에 맞는 다른 빛이 와서 그들을 데려간다고 했습니다.

저는 이마의 부착영을 다 내보내면 저도 경옥이처럼 보일까? 기대도 많이 했지만 여전히 보이지 않았고 투시는 경옥이에게 의지를 하면서 도움을 받았습니다. 안 보이는 이유가 송과체 때문인가? 했지만 그것도 아닌 것 같았습니다. 안 보이는 이유는 알 수 없지만 할 수 있는 것은 레이키를 많이 하는 것뿐이라고 생각하고 집에 오면 제 몸에 레이키를 하는 일이 전부가 되었습니다. 그러다 보니 내 몸에 무수히 많은 사념체가 있다는 것도 알았습니다. 사념체가 나갈 때마다 기침과 헛구역질이 나왔습니다. 부착영과 사념체들은 우리 몸에 한 부위에 위치하고 살면서 그 부분의 에너지를 떨어뜨리고 있었기에 그곳에 높은 진동의 에너지를 계속 보내 주었습니다.

저는 이렇게 모든 부착영과 사념체가 나가면 혹시 경옥이처럼 투시가 될 거라 생각하고 매일 오랜 시간 레이키를 했습니다. 레이키를 하면 할수록 부착영과 사념체는 다발로 쏟아져 나오기 시작했습니다.

저는 투시가 되지 않아 경옥이에게 부착영과 사념체가 있을 것 같은 곳을 지적하면 그곳에 부착영이 있는지 사념체가 있는지 찾아 주었습니다. 그리고 경옥이에게 부착영이 나갔는지 확인도 받았습니다. 손을 신체에 대고 있으면 헛구역질이 올라왔습니다. 그러면 그곳에 뭔가 있다는 것을 알았고 헛구역질이 멈출 때까지 그곳에 계속 레이키를 해 주었습니다. 부착영과 사념체 내보내는 일은 시간이 많이 걸리는 작업이라 매일 출퇴근할 때 핸들을 제 몸이라 생각하고 원격 레이키를 하기도 하고, 한 손을 배에다 붙이고 다니기도 했습니다.

그런데 어느 날 손을 몸에 대지도 않았는데 레이키가 작동이 되면서 레이키는 스스로 알아서 작동이 된다는 것을 알았습니다. 그 후로 차를 타고 가도 몸에 손을 댈 필요가 없었습니다. 차만 타면 손에서 레이키가 나가지 않는데도 레이키가 자동으로 알아서 제 몸을 정화시켜 주고 있었습니다.

그날도 출근을 하려고 아파트 주차장에 차를 찾으려고 두리번거리고 있다가 제 차를 발견한 순간 저는 놀라서 눈이 휘둥그레졌습니다. 다름 아닌 제 차 지붕 위로 주차장 천장에서부터 내려오는 하얀 빛기둥을 보았기 때문입니다. 두께는 30cm 정도 돼 보였고 일직선으로 곧게 뻗은 하얀빛이 제 차 아래로 내리꽂고 있었습니다. 저는 헛것을 본 건가? 하고 눈을 감았다 뜨기를 반복했지만 눈을 떴을 때 분명하게 보이는 빛기둥이 내 차에만 내리꽂고 있었습니다. '아, 저래서 내가 차에만 타면 레이키가 알아서 작동이 되었구나.' 차에 타기도 전에 저렇게 빛기둥이 내려오다니 저를 위해 비단을 깔아 주는 것 같은 느낌이 들면서 제가 아주 소중한 사람 같다는 생각이 들었습니다. 차에서 빛기둥을 본 후, 다른 장소에서도 빛을 보기 시작했습니다.

아침마다 출근 전에 요가 매트를 깔고 홈 트레이닝을 짧게 하곤 했는데 요가를 하려고 하는 순간 요가 매트 위에서 빛이 내려오는 모습을 보았습니다. 그런데 그 빛은 차에서 본 것과 달랐습니다. 하늘에서 내리는 하얀 눈 같은 모습의 작은 동그라미 빛이 줄을 지어서 내려와 요가 매트를 빙 둘러쌌습니다. 순간적으로 보였던 흰 동그라미 빛은 너무 아름다웠습니다. 근원의 빛 모양은 똑같지 않고 상황에 따라 다른 것 같았습니다.

요가 할 때 레이키를 요청하지 않아도 상징을 사용하지 않아도 레이키는 자동으로 작동이 된다는 사실을 알았습니다. 매일 앉아 있는 의자나 침대에서도 알아서 레이키가 작동이 되었습니다. 손바닥에서 나오는 빛도 보았는데 밤에 침대에 누워 레이키를 하려고 손을 들어 몸에 대려 하니 하얀 안개 같은 빛이 손바닥에서 춤추듯 나갔습니다. 계속적으로 보이는 것은 아니었고 딱 한 번씩 보았는데 '이런 식으로 빛이 나가는 거야' 하며 알려 주는 느낌이 들었습니다.

경옥이도 같은 경험을 했는데 자신은 침대에서 레이키를 많이 해서 그런지 침대에서 내려오는 빛을 눈을 뜨고 있을 때 보았다고 했습니다. 침대에서 작고 동그란 빛들이 진짜 눈처럼 내려왔다고 했습니다. 경옥이도 똑같이 계속 보이는 것은 아니고 '빛이 이렇게 내려오는 거야.' 하고 보여 주고 싶은 것 같다 말했습니다. 직접 눈을 뜨고 보이는 빛은 그 순간 슬로우 모션처럼 느껴졌고 빛이 연기와 같은 느낌으로 아주 천천히 움직였습니다. 레이키는 정말 대단하다 하며 우리는 레이키에 점점 빠져 버렸습니다.

그 이후로 우리는 레이키를 할 때마다 "건욕" "갓쇼" "상징"이라는 "손동작"의 행위를 하지 않았습니다. 레이키는 하기로 마음을 먹으면 그 즉시 빛이 미리 내려와 있다는 것을 알았기에 빛을 내려 주신 것에 대한 감사 기도만 짧게 하고 바로 레이키를 시작했습니다. 원래는 레이키 배울 때 "상징"을 사용하는 것이 필수이고 그 "상징"이 레이키로 들어가는 문이며 마법의 비법처럼 내려오는 것이었습니다. 처음 레이키를 시작할 때 스위치를 켜면 작동이 되는 것처럼 꼭 "상징"을 사용해야 했지만 우리는 그 행위를 언젠가부터 자연스럽게 하지 않았습니다. 왜냐하면 빛이 미리 내려와 있었기에 할 필요가 없었습니다. 레이키를 할 의도가 없었을 때도 알아서 레이키가 작동되고 있었습니다.

　우리는 점심시간에 같이 점심을 빨리 먹고 남은 시간에 서로에게 15분씩 레이키를 해 주었습니다. 그날은 점심을 좀 늦게 먹어 "레이키 할 시간이 없네." 하고 말을 하니 갑자기 빛이 머리 위에서 내려오더니 내 몸에서 뭔가 나가고 있다는 것이 느껴졌습니다. 그래서 저는 경옥이에게 말했습니다. "우리 5분이라도 레이키 해야 할 것 같아. 이렇게 레이키는 빛을 주려 하는데 안 할 수 없잖아." 우리는 서로에게 짧게 레이키를 해 주었습니다. 계속 그 시간에 레이키를 해 왔기 때문에 자동으로 상위 차원에서 레이키를 해 주었으며 5분이라는 짧은 시간을 했을 경우에는 일하는 내내 레이키가 작동이 되었습니다. 저는 "고마워, 레이키." 하고 말을 중간중간 해 주었습니다. 저는 빛을 받으면서 일했습니다.

　레이키가 빛이라는 것을 알긴 했지만 이렇게 직접 눈을 뜨고 보기도 하고, 느낌으로도 빛이 감지가 되는 것이 믿어지지 않았습니다.

　저는 빛이 내려오면 머리에서 반짝거리는 느낌이 들었고 몸에 진동이 심하게 와서 자연스럽게 '빛이 내려오고 있구나.' 저절로 알 수 있었습니다.

　레이키는 지능이 있는 에너지로 인간의 의식으로는 상상할 수 없는 아주 고차원의 높은 의식이라 사랑이 느껴지곤 했습니다. '그 빛이 나를 너무 사랑하고 아끼고 있구나.'를 레이키를 하면 할수록 더 느껴졌습니다. 왜냐하면 내가 모르는 곳을 알아서 자동으로 레이키를 보내 주고 제가 놓치고 있는 부분을 알아서 해결해 주었기 때문입니다.

이렇게 우리는 매일 오늘은 두 명이나 나갔다, 오늘은 한 명도 못 내보냈다, 하며 "이런 얘기 누구에게 말한다면 미쳤다고 말할지 모르니까 남들에게 말하면 안 돼! 너 이런 얘기 누구에게도 하지 마." 하고 주문을 외우듯 말했습니다. 경옥이는 "언니 저는 말할 사람이 언니밖에 없어요. 내 친구들이 1년 전후로 다들 멀리 가 버렸어요. 한 명은 지방으로, 한 명은 외국으로. 그래서 저는 말할 사람이 언니밖에 없어요." 하며 자기도 어이가 없는지 마구 웃었습니다. "나도 솔직히 너밖에 없는데…." 하고 저도 같이 웃었습니다. "우리 좀 이상한 애들이네." 저는 농담 반 진담 반으로 말했습니다.

아주 가까운 지인이나 제 남자 친구에게마저도 이렇게 신기한 경험을 말하지 못한다는 것은 참 슬픈 일이었습니다. 사람들에게 진실을 말하면 안 되는 것이 좀 이상하기도 하고요. '근원의 빛은 실재하는 것이고 누구나 원한다면 사용할 수 있는데… 나 또한 늦은 나이에 알았으니 좀 더 빨리 알았으면 얼마나 좋았을까.' 그런 생각을 가끔 했습니다.

우리 둘은 서로의 레이키 경험을 아주 자세히 공유했으며 저는 경옥이의 투시로 도움을 많이 받았고, 저는 영적인 지식을 경옥이에게 알려 주면서 서로에게 도움이 되었습니다.

레이키는 "지능이 있는 의식"이라서 우리의 "의지"만 있다면 알아서 빛을 내려 주었고 그 빛 또한 용도에 맞게 내려 주었습니다. 지능이 있다는 것을 알긴 했지만 정말 마음에 와닿게 느낀 적이 있었습니다.

하루는 경옥이와 서로 레이키 해 줄 때였습니다. 우리는 각자 15분씩 해 주었는데 15분이라는 시간에는 몸의 한 부분밖에 하지 못하니 머리면 머리, 가슴이면 가슴 이렇게 정해서 레이키를 했습니다. 저는 그날 머리에 레이키를 내려 달라고 경옥이에게 부탁했고 경옥이는 머리 위주로 레이키를 하고 있었습니다. 그런데 경옥이가 머리를 갸우뚱거리며 말했습니다.

"손이 자꾸 아래로 내려가네요! 희한하네? 머리에 레이키를 하고 싶은데 손이 아래로 내려가요."

그 순간 제 왼쪽 새끼손가락 끝부분에서 '찌릿' 하는 통증이 살짝 느껴졌습니다. 제가 과거에 30대 중반에 수지침을 4년 정도 배운 적이 있었습니다. 수지침은 신체의 경락이 손에 모두 있기에 만약 배가 아프다면 손에다 배의 상응점에 아주 작은 침을 놓아서 몸을 치료하는 대체 요법입니다. 거기에서 발은 새끼손가락 끝부분이었는데 저는 경옥이에게 혹시 모른단 생각에 왼쪽 발을 레이키를 해 보라고 말을 했습니다.

경옥이는 손을 발 쪽으로 내리고 레이키를 보냈는데 그 왼쪽 발이 빛이 없는 검은 상태라고 말했습니다. 그렇다고 제가 발이 아프거나 다친 적도 없는데 발이 검은 상태라는 것이 이해가 안 됐지만 그곳에 빛을 계속해서 넣어 주었습니다.

발 쪽으로 빛이 한참 들어가니 에너지가 온몸으로 퍼지는 느낌이 들면서 오히려 머리가 시원해지기 시작했습니다. 지금 시급한 곳이 머리가 아니고 발이었던 것이었습니다.

그것을 모르고 계속 머리에만 레이키를 하니 지능이 있는 레이키가 발을 하면 오히려 머리가 더 잘 치유되는 것을 알려 주는 것 같았습니다.

정말 레이키는 제가 아는 지식을 총동원해서 알려 주고 있다는 것을 체감했습니다. 그리고 왼쪽 발에도 부착영이 있었고 사념체도 많이 있어서 시간이 나는 대로 발에 레이키를 해 주었습니다.

그 이후로 레이키는 제가 필요로 하는 중요한 부위를 손의 경락으로 알려 주었는데 근원의 빛이니 의식이 얼마나 높은지 상상이 되지 않지만 그냥 너무 쉽게 그 에너지를 사용만 하면 되니 너무 감사하고 또 감사한 마음이 올라왔습니다.

참고 자료

부착영 모습

제3의 눈으로 본 부착영의 모습들은 사진같이 실재처럼 보이지 않고 수채화처럼 그림으로 그려져 보입니다. 붓 터칭처럼 거친 느낌의 그림이나 정교하게 잘 그려진 그림으로 보입니다. 그리고 아주 단순하고 간결하게 보일 때도 있습니다. 부착영은 근원의 빛을 받으면 빙글빙글 돌면서 보랏빛으로 나갑니다. 상반신 위주로 보이는 부착영의 모습에서 머리 장식이나 옷의 형태를 보고 시대적 배경을 알 수 있습니다. 부착영마다 진동이 달라 그에 맞는 빛이 내려와서 데려갑니다.

사념체 모습

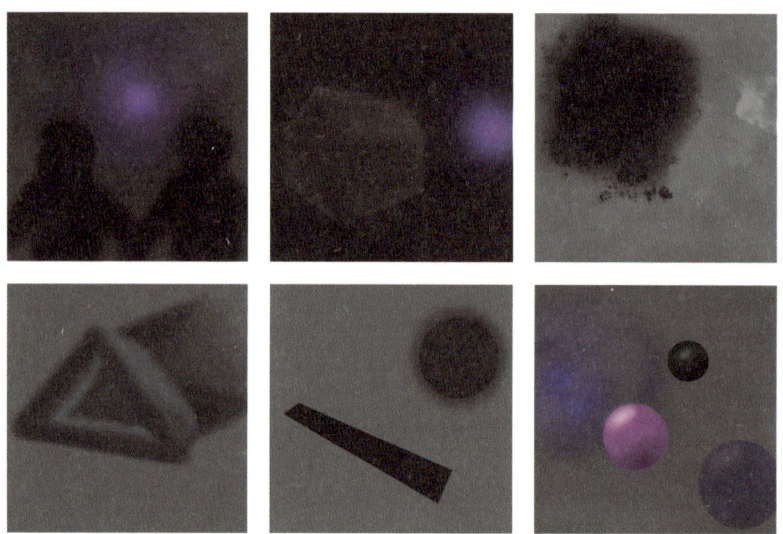

사념체 정화 초기에 많이 보이는 사념체 모습.

사념체는 생각, 느낌, 말과 행동에 의해 만들어진 에너지체로 모든 신체에 각각의 진동에 맞게 저장이 되어 있습니다. 가장 처음 나오는 사념체들은 무겁고 진동이 낮은 에너지로 세포에 저장되어 신체의 진동을 떨어뜨리고 있습니다. 사념체의 색도 대부분 어두운색으로 검은색, 회색이 대부분입니다. 정화 초기의 나오는 사념체 형상은 다양합니다. 구슬 모양, 도형 모양, 덩어리 형태의 에너지 모양이 많으며 단단한 사념체 보호막으로 근원의 빛이 들어오지 못하게 막고 있습니다.

은하문명 출판사

경옥이는 저로 인해 갑자기 레이키를 시작했기 때문에 영적인 서적을 거의 본 적이 없어서 저는 과거에 출판이 되었던 지금은 절판된 책 한 권을 주면서 읽어 보라 했습니다.

경옥이는 며칠을 읽더니 "언니, 나 이거 제본을 해야 할 것 같아요." 말하길래 저는 속으로 기특하다 생각했고 그러라고 했습니다. 아마 레이키 전에 이 책을 읽어 보라고 했으면 경옥이는 보통 사람들처럼 이상하다고 했겠지만 실제 체험을 하고 있는 이 현실은 전과 완전히 다르다고 느꼈을 것입니다.

이 책은 '은하문명 출판사'에서 나온 『마이트레야 붓다의 메시지』라는 채널링 책으로 한 권에 보편적 지혜가 많이 들어 있는 책이라서 경옥이도 중요하다는 느낌이 들었는지 제본을 한다는 말에 저는 "제본까지 한다고?" 하며 놀라서 물었습니다. 경옥이는 결의에 찬 말로 "꼭 가지고 있어야 할 것 같아요."라고 말하며 중고 책도 없고 한 번만 읽어서는 안 될 것 같다 말했습니다.

며칠이 지나고 제본을 한다고 가져갔던 『마이트레야 붓다의 메시지』 책을 가져왔는데 경옥이는 뒷짐을 진 채 제 책을 숨기고 자꾸 미안하다고 하며 쭈뼛쭈뼛했습니다. 저는 "도대체 왜 저러는 거지?" 의아해했는데 뒷짐에서 내민 책은 스프링 책이 되어 나타났습니다.

저는 너무 웃겨 마구 웃었는데 경옥이는 미안하다며 제본의 용어를 잘못 사용하여 그렇게 됐다고 하며 거듭 미안하다고 사과를 했고, 복사와 제본의 차이를 몰라서 귀중한 책이 잘린 것을 안타까워했습니다.

저는 "아무렇지 않은데? 보기가 더 좋은데." 하고 괜찮으니 신경 쓰지 말라고 말하며 나는 책을 한 번도 복사할 생각을 못 해 봤는데 나보다 낫다고 했습니다. 솔직히 제본을 한다고 해서 좀 놀랐습니다.

그날 경옥이가 가져온 스프링이 달린 『마이트레야 붓다의 메시지』를 오랜만에 다시 한번 읽고 싶어졌습니다. 예전에 읽고 또 읽고 여러 번 읽은 책이지만 책은 읽을 때마다 처음 읽는 것처럼 새로우니까요.

저는 은하문명 출판사에서 출간된 책들을 40대부터 많이 읽었는데 주로 채널링 책들로 우주, 미스터리, 영성에 관한 흥미로운 책들을 펴내는 곳으로 집에 여러 권의 책이 있었습니다. 경옥이로 인해 옛날 생각도 나서 그 출판사에서 나온 책들을 다시 한번 훑어보았습니다. 저의 의식 확장에 중요한 역할을 한 은하문명 출판사에 대한 감사한 마음이 올라왔습니다. 책을 읽다 보니 그 시절로 돌아가는 느낌이 들었고 생각난 김에 안 읽은 책을 두 권 더 구매했습니다. 저는 책을 읽으면서 어느 출판사인지 보기는 하지만 출판사 사장님이 누구인지 만드는 분들이 누구인지 관심을 가진 적이 없었습니다.

그런데 오랜만에 은하문명 출판사를 검색을 해 보니 우연히 출판사 사장님이 박찬호라는 분이라는 것을 알았고 몇 년 전에 돌아가셨다는 글을 스치듯 보고 야구선수였던 박찬호와 이름이 같네 하며 그냥 그렇구나 했습니다. 그런데 그날 저녁 저에게 그 돌아가신 박찬호 선생님이 저를 찾아오셨습니다.

그날도 어김없이 저녁 명상을 하려고 자리에 앉았습니다. 저는 명상을 하려고 앉는 순간 바로 누가 온 것을 알았는데 설마 박찬호 선생님? 하고 말을 했고 그 순간 눈물이 하염없이 흘렀습니다.

레이키를 한 이후부터 명상할 때 가끔 누군가 찾아오곤 하는데 그때는 머리 주변이 윙 하는 울림과 진동이 심하게 머리로 오면서 눈물이 저절로 흘렀습니다. 폭발적인 감정이 공명이 되며 전해지는데 그냥 누구인지 알아차려집니다.

그런데 이렇게 전혀 알지 못하는 돌아가신 출판사 사장님이 오실 줄은 상상도 못 해 봤습니다. 한 공간 안에 있다는 것은 알겠는데 대화를 나누거나 어떻게 해야 할지 몰랐습니다. 선생님이 저에게 전하는 감사함과 대견함, 격려의 느낌이 미세하게 느낌으로만 전해졌으며 저도 선생님 출판사에서 나온 책들로 진실을 알게 되어서 감사한 마음을 전했습니다.

저는 눈물이 하염없이 흘러서 주체가 되지 않았고 그냥 계속 흐르는 눈물 속에 머물렀습니다. 눈물이 흐르는 것에 대한 이유는 전혀 모르겠지만 누군가 다른 차원에서 왔을 경우 저는 자동으로 눈물이 흘렀습니다. 짧은 순간의 만남이었으나 강렬한 여운이 오래 남았으며 '왜 저에게 오셨을까?'를 곰곰이 생각했습니다.

저는 한참을 의자에 멍하니 앉아 박찬호라는 사람이 얼마나 진실을 알리려고 노력했을까? 생각했습니다. 인류의 의식 상승에 대한 갈망이 있었던 분이라는 것이 온몸으로 전해지며 그것을 위해 봉사했던 분임을 조금이나마 알 수가 있었고 정말 대단한 분이라는 생각이 들었습니다.

저를 찾아와 줘서 너무 감사하고 고마운 마음뿐이었습니다. 저는 그다음 날 경옥이에게 이 이야기를 했더니 "언니 제가 제본을 해서 너무 좋아서 오셨나 봐요. 아니면 언니랑 성이 같으니까 혹시 친척 아닌가요?" 그러면서 경옥이는 제본은 내가 했는데 왜 나에게는 안 오냐며 억울해하는 것 같았습니다.

"내가 책을 많이 사서 그런 거야. 너도 은하문명 출판사 책을 많이 사 봐. 그럼 혹시 올지도 몰라." 하며 농담을 했습니다. 돌아가신 은하문명 출판사 사장님이 오신 경험은 저에게는 정말 귀중한 경험이었습니다.

명상을 하다 보면 가끔 오늘처럼 누군가 오곤 했습니다. 그 누군가 저에게 온 이유는 모르지만 격려하는 느낌을 받거나 높은 존재의 큰 빛 에너지가 느껴지곤 했습니다. 하지만 정확히 누구라는 것을 알 수는 없었습니다. 그래서 누구인지는 몰라도 '아! 누군가 왔구나?' 했습니다. 그런데 박찬호라는 분은 바로 누구인지 알 수 있었습니다. 경옥이 말대로 혹시 먼 친척? 아님 전생의 인연? 나중에는 그 이유를 알 날이 있겠지 하고 저는 아침부터 밀려드는 전화를 받고 애견 미용 일에 충실했습니다.

***

이것은 1년 후 체험담입니다. 그때 당시만 해도 고인이 되신 박찬호 선생님이 찾아온 의미에 대해서 전혀 몰랐습니다. 나중에 우리가 현존레이키 교재 만드는 일을 하면서 명상 중에 가끔 찾아오곤 하셨는데 그때서야 그분의 삶이 우리와 같다는 것을 알게 되었습니다. 인류의 영적 진화를 위해 일하는 빛의 일꾼이라는 것을 알았고 나중에 경옥이에게도 박찬호 선생님은 여러 번 찾아왔습니다.

송과체

우리는 정말 레이키를 하면서 다양한 경험과 체험을 했는데 또 하나의 특이한 점은 레이키 배운 지 며칠이 지나서 주변이 조용해지면 주파수 소리가 들리는 것이었습니다. 아주 조용할 때 '삐' 하고 소리가 나서 가끔 나는 줄 알았는데 날이 갈수록 소리가 커지면서 하루 종일 나고 있었습니다.

저는 궁금해서 유튜브를 찾아보니 송과체 활성화가 되면서 나는 소리이거나 또는 이명의 하나이며 치료를 받아야 한다는 것이었습니다. 당연히 이명은 아닐 것 같으니 송과체에서 나는 소리라 생각했습니다. 그렇게 생각을 하니 안심이 되면서 오히려 명상 때 그 소리에 귀 기울인 적도 있었습니다.

나중에 두 가지의 소리가 동시에 들리는 것을 알았습니다. 하나는 고음의 '삐' 소리와 또 하나는 잔잔한게 들리는 '풀벌레' 같은 소리로 '삐' 소리와는 완전히 다른 말로 설명이 안 되는 소리라서 경옥이에게 너도 풀벌레 소리가 들리냐고 물어보니 자기는 풀벌레 소리는 안 나고 '삐' 소리만 난다고 했습니다.

풀벌레 소리는 너무 작아서 아주 조용할 때에만 집중을 해야 들렸습니다. 요가를 할 때에는 아주 가끔 고음의 '삐' 소리가 들렸는데 그 소리는 마치 압력밥솥에 밥을 할 때 압력을 못 이기면 김이 빠질 때 나는 소리처럼 들렸고 그 고음 소리를 한 번이라도 더 들으려고 요가를 열심히 한 적도 있었습니다. 소리의 진동으로 파장이 맞으면 공명을 일으키면서 '삐' 하고 아주 고음의 소리를 내거나, 송과체가 높은 진동의 빛을 받아도 고음의 소리를 냈습니다. 그러면 송과체가 안테나 역할을 제대로 하고 있구나! 그렇게 생각하기로 했습니다.

송신기 같은 송과체는 가끔 레이키를 할 때나, 명상할 때 진공 상태를 느끼게 했습니다. 특히 순간 집중을 할 때 잘 나타나는 증상이었습니다. '진공 느낌이 이런 건가?' 머리가 진공 상태에 있을 때 몽롱하면서 띵 하는 압력이 순간적으로 느껴집니다. 머리가 '윙' 하면서 토성의 고리처럼 한 바퀴 빙 두르는 느낌으로 기분이 묘했습니다.

송과체는 정말 미스터리한 부분이 많은 기관인 것 같았습니다. 송과체에서 소리가 나든 안 나든 그와 무관하게, 투시가 되면 얼마나 좋을까? 나이가 너무 들어 송과체가 석회화가 된 걸까? 조금 더 일찍 명상을 시작할 걸 그랬나? 후회도 들었습니다.

경옥이는 송과체가 활성화되어서 그런지 명상 때 신비 체험을 많이 했는데 저는 그 경험을 아침마다 듣는 것이 재밌었습니다. 경옥이와 저는 출근해서 같이 모닝커피를 마시면서 레이키 이야기로 하루를 시작했습니다. 그럴 때면 자신이 명상할 때 본 것을 자랑처럼 말했습니다.

명상을 시작하자마자 빛으로 만들어진 상승 마스터들의 얼굴이 우주 하늘에 떠 있는 것을 보았다고 했습니다. 그 얼굴들이 슬로우 모션으로 나타났다 사라지는 것을 반복했고, 누구인지는 정확하게 알지 못해 상승 마스터 공부를 해야겠다고 말했습니다.

보라색 연꽃들은 경옥이가 자주 보는 장면인데 보라색 연꽃이 새겨진 투명한 네모 블록들이 화면을 가득 채웠다고 했습니다. 그 블록들은 테트리스처럼 이리저리 움직이면서 화면이 뒤틀리고 공간 이동이 일어났다고 했습니다.

경옥이가 명상 중 본 것 중에 가장 흥분하면서 말해 준 것은 방에 보랏빛이 꽉 차 있는 것을 눈을 뜨고 본 경험이었습니다. 명상을 하다가 '눈을 뜨라'라는 내면의 느낌을 받고 눈을 뜬 순간 주변이 뿌옇게 흐려지더니 눈 바로 앞에 빔 프로젝터 스크린이 만들어졌다고 했습니다. "이게 말로만 듣던 홀로그램인가? 우리 공간이 홀로그램인가?" 하고 생각이 들었다고 했습니다. 그다음 장면이 바뀌고 우주 공간 중앙에 떠 있는 보랏빛 구멍으로 자신과 무지갯빛들이 함께 빨려 들어갔는데 주위를 둘러보니 자신이 무지개 공간 안에 있었다고 했습니다. 그 공간 안에서 슬라이드로 그림을 보여 주었는데 셀 수 없는 꽃잎을 가진 연꽃 그림과 아주 깨끗하고 반짝이는 하얀색 이집트 여자 석고상이 보였고 다음 화면으로는 외계인들이 머리를 맞대고 회의를 하는 장면을 보았다고 했습니다. 그 후 장면이 순간 사라지고 누워 있는 몸으로 돌아온 경옥이는 침대의 왼쪽 방향부터 서서히 연기 같은 보라색 빛으로 침실 사면이 가득 채워져 뒤덮이고 있을 때 자신이 보호받고 있음을 알았다고 했습니다.

저는 이 체험을 듣는데 경옥이의 상위 자아가 경옥이에게 주는 선물임이 느껴졌습니다.

"드디어 잘 왔구나."

부착영과 사념체

레이키를 시작하고 하루에 1~3시간은 저에게 레이키를 하고 있는데 너무 많은 사념체 때문에 많은 시간을 할 수밖에 없었습니다. 이렇게 많은 사념체들이 있을 줄 정말 몰랐으니까요. 모르고 있을 때는 어쩔 수 없다지만 그것을 안 이상 없어질 때까지 경옥이랑 끝까지 하기로 했습니다. 그리고 사념체가 다 없어지면 어떻게 될지 궁금하기도 했습니다. 사념체가 다 사라진다면 나도 같이 사라지는 건가? 사념체가 다 사라지면 진동이 너무 올라가서 의식이 높아지고 빛의 몸이 되는 건가? 생각만으로도 흐뭇한 상상이었습니다. 아마 경옥이 없이 저 혼자서 배웠으면 투시가 안 돼서 뭐가 나가고 있는지 도저히 알 수 없고 부착영이 나가는 건지 사념체가 나간 건지 자세히 몰랐을 겁니다. 그래서 가끔 이런 생각도 해 봤습니다. '본능적으로 경옥이에게 레이키를 같이 배우러 가자고 한 건가?' 하고 생각을 해 봤는데 지금은 경옥이가 더 레이키를 좋아하는 것 같기도 하고 여러모로 참 다행이라 생각합니다.

처음 레이키 시작할 때는 입으로 연기 같은 것이 나가는 느낌이 들면 부착영이 나가는구나 했지만 지금은 너무 헷갈려서 거의 구별이 되지 않았습니다. 이제는 그냥 다 내보내면 된다, 그렇게 생각하니 속은 편했습니다.

경옥이는 부착영이 보일 때 사람 얼굴이 상체 위주로 보인다고 했으며 나갈 때는 부착영을 데려가려는 보랏빛이 보이고 그 속으로 빨려 올라간다 했습니다. 그리고 사념체도 거의 같은 방식으로 보랏빛으로 들어가는 것은 같지만 형상과 색이 아주 다양한 것이 다른 점이라고 했습니다. 형상이 없이 연기나 구름 같은 것도 많이 보인다고 했고 어떤 사념체들은 나갈 때 슬픈 감정이 느껴지곤 했는데 그때는 하품이 나면서 눈물이 살짝 맺혔다 했습니다.

저 같은 경우는 근원의 빛을 받으면 사념체들이 고통스러워하는 느낌을 받았는데 그 이유는 헛구역질로 자신들의 괴로움을 알려 주는 것 같았기 때문입니다. 사념체가 나갈 때는 사념체에 따라 기침, 가래, 하품, 콧물이 나오고 가끔 콧물이 날 때는 어딘가 막혀 있던 곳이 확 뚫리는 기분이 들어서 좋았습니다.

레이키의 빛(정화의 빛)이 사념체를 향해 나가면 사념체의 보호막 때문에 반사가 되기도 하고 잘 들어가지 않다가 어느 순간 사념체의 보호막이 사라지면 사념체 모습이 보이고 사념체가 용해되면서 빛 속으로 빨려 들어갑니다. 그리고 사념체가 나간 빈자리에는 레이키 에너지로 꽉 채워야 했기에 레이키가 그만하라고 할 때까지 빛을 채워 주었습니다. 가벼운 사념체들은 레이키를 하면 수시로 나갔으며 저는 나갈 때마다 기침이나 가래가 나와서 옆에 항상 휴지를 준비해야 했지만, 경옥이는 그런 증상이 거의 없다고 해서 그것 또한 사람마다 다르구나 했습니다.

어느 날 아침 일찍 경옥이가 저희 가게에 황당한 표정으로 들어와 고양된 목소리로 말했습니다.

"언니, 저 아침에 부착영 10명 정도가 한 번에 나갔어요. 사람 얼굴이 모두 다르게 생겼는데 빙글빙글 돌면서 구멍으로 빨려 올라갔어요." 경옥이는 손을 빙글빙글 휘저으며 말을 이어 갔습니다.

"이제 부착영 세는 것을 포기해야겠어요."

저도 나갈 때마다 그림까지 그려서 표시를 하고 있었기에 경옥이에게 되물었습니다.

"그럼 그것이 정확하지 않다는 말이네. 잘 때도 나간다면 말이야? 그럼 표시를 한 것이 정확하지 않다는 거잖아. 너 정확하게 본 것이 맞아?"

우리는 혼란에 빠졌습니다.

사실 우리는 부착영 내보내는 일을 하면서 도대체 내 몸에 몇 명의 사람이 있나 숫자를 셌습니다. 그런데 잘 때도 나가고, 우리가 모르는 사이에도 나가고, 부착영이 들어왔다 나갔다 도저히 분간이 안 되고, 정확하지 않은 것을 안 이상 부착영을 30명쯤 세다 둘 다 포기하게 되었습니다.

한 명 한 명 셀 때마다 또 나갔구나 하면서 숫자 세는 재미가 있었는데 이제는 아무 소용이 없구나. 이제 에라 모르겠다. 그냥 엄청 많다가 결론이었습니다.

잘 때도 레이키를 하기 위해 손을 몸에 붙이고 자면서 나가게 해 달라고 요청을 했으며 시간만 나면 레이키를 했으니 '상위 차원에서 부착영 나가게 도와주는 건가?' 하고 생각이 들었습니다. 그럴 때면 아침에 가래가 덩어리로 나왔으며 저는 또 뭔가 나갔구나 했습니다.

레이키 에너지를 10~20분쯤 보내면 부착영이 만들어 놓은 보호막이 걷히면서 숨긴 얼굴을 드러냈고 그 얼굴에 레이키를 보내면 그들의 진동에 맞는 구멍으로 나갔습니다. 레이키의 빛은 그들을 데려가려고 각자의 진동에 맞는 빛이 오기도 했습니다. 그들을 데리러 온 빛의 색이 다 다르기 때문에 그렇게 생각했습니다.

그리고 가끔은 움직이는 부착영도 있어 애를 먹을 때도 있었지만 레이키의 빛은 그들을 다 찾아 주었습니다. 우리는 부착영이나 사념체를 애들이라 부르고 사람처럼 대했습니다. 감정체들이라서 각자의 고유의 정체성이 있는 듯했습니다. 그들은 빛이 들어오면 괴로워하면서 숨기도 하고 다른 이들은 순순히 기다렸다는 듯이 자발적으로 나가기도 했습니다.

그렇게 한 달 정도 레이키를 하니 부착영은 더 이상 나오지 않았습니다. 소강상태라고 표현해야 할 것 같은 평온한 상태에 이르렀습니다. 경옥이는 "요즘 부착영이 안 나와서 재미없어요. 얼굴 보일 때가 재미있었는데." 그러면서 고양이와 외국인 얼굴도 보았는데 그게 제일 기억에 남는다며 레이키를 통해 겪은 체험을 계속 털어놓았습니다.

경옥이는 실제로 고양이 두 마리를 기르고 있었는데 그것과 연관이 있는 건가? 생각했습니다. 경옥이는 고양이가 귀엽게 생겼고 자꾸 생각이 난다며 고양이가 요염한 자세로 자기를 보고 있었다며 자신의 몸으로 직접 표현했습니다.

경옥이는 정확하지는 않지만 지금까지 나온 부착영이 자기 몸에 한 40~50명 이상 있었던 것 같다는 말을 했습니다. "대부분 다른 사람들도 그렇지 않을까요?"라고 한 말에 저는 "내 몸에서도 그 정도 나왔으니 비슷하지 않을까?" 하고 동조를 했습니다.

우리는 처음에는 부착영을 흔히 말하는 귀신으로 알고 있었는데 레이키를 하면서 그것이 아닐 수 있다는 생각을 했습니다. 왜냐하면 죽은 존재가 인간의 육체와 같이 살아가기도 하지만 그 숫자가 너무 많아서 아닐 수도 있겠다는 생각이 들었습니다. 그럼 경옥이가 보는 사람들은 도대체 뭘까? 사념체가 인격화되어 있는 건가? 아니면 진짜 그렇게 많은 존재들이 몸에 같이 사는 걸까? 그것도 아니면 전생의 모든 부착영을 포함한 것인가? 레이키를 하면 할수록 궁금증이 더해 갔습니다.

부착영이 잠잠해지면서 사념체들의 반란의 시대가 온 것처럼 사념체들도 끊임없이 나왔습니다. 사념체는 생각과 감정이 만들어 낸 에너지체로 각각의 진동에 맞게 육체, 아스트랄체, 멘탈체, 원인체에 저장이 되어 있고 모습도 제각기 달라서 경옥이는 사념체 형상을 나갈 때마다 설명해 주었습니다. 사념체는 긍정적이든 부정적이든 내가 만들어 낸 에너지고 자아를 형성한다는 것을 지식으로 알고는 있었지만 이렇게 내 손으로 사념체를 직접 없애는 작업을 하리라고는 상상도 못 해 봤습니다.

제가 과거부터 지금까지 만들어 놓은 낮은 진동의 사념체를 용해하고 그곳에 높은 진동의 에너지를 채우면 사랑을 받는 느낌이 들었습니다. 근원의 빛이 사랑이라는 것을 느낌으로 체험하게 되면서 빛을 하루에 몇 시간씩 채웠습니다.

처음에 사념체들의 형상으로 구슬 모양이나 다양한 도형 모양, 구름 모양이 많았고 사념체의 색으로는 검은색, 회색, 붉은색, 쑥색, 갈색 등 어두운색이 대부분이지만 밝은색도 가끔은 보였습니다.

경옥이는 사념체의 모습들을 보면서 레이키의 재미에 푹 빠져 있는 것 같았습니다. 하지만 저는 눈을 감으면 어두운 암흑만 보일 뿐 아무것도 보이지 않았습니다. 다행히 사념체가 나가고 있다는 것을 감각적으로 포착할 수는 있었습니다.

"또 나가는구나! 정말 끝도 없이 나오는구나."

제 몸의 사념체들이 가장 많이 나오는 곳은 가슴과 목, 머리 부분이었습니다. 가슴은 정말 손만 갖다 대면 헛구역질이 나왔으며 사념체가 나갈 때 슬픈 감정이 있는 사념체들은 하품이 나고 눈물이 살짝 맺히기도 했습니다. 우리는 뭐가 그리 슬픈 애들이 많은지 놀랄 뿐이었습니다.

경옥이는 특히 저보다 하품이 많이 나왔는데 넌 뭐가 그리 슬펐냐? 하며 "한 맺힌 것 털어놔! 도대체 무슨 일이 있었던 거야?" 하며 사념체 내보내기를 즐겼습니다.

  손이 닿지 않는 등 뒷부분은 원격 레이키로 하거나 경옥이에게 부탁을 했는데 원격 레이키는 정말 신기했습니다. 등 부분이 앞에 있다고 상상하고 손을 앞으로 뻗어 허공에 갖다 대면 바로 등에 있는 사념체들이 기침이 나오면서 사라졌습니다. 이렇게 사념체를 내보내는 일을 경옥이와 저는 계속 이어 갔습니다.

참고 자료

사념체의 형상들

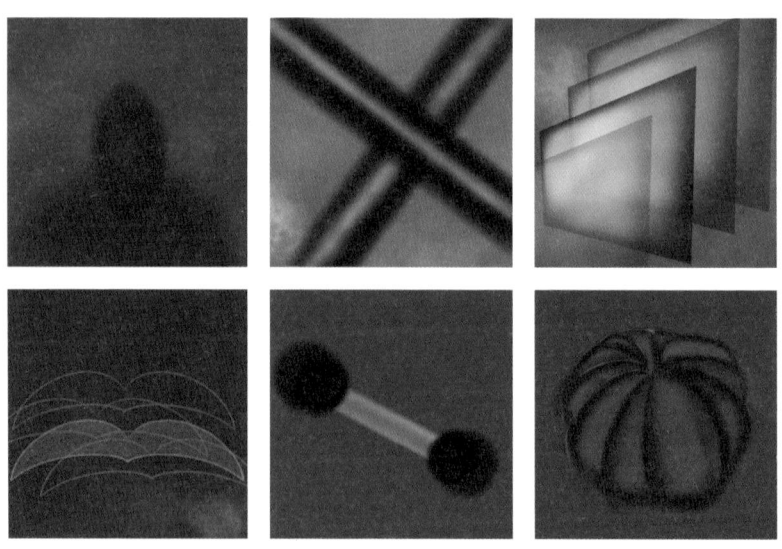

낮은 진동의 무거운 사념체들로 형상을 갖추고 있는 사념체들입니다.

현존을 찾는 법

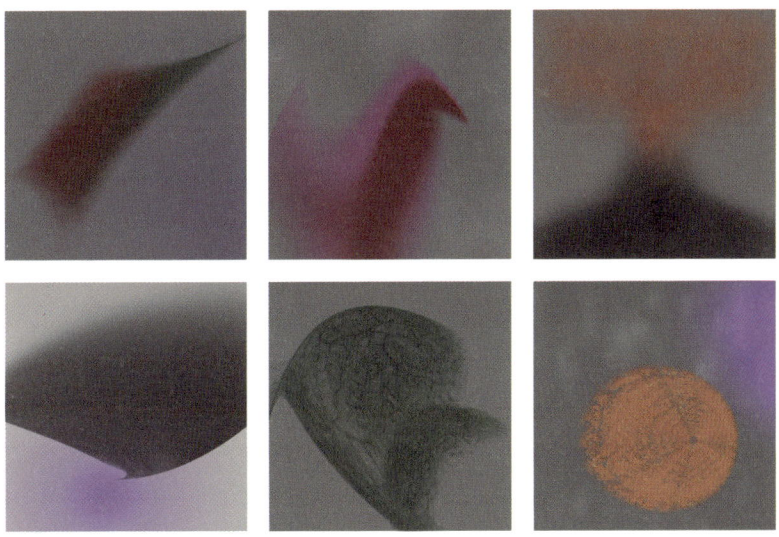

사념체의 형상이 뚜렷하지 않지만 덩어리 된 모양을 가지고 있으며 색에 따라 진동이 다르고 감정이 다릅니다.

형상이 뚜렷이 보이는 사념체들로 색으로 감정을 알 수 있고 형상으로 에너지의 힘을 알 수 있습니다.

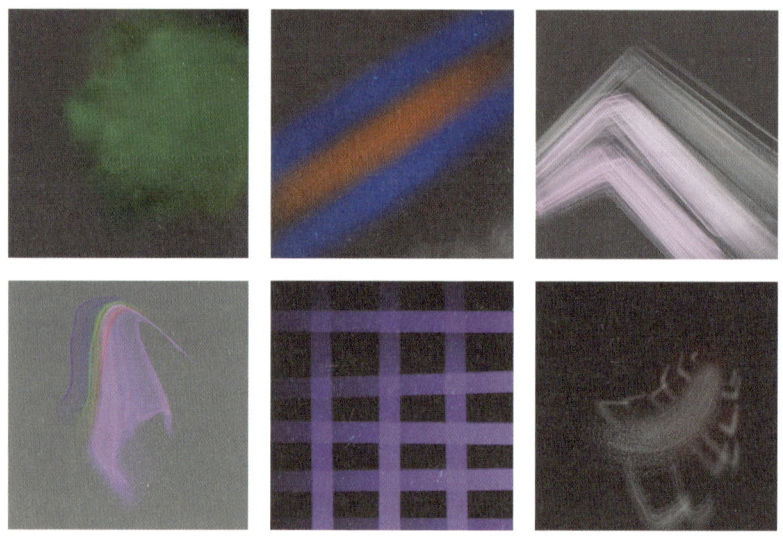

색이 밝은 사념체들이지만 부정적인 사념체들입니다.

사념체는 여러 가지 생각과 감정으로 이루어진 복합 에너지체입니다. 사념체는 육체, 아스트랄체[3], 멘탈체[4], 원인체[5]에 거하고 있으며 "나디"

---

3   비물질 몸체 중 하위 차원의 몸체로 감정체라고도 합니다. 감정, 느낌을 담당하고 다양한 감정의 경험과 균형을 잡기 위해 필요한 몸체입니다.

4   비물질 몸체 중 하나이며 정신체라고도 합니다. 자아의 상념이 나타나는 통로가 되는 몸체로 생각하는 균형을 잡아 줍니다. 올바른 사고 방식과 이성의 발달을 위해서 필요합니다.

5   창조한 모든 행위와 상념들이 에너지적으로 기록되는 몸체로 '코잘체'라고도 합니다. 사념체가 만들어지는 영역으로 카르마를 구성하는 정보를 저장합니다.

라는 프라나가 다니는 에너지 통로를 막고 에너지 흐름을 방해하면서 육체에 영향을 주고 있습니다. 그래서 통증이 있거나 신체 한 부분에 문제가 있는 곳에 레이키를 하면 어김없이 사념체들로 꽉 차 있습니다. 그 부분을 높은 레이키 에너지로 빛을 보내 주면 사념체가 용해되면서 통증이 사라집니다.

사념체는 감정의 에너지에 따라 진동이 다르게 나타나며 용해될 때 내려오는 빛 또한 사념체에 따라 다르게 내려옵니다.

우리의 감정 중 분노, 질투, 결핍, 자만, 오기, 지배욕, 증오, 욕망, 거만 등 부정적인 감정들이 진동을 떨어트립니다. 이러한 사념체의 색은 검은색과 회색, 붉은색, 녹색, 갈색, 주황색 등 어두운 계열의 색들이 대부분입니다. 저급한 진동의 감정들이 나를 채우고 있다면 감정의 노예가 되기 쉽습니다.

사념체는 개인이 가지고 있는 사념체뿐만 아니라 가족 사념체, 조상 사념체, 집단 사념체, 국가 간의 사념체 그 너머까지 모두 자신과 연결되어 있고 비물질 신체에도 내재되어 있기 때문에 어떤 사념체들로 이루어져 있냐에 따라 의식의 진동이 결정됩니다.

사념체의 형상은 대표적으로 연기 사념체, 구슬 사념체, 덩어리 사념체, 도형 사념체, 구름 사념체, 사물 사념체가 있습니다. 오래된 사념체는 덩어리로 응축된 형상을 하고 있으며 사람 형태의 그림자 모습으로 보이기도 합니다. 사념체의 형상들은 생각, 느낌, 관습, 언어, 관념, 문화, 의식에 영향을 받아 사람마다 사념체의 형상이 다릅니다.

사념체의 모습과 색은 진동을 결정합니다. 사념체의 색이 어두울수록 진동이 낮고 밝고 빛날수록 진동이 높습니다. 사념체의 색은 감정을 나타내고 있습니다. 대표적으로 검은색, 회색은 두려움, 걱정, 죄책감, 분노, 공포의 감정을 나타내고 녹색은 질투, 욕심의 감정을 나타냅니다. 탁한 연두색은 절망, 옹졸함을 나타내고 핏빛 자주색은 결핍, 저항을 나타냅니다. 주황색은 미움, 탐욕을 나타내고 빨간색은 화, 질병, 집착, 의심을 나타냅니다. 갈색은 좌절, 비난, 지배 등의 감정을 나타내고 있습니다.

밝은 빛을 띤 흰색, 노란색의 사념체는 긍정적인 사념체입니다. 긍정적인 사념체는 즐겁고 행복했을 때 만들어지는 사념체입니다. 하지만 긍정적인 사념체라도 용해해야 합니다. 왜냐하면 부정적이든 긍정적이든 모든 사념체는 인간적인 에고의 감정에서 비롯되었기 때문에 자신이 만들어 낸 모든 사념체를 정화해야 합니다.

사념체의 특징 중 하나는 '보호막'을 가지고 있는 것입니다. 사념체들은 근원의 높은 진동의 빛이 자신에게 들어오면 생명력을 잃어버리기 때문에 자신을 보호할 수 있는 외투가 필요합니다. 외투는 제3의 눈으로 볼 때 커튼같이 보이는 것도 있고 불투명한 거미줄 같은 모양이나 투명한 방패를 하고 있는 경우도 있습니다. 이 모든 형태는 사념체를 보호하기 위한 것으로 없애는 데에 시간이 많이 소요됩니다. 사념체의 보호막은 레이키의 빛을 반사하기 때문에 사념체를 없애는 것보다 보호막을 없애는 것이 더 어렵습니다. 점점 정화가 많이 이루어질수록 사념체의 보호막은 얇아서 레이키를 보내자마자 없어지고 아예 보호막이 없는 사념체도 있습니다.

사념체는 온몸 전체에 존재하고 오라장을 비롯해 모든 곳에 존재합니다. 신체뿐만 아니라 공기 중에도 떠돌아다닙니다. 모든 사람들이 방사한 사념체들은 종류도 다양하며 에너지의 힘이 가벼운 것에서부터 무거운 에너지에 이르기까지 크기나 모양이 제각각으로 공기 중에 떠다니고 있습니다.

생각과 감정은 창조의 힘을 지니고 있어 생각하고 말하는 순간 작동되며 대기 속에 펴져 있다가 비슷한 생각들과 만나 반드시 나에게 돌아옵니다. 인류는 대립되는 이원성의 세계에서 살아가면서 스스로 창조한 고통들과 한계로부터 얽매여 있습니다. 생각과 감정으로 창조한 모든 사념체는 이번 생에서 생긴 것과 전생에서 생긴 모든 사념체 전부를 말합니다. 지금의 삶은 모든 전생의 합입니다. 내 몸에 있는 사념체들은 진동이 다른 각각의 신체(육체, 아스트랄체, 멘탈체, 원인체)에 저장돼 나를 프로그래밍하는 동력으로 사용되어집니다. 특정 각인된 사념체들은 나의 개별성을 나타내기도 합니다. 자신이 만들어 놓은 모든 부정적, 긍정적 사념체가 바로 나 자신입니다.

명상

일을 마치고 집에 오면 완전히 나만의 시간으로 보낼 수 있는 행복한 시간이 주어집니다. 특별한 일이 없다면 자기 전까지 주야장천 레이키를 했습니다. 남자 친구와 둘이 사니 저녁을 먹고 나면 시간이 여유로웠습니다. 그래서 레이키를 하면서 책을 읽는 것은 말로 형용할 수 없는 평온함이며 이 시간이 저에게 주어진 것이 축복이며 행운이라고 생각했습니다.

레이키를 하면서 읽고 있는 책은 피터 마운트 샤스타가 쓴 『마스터의 제자』라는 책인데 레이키 수업 날 같이 수업을 배운 수강생 두 분의 추천으로 알게 된 책입니다. 레이키 수강을 마치고 집에 가려 나서는데 같이 수업을 한 두 분이 말을 걸어왔습니다.

"저희 저녁을 먹고 갈 건데 같이 가실래요?"

저는 경옥이에게 괜찮냐 물으니 경옥이는 집에서 밥을 안 먹어도 되니 좋다고 했습니다. 그렇게 우리 네 명은 저녁을 먹으러 갔습니다.

저녁을 먹으면서 두 분과 대화를 나누는데 그분들은 영성 쪽으로 관심이 정말 많고 그쪽으로 안 배운 것이 없이 다 배우신 분들이었다는 것을 알았습니다. 저는 기껏해야 집에서 책만 읽고 지내는 사람이라 뭘 배우러 다니지 않아 레이키도 큰마음을 먹어야 했는데 두 분들은 아주 쉽게 새로운 것이 나오면 바로바로 달려가서 행동을 하는 분들이었고 아는 것도 참 많았습니다.

두 분은 친한 친구 사이로 이런 영성에 관련된 것들은 모조리 하는 것 같아 보였고 저는 이분들을 보면서 내가 너무 아무것도 안 했구나, 책만 읽고 행동을 안 했구나, 생각했습니다. 저와 경옥이는 두 분이 지금까지 배운 것들의 무용담을 들으며 신세계를 보는 듯 경청했습니다. 그러다가 그 두 분 중 한 분이 말했습니다.

"누가 그러는데 보라색 책은 안 읽고 그냥 가지고만 있어도 책에서 에너지가 나와서 집에 꼭 있어야 한대요. 그 책에서 엄청난 기가 나와서 책꽂이에 꽂아 놔야 한대요."

그 보라색 책이라는 것이 책 표지가 보라색이라 그렇게 말한 것이었습니다. 그리고 우리에게 "『마스터의 제자』라는 책을 아세요?"라고 물었습니다. 우리는 "모르는데요."라고 대답했습니다.

저는 그 말을 듣는 순간 '도대체 어떤 책이길래 그러지?' 궁금증이 확 올라왔습니다. 속으로 '나도 꼭 사서 읽어야지!'라는 생각을 했습니다.

또 다른 한 분은 저에게 추천할 책이 있냐고 물었고 저는 갑자기 떠오른 『지중해의 성자 다스칼로스』와 『람타(화이트 북)』을 소개해 주었습니다. 갑자기 그 책 외에는 생각이 나지 않았기 때문입니다. 다행히 그분들은 자기들도 안 읽은 책인데 읽어 봐야겠네요, 하며 우리 네 명은 서로 읽을 책을 주고받고 헤어졌습니다.

저와 경옥이는 그다음 날 바로 책을 주문했고 600페이지가 넘는 책을 읽기 시작했습니다. 『마스터의 제자』라는 책은 아마 모르고 읽으면 판타지 소설인가? 할 수도 있지만 저는 상승 마스터에 대해 알고 있어서 아주 흥미롭게 읽었고 상승 마스터가 물질세계에서 제자를 가르치고 상승할 수 있도록 도와주는 것은 알지 못했기에 모르는 것에 대한 호기심이 생기면서 책을 며칠 만에 다 읽어 버렸습니다. 저와 경옥이는 이 끌림에 의해 『마스터의 제자』를 시작으로 상승 마스터와 관련된 책들을 몇 권 더 읽었습니다.

그중 『베일 벗은 미스터리』는 정말 흥미롭고 신비로운 책이었습니다. 상승 마스터의 책들을 읽다 보니 '나도 그들처럼 상승을 하면 얼마나 좋을까?' 하며 물질계의 여행을 더 이상 계속하고 싶지 않다는 생각이 올라왔습니다. 이런 생각은 젊은 시절부터 해 오던 생각이었지만 그 방법이란 것을 알 수가 없으니 저에게는 먼 나라 이야기처럼 나와는 상관이 없다고 단정해 버렸습니다. 그런데 『마스터의 제자』 책을 통해 '혹시, 나도 그렇게 될 수도 있지 않나!' 하는 왠지 모를 확신이 들었습니다.

경옥이와 저는 레이키를 하면서 저녁은 책 읽는 시간으로 보냈으며 타인에게 레이키 보내는 일은 하지 않았습니다. 레이키 배울 때 타인에게 레이키를 많이 하라고 권장을 했지만 내키지 않았습니다.

왜냐하면 내 몸에 있는 엄청난 사념체를 보니 타인의 레이키는 감히 엄두가 나지 않았습니다. 급한 불을 먼저 꺼야 했기 때문에 내 자신의 정화가 더 시급했습니다. 정말 사념체의 양은 상상을 초월했으며 몇 시간을 레이키를 해야지만 하루의 임무를 완수한 느낌이 들었기에 때와 장소를 가리지 않고 수시로 레이키를 했습니다.

그래서 책을 읽는 동안에도 레이키를 했으며, 잠깐의 시간이 날 때에도, 밥을 먹을 때에도, 제 손은 항상 제 몸에 손이 올라가 있었습니다. 이렇게 꾸준히 레이키를 하다 보니 몸이 점점 가벼워지고 오랫동안 나와 함께 있던 통증도 같이 사라졌습니다.

어느 날 경옥이는 요즘 『현존 수업』이라는 책을 읽고 있는데 저에게도 한번 읽어 보라 권했고, 저는 『몸의 정령 헨리』란 책을 읽고 있다 하면서 서로에게 책을 권하며 읽고 또 읽었습니다.

그래서 저는 한 번에 세 권의 책을 동시에 읽기도 하고 네 권의 책을 동시에 읽기도 했습니다. 책 읽는 것을 좋아하기도 하지만 이처럼 3~4권의 책을 동시에 읽고 또 읽었던 적은 없었습니다. 저는 그런 사람이 아니었는데 레이키 하면서 바뀐 점이었습니다. 레이키를 하다 보면 사념체들이 나가면서 내가 가지고 있는 감정이나 프로그램 된 행동들이 바뀌는 느낌을 받을 때가 있었습니다. '전에는 이런 행동을 한 적이 없었는데? 전에는 이런 말을 한 적이 없었는데?' 이런 식으로 오랫동안 해왔던 습관이 나도 모르게 바뀌기도 했습니다.

나가는 사념체들이 정확히 어떤 감정인지는 모르겠지만 부조화된 감정의 사념체들은 보랏빛 속으로 용해되어 없어졌습니다. 천사들이 사람들의 몸을 보면 무거운 갑옷을 입고 있는 것처럼 보이지 않을까 생각이 들었습니다.

사념체와 사념체 보호막이 사람에서 나오는 빛을 온통 가려 어떠한 빛도 나오지 않는 것처럼 보일 것 같았습니다. 왜냐하면 사념체의 보호막이 빛의 입장에서 보면 정말 갑옷처럼 보이기 때문입니다. 사념체의 보호막은 빛을 반사하고 철벽을 쌓아 높은 진동의 빛이 못 들어오게 완전히 막고 있어 그것을 해체하려면 몇십 분씩 보호막을 레이키로 녹여야 했습니다. 사념체 보호막만 없으면 사념체를 없애기가 수월할 것 같았지만 온몸을 감싸고 있는 보호막의 장벽은 높았습니다.

하지만 사념체가 무더기로 나갈 때면 나의 파괴적인 감정들이 떨어져 나가는 것 같아 통쾌하고 기분이 좋았습니다. 레이키를 알게 된 후부터 영성 서적에 나오는 일들이 실제로 체험으로 다가와 경옥이와 저는 폭풍 같은 지식과 지혜를 머릿속에 집어넣었습니다.

특히 『현존 수업』 책에 나오는 내용을 우리는 똑같이 따라 하려고 명상과 동시에 감정 찾기를 시작했습니다. 그 책에 나오는 연결 호흡 명상은 레이키와 하면 효과가 좋다는 것을 알았습니다. 저는 예전에 집에서 명상을 가끔 하곤 했습니다. 그전에는 그저 명상하면 고요히 하고 나에게 집중하며 그저 내면을 바라봤지만 특별한 느낌을 받은 적은 없었습니다. 그래서 나는 명상이 안 되는 사람인가? 그렇게 생각했습니다. 그런데 레이키의 도움을 받아 명상을 같이하면 다른 차원으로 가는 느낌을 받았고 명상이 자연스럽게 되면서 명상이 이런 거였구나 깨달았습니다.

레이키를 하면서 명상할 때 상위 차원에서 빛을 내려 주기 때문에 명상이 잘되는 것 같았습니다. 하지만 처음부터 연결 호흡 명상이 잘되지는 않았습니다. 연결 호흡 명상은 가슴에 의식을 집중하고 휴지기를 두지 않고 숨소리가 귀에 들릴 정도로 세게 하는 호흡법입니다.

명상 첫날에는 15분이라는 짧은 시간이 한 시간처럼 느껴지고 알람을 맞춰 놓고 하는데 알람이 울리지 않아 시간을 보면 5분밖에 지나지 않기도 했습니다. 명상할 때 레이키의 강한 빛이 내려오면 너무 졸려 참기가 어려워 꾸벅꾸벅 잠이 들었습니다. 그리고 느낀 점은 5분 동안에도 그렇게 많은 잠을 잘 수도 있다는 것이었습니다. 명상이 되는 건지 안 되는 건지 알 수 없었지만 계속 하다 보니 점점 잠은 오지 않았고 집중을 하기 시작했습니다.

투시가 되는 경옥이는 한 달 뒤 쿤달리니 에너지가 열려 아스트랄 빛을 아주 자연스럽게 볼 수 있었습니다. 사람 몸에서 나오는 에테르와 오라장의 컬러도 볼 수 있게 되어 모든 것을 다 얻었다고 해도 다름없었습니다.

그래서 경옥이가 명상하면서 오늘은 일렁이는 보랏빛을 보았고, 우주선에 타기도 하고 외계인 둘이 손을 잡고 나타나서 신기하다며 왜 왔는지 궁금해하기도 했습니다. 고대 도시와 피라미드를 본 날이면 설명을 자세히 해 주었습니다. 하루하루 펼쳐지는 빛의 향연에 행복해 보였습니다. 벌집 모양의 패턴은 너무 많이 나온다며 저에게 무용담 털어놓듯이 얘기한 것들이 두 달 지나고 저에게도 보이기 시작했습니다. 정말 간절한 저에게도 한 줄기 빛처럼 빛이 나타나기 시작했습니다.

저는 눈을 감으면 암흑처럼 온통 까맣게 보이던 것이 가끔 별도 보이고, 우주도 보이고, 은하수도 보이고, 보라색 빛을 볼 수가 있어 명상의 즐거움에 빠지게 되었습니다.

그러나 경옥이와 다른 점은 저는 명상 때 보이는 것보다 자고 일어나자마자 보이거나, 잠이 들기 전에 보이거나, 명상이 끝나고 보이거나, 평상시 생활하다가 보이는 것이 다른 점이었고, 명상 때 보이는 것은 느낌으로 전해지는 공간의 질감이었습니다. 그 질감은 한 가지가 아니고 명상할 때마다 달랐습니다.

텅 빈 공간의 느낌을 받거나, 젤리 같은 공간의 느낌을 받거나, 일렁이는 빛의 느낌과 진동이 일어나는 공간, 투명한 공간, 진공 상태의 공간 등 우주의 공간을 경험하는 것 같았습니다. 우주 공간의 느낌이 이렇게 다양한가? 아니면 무수히 많은 차원인가? 그중 크리스털 같은 공간 체험을 했을 때 고차원 크리스털이 이런 느낌이구나 했습니다. 영롱한 크리스털 공간이 너무 맑고 투명하여 끝도 없이 보이는 공간을 신비롭게 바라봤습니다.

명상을 열심히 하려 하니 '현존이 선물을 주는구나.' 느꼈습니다. 그래서 하루도 빠짐없이 시간이 나면 자주자주 했습니다. 명상 중에 빛의 다양한 모습을 보는 것은 꼭 프로그래밍 된 것을 보는 것 같은 느낌이 들었는데 경옥이와 보이는 모습이 거의 비슷했기 때문에 그런 생각을 했습니다.

하루는 경옥이가 명상에서 본 것을 신기해하며 말했습니다.

"언니, 명상할 때 내가 군함에 타고 우주를 여행하는 장면을 봤는데 우주 공간이 젤리 느낌이었어요."

"젤리라 하면 나도 보았는데. 이것도 같네."

제가 깜짝 놀라며 말했습니다.

"나는 군함은 아니고 젤리 공간에 원자 같은 아주 작은 무언가 천천히 가로질러 가는 장면을 보았어."

명상하면서 본 것들은 같으면서 조금 달랐습니다.

"송과체 프로그램 중 하나인가? 그런데 너는 항상 군함이 많이 나오고, 나는 항상 원자처럼 미세한 점 같은 것으로 나오지? 참 희한하다."

저와 경옥이는 이런 경험이 처음이고 주변의 어느 누구도 명상하는 사람이 없어 물어보지도 못했기 때문에 우리는 서로의 경험담을 말하면서 비교를 했습니다.

시간이 지날수록 보이는 빛들은 점점 단순한 도형에서 입체적으로 보이기 시작했습니다. 그래서 '진동이 올라갈수록 그렇게 보이는 건가?' 생각이 들었습니다. 삼각형, 육각형, 도형들이 시간이 지나면서 입체적으로 바뀌었으며 한 가지로 보이던 것이 여러 가지로 겹쳐지면서 춤추듯 움직이기까지 했습니다. 저는 명상 때 보이지 않았지만 가끔 한 번씩 자다 일어날 때 보이는 것으로 만족해야 했습니다.

그러던 어느 날 저녁, 불을 끄고 15분 명상을 마치고 깜박 잠이 들었다가 깼을 때 일입니다. 잠에서 깬 저는 침대에서 눈을 감고 있었는데 무지갯빛 몸을 하고 있는 긴 모양의 형체가 보였습니다. 마치 색동저고리를 입고 있는 지렁이라고 해야 하나? 뱀이라고 해야 하나? 아리송한 모습을 한 형상이었습니다.

뱀이라면 뱀 머리가 있어야 하는데 머리는 보이지 않았습니다. 몸통은 두툼한 지렁이같이 부드럽게 보이고 형태는 마치 세월호 리본 모양처럼 생겨서 뱀이라고 하기엔 좀 이상해 보였습니다. 지렁이 몸을 한 무지갯빛은 마치 크리스털처럼 투명하고 반짝거리는 영롱한 색을 띠고 있었습니다.

이렇게 밝게 빛나는 것은 처음 보네, 하는 순간 '혹시 쿤달리니 에너지가 깨어난 건가?' 하고 생각이 들면서 '어! 쿤달리니는 뱀 모양이라고 들었는데 뱀의 얼굴은 없네? 저건 뭐지?' 하고 계속 신기하게 바라보던 중 사라져 버렸습니다. 한참을 색동저고리를 입은 지렁이 모습을 생각하다 자리에서 일어나 화장실을 갔다 다시 명상하던 그 방 침대에 가려고 방문을 여는 순간 깜짝 놀라고 말았습니다. 왜냐하면 눈을 뜨고 있었는데도 까만 방 안에 주먹만 한 별들이 침대에 반짝이고 있었습니다. 전 눈을 크게 뜨고 그 반짝이는 별을 바라봤습니다. 내가 잘못 봤나 싶어 두 눈을 의심했지만 빛은 점점 밝아졌습니다. 저는 별이 쏟아진 그 침대에서 누워 눈을 감고 싱위 존재들에게 감시기도를 드렸습니다. 기대하지도 않은 선물을 받은 저는 행복에 벅찼습니다.

그다음 날 경옥이에게 색동저고리를 입은 지렁이 얘기를 하니 쿤달리니가 맞는 것 같다며 사람마다 모양이 다 다른 것 같다는 말을 했습니다. 경옥이는 쿤달리니 에너지가 먼저 열려 이미 자료를 많이 찾아본 것 같았습니다. 그러면서 공통점은 무지개색이 나타난다는 것인데, 자기는 보라색 뱀이 나타났고 뱀 말고도 무지개 폭죽 같은 것이 팡팡 터졌는데 무지개는 7개의 차크라를 뜻한다고 말해 주었습니다.

경옥이는 쿤달리니 에너지가 열려도 별다른 것은 없고 명상하다 보이는 것 중에 하나인 것에 불과한데 좀 다른 것이 있다면 그 색과 아름다움이 좀 특별하다고 말했습니다. 제3의 눈으로 너무 많은 것을 봐서 저와는 감흥이 다른 듯 시크하게 말했는데 저는 그 쿤달리니 경험이 잊히지 않고 제 머릿속에서 맴돌았습니다.

명상과 레이키를 같이하게 되면서 급속도로 송과체가 활성화되었습니다. 우리는 자연스럽게 다양한 빛을 보았고 신비 체험들을 했습니다.

명상 때 본 모습 중 가장 신기한 것은 태양의 모습이었습니다. 언젠가부터 저와 경옥이는 명상할 때 태양의 모습이 자주 나타나서 이것도 송과체 프로그램인가? 생각했습니다. 그런데 어느 날 태양의 모습을 보는 순간 '현존인가?' 하는 느낌이 올라왔습니다. 그리고 그 태양 같은 빛은 여러 가지 모양으로 나타났는데 처음에는 진짜 태양이 멀리 떠 있는 것처럼 보여 주다가 점점 섬세하게 보여 주기도 하고, 아주 멀리 있는 별 모습으로 보이기도 했으며, 태양과 달의 중간 모습으로도 보여 줘서 '현존의 모습은 태양의 모습을 하고 있구나.' 생각이 들었습니다. 경옥이와 저는 현존의 모습을 본 날이면 그 체험을 공유했습니다.

현존의 모습으로 기억에 오래 남았던 모습은 우주 속에 태양 하나가 크게 있었는데 그 태양을 보는 순간 '나인가?' 하는 생각이 드는 것이었습니다. 그 태양이 점점 멀어지더니 광활한 우주의 평범한 하나의 별과 섞여 버리면서 나의 태양은 모든 별들과 똑같이 빛나고 있었습니다. '그 많은 별들 중의 하나가 나였구나.' 하고 느껴졌던 기억이 있습니다.

'현존은 빛이구나! 태양이구나!'

현존을 찾는 법

태양의 의식이 얼마나 높은지 모르지만 나의 높은 의식이 태양의 의식과 같은 건가? 상상은 되지 않지만 저는 현존에 다가가고 있다는 생각이 들었습니다.

참고 자료

명상 중에 보이는 모습

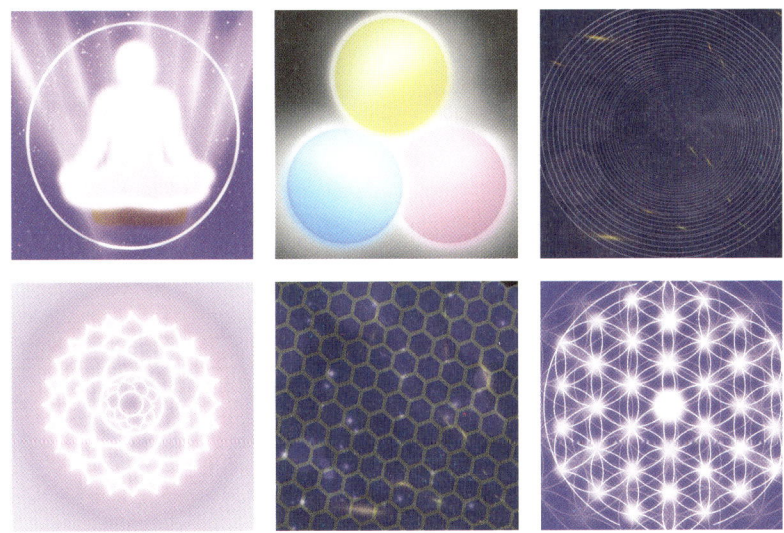

명상은 상위 차원의 근원의 빛을 받는 것입니다. 자신이 외부에 몰입해서 살고 있었다면 명상을 통해 단 몇 분만이라도 내면으로 들어가 진정한 자아를 만나는 일입니다. 가슴 중심에 현존이 있는 것을 자각하고 집중하는 것은 근원의 자신을 찾는 일이며 본래의 나로 되돌아가는 것입니다.

쿤달리니 에너지

쿤달리니 에너지는 하위 차크라인 물라다라 차크라에 위치하고 있는 영적인 에너지입니다. 영적인 에너지가 깨어날 때 화려한 모습에 매료되고 맙니다. 그래서 영적 탐구를 하는 사람들이 그 모습을 보고 싶어 합니다. 만약 차크라 정화가 이루어져서 실제 쿤달리니 모습을 본다면 사람마다 생김새가 다르듯 쿤달리니 모습도 사람마다 모두 다르게 보입니다. 뱀 모습이나 용 모습이라 많이들 말하지만 단정해서 말할 수 없습니다. 공통점이 있다면 선명한 무지갯빛을 보는 것이 특징인데 다이아몬드나 크리스털처럼 보이는 모습이 마치 보석처럼 빛납니다. 사람에 따라 무지갯빛이 아닌 한두 가지의 색으로 나타나기도 합니다.

쿤달리니는 에테르적 에너지이기에 물리적 눈에는 보이지 않고 송과체를 통해 보입니다. 차크라의 메인 통로인 수슘나 나디의 정화가 이루어져야 쿤달리니 에너지가 물라다라 차크라에서부터 양 갈래로 오른쪽에 핑갈라, 왼쪽에 이다로 갈라지며 척수액을 이용해 두뇌, 신피질까지 도달해야 송과체를 통하여 제3의 눈에 보입니다.

잠자고 있는 쿤달리니 에너지를 깨어나게 하려면 상위 차원의 도움을 받거나, 높은 근원의 빛을 받거나, 생명의 빛 프라나로 깨울 수 있습니다. 쿤달리니 에너지를 보는 것은 영적 성장의 출발과 시작을 의미합니다. 흥미롭기도 하고 신비로운 쿤달리니 에너지 체험을 간단하게 소개합니다. 영적 성장 여정에서 출발이 되기도 하는 쿤달리니 에너지 체험이 모든 사람들에게 일어나는 일은 아니지만 무의식적으로 깨어나고 싶은 갈망이 내재되어 있기 때문에 근원에 대한 호기심이 쿤달리니로 유발되어 빛의 세계로 안내자 역할을 하는 것이라 생각합니다.

쿤달리니 에너지가 각성이 된다 하더라도 특별하게 달라지거나 초능력이 생기지는 않습니다. 명상 중에 보이는 빛 중에 하나이고 나를 찾아가는 길에 만나는 즐거운 체험 중 하나입니다.

쿤달리니 체험 (박근영)

 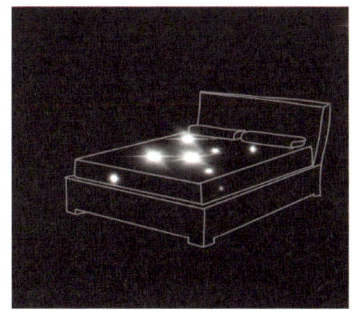

명상을 마치고 잠깐 잠이 들었다 깼을 때 강한 무지갯빛을 발산하고 있는 희한하게 생긴 형상을 보았습니다. 마치 세월호 리본 모양이 무지개 색동저고리를 입고 있는 것처럼 보였는데 뱀 같기도 하고 통통한 지렁이 같기도 했습니다. 눈을 감고 무지개 형상을 바라보다 쿤달리니라는 생각이 들었습니다. 왜냐하면 평소 명상 때 보이던 빛과 완전히 달랐기 때문입니다. 크리스털같이 투명하고 반짝이는 색은 너무 선명했습니다. 사라질 때까지 독특하게 생긴 형상을 바라보았습니다. 침대에서 일어나 화장실에 들렀다가 다시 방으로 들어가려고 문을 여는 순간 침대 위에 별들이 쏟아져 반짝이고 있었습니다. 눈을 뜨고 본 그 빛은 눈이 부실 정도로 밝았습니다.

쿤달리니 체험 (박경옥)

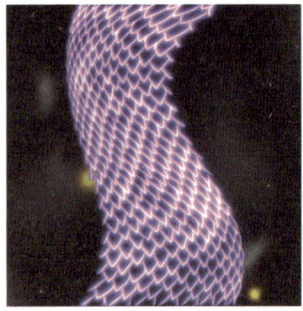 

자기 전에 레이키를 하려고 손을 머리 위로 올리자마자 항상 눈을 감으면 보이는 보라색 빛이 뱀 비늘 모양으로 바뀌더니 눈 가까이에서 뱀이 승천하는 형태를 보았습니다. 한참을 승천하는 뱀의 형상을 바라보다 장면이 바뀌면서 모든 빛들이 다이아몬드처럼 빛이 났습니다. 초고속으로 더 깊은 우주 속으로 빨려 들어가면서 무지개의 빨, 주, 노, 초, 파, 남, 보 색깔이 순서대로 나타났으며 선명하게 반짝였습니다. 명상 중에 레이키를 머리 위에 보내자마자 항상 보였던 보랏빛이 반짝이면서 폭죽처럼 터졌습니다.

현존을 찾는 법

저와 경옥이는 『현존 수업』이라는 책을 읽고 '감정'에 대해 파고들기 시작했습니다. 삶을 살면서 느끼는 모든 감정을 알아야 했습니다. 레이키를 하면서 감정의 중요성이 더욱 느껴져서 우리는 마이클 브라운이 쓴 『현존 수업』을 따라 하기로 했습니다.

『현존 수업』이라는 책에서 말하길 사람은 삶에서 해소되지 못한 불편한 감정들을 평생 되풀이하면서 살고 있고, 되풀이되는 감정을 알아차리지 못하는 이유는 시간의 흐름에 따라 주변 사람과 환경이 달라지면서 자신의 소화되지 않은 감정을 알아차릴 수 없게 만들어져 있다는 것입니다. 그래서 자신도 모르게 숨겨져 있는 반복되는 불편한 감정들을 찾아서 느껴 주고, 알아차리면 감정 통합이 이루어져서 현존을 만날 수 있다는 것입니다. 그래서 우리는 현존을 찾기로 했습니다.

『현존 수업』에서 불편한 감정이란 일, 사람, 언어, 책임, 사물, 상황, 물질직인 모든 것에서 신경 쓰이고, 거슬리고, 기분이 나쁜 것을 말합니다. 우리는 책에 있는 그대로 모든 불편한 감정을 찾기 시작했고 얼마 지나지 않아 불편한 감정을 거의 다 찾을 수 있었습니다. 불편함이 지속적으로 약하게 지배해 온 감정은 알아차리기가 어려웠습니다.

감정 찾기를 둘이 같이하면서 불편한 감정을 이야기하고 내 속에 내재되어 있는 감정들을 드러내면서 서로에게 자극이 되기도 했습니다. 어릴 적 감정까지 찾아내야 하는 일이라서 생각이 나지 않을 것 같았지만 현존은 우리가 찾고 싶어 하는 의지만 보이면 힌트를 주었고 그 힌트는 중요한 감정으로 나 자신을 찾는 데 결정적인 역할을 했습니다. 그리고 레이키는 감정을 찾는 여행에서 진가를 발휘했습니다. 감정이 생각나지 않을 때 레이키를 하고 도움을 요청하면 나중에 문득 감정이 떠올라 도움을 받을 수 있었습니다. 우리는 현존 수업의 내용을 똑같이 따라 했고 한 달도 되지 않아 '감정 통합'이 이루어졌습니다.

'감정 통합'이라는 것은 삶을 살면서 해소되지 않은 감정으로만 반복해서 살아가다가 자신의 해소되지 않은 불편한 감정을 모두 찾아 알아차리면 오랜 시간 동안 느껴 왔던 감정이 하나로 합쳐지는 통합의 이미지로 나타나는 것을 말합니다.

이 말은 곧 현존이 수수께끼처럼 숨겨 놓은 이번 생의 감정들을 모두 알아냈다는 뜻입니다. 통합을 알았을 때 너무 놀라 헛웃음이 나오면서 우주의 시스템이 이렇게 진행이 되는 거구나! 하고 살짝 엿보는 느낌이 들었습니다.

제가 불편을 느끼는 사람들을 찾아 보니 다 똑같은 이유로만 화가 올라오거나 불편함을 느꼈습니다. 저는 타인에게 완벽을 요구하는 사람과 주인 행세 하는 사람, 불평을 늘어놓는 사람을 불편해했는데 살면서 그런 사람을 불편하다고 느낀 적은 거의 없었습니다. 대부분 거만을 떨거나 잘난 체하거나 누구나 보면 싫을 것 같은 사람들이라고 생각했지만 현존이 원하는 답은 그것이 아니었습니다.

그리고 삶의 드라마도 21살에서 28살까지 느꼈던 불편한 감정과 28살에서 41살까지에서 느꼈던 불편한 감정, 41살에서 44살까지 느꼈던 불편한 감정이 하나도 틀리지 않고 순서까지 완벽하게 똑같았습니다.

드라마란 자신이 해결해야 할 숙제들을 가지고 현존이 이야기를 만들어 삶 속에서 경험하게 만들어 놓은 각본을 말합니다. 우리의 삶이 드라마인 것이죠. 드라마는 하나가 아니고 삶이 끝나는 날까지 지속됩니다. 환경과 사람들은 바뀌지만 그 안에서 펼쳐지는 감정과 느낌은 정말 똑같았습니다.

긍정적이고 편한 감정들을 말하는 것이 아닙니다. 이것은 자신이 소화하지 못한 거북하거나 거슬리고 신경을 건드리는 감정들을 찾는 일입니다. 이 소화 안 된 감정을 찾는 일이 어려운 것은 여러 겹의 가면으로 자신을 속이고 있어 진짜 자신이 이런 감정에 반응을 하는지 전혀 모르기 때문에 찾기가 어렵습니다. 불편한 감정을 너무 오랫동안 편안하게 잘 느끼고 살아서 전혀 불편이라고 생각지도 못했습니다.

평생 반복해서 느꼈던 불편한 감정을 다 찾으니 현존이 저에게 제발 좀 알아차리라고 보내는 메시지라는 걸 알고는 현존의 위대함에 감탄이 절로 났습니다. 하나의 감정을 알아차리라고 제 인생에서 차 사고도 내주고, 불편한 인물도 등장시켜 주고, 그래도 못 알아차리면 또 차 사고를 내 주고, 그래도 못 알아차리면 더 불편한 인물을 등장시켜 저를 불편하게 했습니다.

현존은 끊임없이 저를 위해 힘든 상황을 만들어서 "제발 알아차려라" 하는 메시지를 계속해서 보냈는데 그래도 모르는 저를 보고 얼마나 답답했을까 생각이 들었습니다. 현존은 오직 나만을 위해 존재하는 존재라는 것을 알 수가 있었습니다.

나의 불편한 감정을 찾은 날에 레이키를 하면 사념체들이 다발로 나갔습니다. 저와 경옥이는 사념체들에게 나가고 싶으면 줄을 서라고 농담을 하면서 감정 찾기 놀이에 푹 빠졌습니다. 둘이 하니까 감정 찾기가 게임같이 느껴졌고 흥미진진했습니다.

감정 하나를 찾으면 그에 맞는 사념체들이 안달이 난 것처럼 자발적으로 빠르게 사라졌기 때문에 '감정을 찾아서 레이키를 하는 것이 이렇게 중요하구나' 깨달았습니다.

책에서는 감정을 찾으면 그냥 느껴 주고 알아봐 주고 내면의 아이에게 말하듯 인정해 주라고 했지만 우리는 감정을 찾으면 사념체를 내보내기 바빴습니다.

지금은 보호막도 거의 사라져서 손만 대면 바로 사념체들이 용해되어 사라지면서 빠른 속도로 많은 양의 사념체들이 보랏빛 속으로 없어졌습니다.

그리고 내가 가지고 있었던 불편한 감정들을 찾으면 분명 나지만 타인을 바라보는 시선처럼 되면서 "내가 그랬구나! 저런 상황에서 저런 감정들을 느끼고 살았구나!" 하며 나 자신이 너무 똑같은 감정과 상황에서만 반응을 한 것을 보면서 황당했습니다. 어쩜 저렇게 똑같은 감정만 느끼고 살았을까? 하고요.

자신이 살아온 드라마는 찾기가 어려울 수 있는데 의지만 있으면 모든 불편한 감정들을 찾을 수 있습니다. 모든 사람이 자신의 불편한 감정을 찾으면 황당하고 어이가 없을 수 있습니다. 왜냐하면 현존은 몇 가지의 소화 안 된 감정을 가지고 어마어마한 드라마를 반복해서 만들기 때문입니다.

나이가 젊을수록 드라마 길이가 짧아지고 있었습니다. 저는 7년 드라마가 많았고 경옥이는 5년 주기로 드라마가 짧았습니다. 아마 더 어린 사람들은 2년 3년처럼 짧지 않을까 생각했습니다. 그만큼 의식의 진화가 빠르게 진행이 되어 가는 것이겠죠.

현존은 7년의 인생 드라마를 만들어서 그 속에 제가 느끼고 알아야 할 것들을 다 집어넣어 숨은 그림처럼 불편한 감정을 찾아야 끝나는 게임을 만들었습니다.

현존은 불편한 감정을 알아차리게 하기 위해 사건을 만들어서 사람들과 마찰도 일으키고, 힘들게 하여 그때 느끼는 감정이 뭔지 보여 주고 싶은 마음으로 한 것인데 사람들은 그것을 모르기 때문에 자신에게 어려운 일이 생기면 남을 탓하기에 급급하며 나에게 이런 일이 왜 생기는지 한탄도 합니다.

현존은 다시 대하드라마를 만들어서 등장인물도 바꾸고, 장소도 바꾸고, 직장도 바꾸고, 이러면 좀 불편한 감정을 알아차리겠지? 하고 계속 알아차릴 때까지 힘든 상황의 드라마를 만들어 냅니다. 그러면 또 이런 일이 왜 나에게만 일어나느냐고 하소연을 합니다.

현존은 알아차리라고 그러는 건데 얼마나 답답할까요? 이번에도 못 찾았네. 드라마를 또 만들어야겠군! 다음 생은 더 힘든 것으로 세팅을 해야 알아차리겠지? 그래도 모르면 다음 생으로 넘어갑니다. '아, 이래서 윤회가 있을 수밖에 없구나! 자신의 생각과 감정을 사념체라는 것으로 신체에 가득 저장해 두고 그대로 죽기 때문에 똑같은 경험을 다시 할 수밖에 없는 것이구나!' 만약 감정 찾기를 해서 자신의 모든 감정을 찾았다 하더라도 다차원의 신체에 있는 사념체를 모두 내보내지 않는다면 다시 물질계로 자신을 끌어들일 수밖에 없는 것을 알고 엄청난 자각을 하게 되었습니다.

그래서 명상과 감정 정화를 했다 한들 높은 진동의 빛으로 사념체를 내보내지 않으면 정화에 한계가 있다는 생각이 들었습니다.

현존이 만들어 준 드라마

경옥이와 저는 우리가 어릴 때 느꼈던 감정들을 공유하면서 무슨 불편한 감정을 느끼고 살았을까? 고민하고 생각하고 또 고민하고 생각하면서 계속 추적을 해 나갔습니다.

정말 떠오르지 않으면 현존은 불쑥 결정적인 단어 하나를 가르쳐 주기도 했습니다. 그러면 우리는 정말 신기하다며 뭔가 퍼즐이 맞춰 가는 것을 느꼈고 점점 불편한 감정이 드러나기 시작했습니다.

현존이 갑자기 단어를 알려 주는데 그때 단어를 적지 않으면 절대 그 똑같은 단어는 두 번 다시 알려 주지 않았습니다. 그래서 항상 메모를 해 가며 알려 달라고 명상하면서 요청도 했습니다.

저는 현존이 알려 준 결정적인 단어가 "감금"이라는 단어였습니다. 이 단어는 정말 뚱딴지같은 단어였기에 일단 적어 놓고 곰곰이 생각을 했습니다. 제가 감정 찾는 것을 헤매고 있으니 알려 주셨는데 감금이 무엇을 뜻하는지 정말 몰랐습니다.

왜 감금일까? 전생에 감옥에 갇혔나? 어디에 잡혀갔나? 이런저런 생각을 하면서 출근을 하는 길에 유레카 발견하듯이 갑자기 생각이 났습니다. 저는 어릴 때부터 집에서 탈출을 하고 싶어 했는데 감금, 탈출이라는 단어가 너무 잘 맞아떨어졌습니다. 저는 감금과 탈출의 인생을 살았고 감금과 탈출 사이의 다양한 불편한 감정들을 느끼면서 살았다는 것을 알아채자 술술 풀려나가기 시작했습니다. 하지만 감정 찾는 일을 하기 전까지는 제가 감금에서 벗어나는, 즉 탈출을 하고 싶어 하는 사람이라는 것을 전혀 모르고 살아왔습니다. 이렇듯 현존은 아주 중요한 단어 하나를 힌트로 알려 줍니다.

감정들을 거의 다 찾았을 때쯤 다음으로 벌어지는 일들은 정말 신기한 경험의 연속이었습니다. 현존은 못 찾은 감정이 있으면 계속 사고를 만들어서 알아차리게 했습니다. 경옥이 같은 경우는 차 사고만 3번 연속으로 나서 어이가 없어서 현존이 이렇게까지 하다니! 하며 놀라워했습니다. 현존은 감정을 알려 주려고 한 것이 경옥이에게는 멘붕이었습니다.

첫 번째 교통사고에서는 자신의 의사를 말하지 못함을 알게 하려 했고, 두 번째 교통사고에서는 빨리 이루고 싶어 하는 마음이 있었다는 것을 알리려 했으며, 세 번째 접촉 사고는 상대편 운전자가 예의 없이 행동하는 것을 자신이 불편해한다는 것을 알리기 위해 사고를 일으켜 알려 주었습니다.

다행히 큰 사고가 아니라 가벼운 접촉 사고로 경옥이가 감당이 되는 한도에서 이루어졌으며 우리가 강한 의지로 감정을 찾는 일을 하니 그 정도는 감당이 될 것이라는 것을 잘 알고 있는 현존이었습니다.

보통 현존이 알려 주려 하는 감정은 우리가 불편을 느끼는 감정과 약간 차이가 나기 때문에 현존이 원하는 답을 찾아야 끝나는 게임이라는 게 어려운 점입니다. 그 이유는 전생과 연결된 감정이라 그런 것 같았습니다. 전생에서 반복해서 느꼈던 감정이 아닐까 생각이 들었습니다.

경옥이 같은 경우도 자신이 교통사고로 찾은 감정이 그렇게 중요한 감정인지 생각한 적이 없었기 때문에 그것이 자신에게 중요하다는 것을 알게 되었다고 했습니다. 자신의 의사를 전달 못 하는 것이 큰 잘못도 아니고 빨리 무엇을 이루려 하는 것도 큰 잘못이 아닌데 이것을 이번 생에 배우고 알아차려야 한다는 것입니다. 경옥이는 세 번의 교통사고로 자신이 알아야 할 불편한 감정을 모두 찾을 수 있어 그것으로 위안을 삼았습니다.

현존은 교통사고를 좋아하나? 왜 이렇게 사고를 내면서까지 감정을 알려 주려 하는지 이해할 수 없지만 현존은 이 방법이 가장 쉬운 방법이라 생각하는 것 같았습니다.

저 또한 교통사고로 감정을 알려 주었는데 다행히도 저는 한 번이라 경옥에 비해 적지만 그때를 생각하면 황당하기도 하고 '어떻게 이렇게까지 하면서 감정을 알려 주려는 거야.' 하고 기막혀 했습니다.

현존이 알려 주려 했던 감정은 "하기 싫은 일을 억지로 하려니 억울해!"라는 감정이었습니다. "억울해!" 하는 감정은 누구나 있는 거지만 현존이 원하는 감정은 "왜 억울한가"를 찾는 일입니다.

하기 싫은 일을 억지로 떠맡아 하게 되면서 그 감정이 오랫동안 쌓여 터진 것이 교통사고였습니다. 제가 일하는 상가에서 방화 관리 일을 오랫동안 맡고 있었는데 그 일이 하기 싫지만 억지로 떠맡아 하게 되면서 싫은 느낌이 저도 모르게 쌓여 있었던 것을 사고로 알려 주었습니다.

방화 관리 일을 하면서 내면에서는 싫은데 겉으로는 괜찮은 척하면서 저 자신을 속이고 오랫동안 그 일을 했습니다. 아주 미세한 불편함이라 별것이 아니라 생각했던 거죠. 왜냐하면 방화 관리 일을 하면 조금의 수고비를 주었기 때문에 약간의 불편함을 참고 그 일을 맡아 한 것이 부정적 에너지가 쌓여 교통사고로 나타났습니다.

이렇게 감정 통합이 이루어지고 나서 이제 통합이 되었으니 드라마가 없는 건가? 했으나 드라마가 2주짜리 드라마로 이어지더니 24시간 드라마 그리고 3시간으로 좁혀지면서 3시간 안에 평생 동안 겪었던 모든 불편한 감정을 동시에 경험하는 일이 일어났습니다. 그러면서 눈물이 펑펑 나왔는데 이제껏 느꼈던 불편한 감정이 동시에 터져 나오는 큰 슬픔을 경험했습니다. 큰 슬픔 속에 셀 수 없는 감정들이 모두 들어가 있는 느낌으로 큰 슬픔을 느끼는 나는 '내가 아닌 나의 높은 자아'가 슬픔을 느끼는 것 같았습니다.

그때 차를 타고 집에 오는 길이었는데 차 안에서 오는 내내 울었습니다. '도대체 이게 무슨 감정이지?' 울면서 한꺼번에 올라오는 감정들을 관찰하기 시작했습니다. 불편한 감정이 동시에 도대체 몇 개인지 너무 많아 셀 수가 없을 정도였습니다. 그리고 문득 떠오르는 모습이 보였는데 그 모습은 시간과 공간이 하나로 통합되는 모습이었습니다. 시간 순으로 길게 나열돼 있는 드라마들이 하나로 겹쳐지면서 통합된 모습을 보았습니다.

'아 이것이 진짜 통합이구나! 내가 불편한 감정을 모두 알아차렸구나!'

경옥이도 얼마 안 가 감정 통합을 이루었는데 경옥이는 영화 같은 인생의 필름이 하나로 합쳐지는 느낌을 받았다고 했습니다. 합쳐지는 것은 같은데 이것도 좀 달랐습니다.

이렇게 감정 통합이 이루어지기까지 레이키의 힘이 정말 컸습니다. 불편하고 억압된 감정들을 알아차릴 때마다 사념체의 움직임들이 느껴질 정도였습니다.

제가 가지고 있는 불편한 감정을 찾으면 같은 감정의 사념체들이 다발로 나갔고 레이키로 사념체 내보내는 일에 속도가 붙었습니다. 사념체들이 나갈 때 트림, 기침, 가래, 하품이 신체적 반응으로 나타나면서 사라졌습니다. 그리고 사념체가 나간 자리에 근원의 빛 레이키를 보내 주었습니다.

요즘은 사념체 보호막이 거의 없어 레이키 하기가 수월하지만 초반에는 레이키의 빛이 보호막을 뚫는 일은 자신과의 싸움에서 꼭 이겨야 하는 결투 같았습니다. 사념체 보호막이 갑옷처럼 단단한 느낌이 들 정도여서 보호막을 용해하는 데 정말 시간이 오래 걸렸습니다.

사념체 보호막은 흰 커튼처럼 투명하게 비추는 것이 있는가 하면 연기처럼 뿌옇게 보이기도 했습니다. 할머니 보호막은 새카만 색을 가진 강력한 보호막이었습니다. 압력과 같은 느낌이 전해지기도 했습니다. 경옥이는 보호막을 커튼이라고 했고 저는 오늘 커튼은 어떤 커튼이냐며 무늬나 디자인이 괜찮으냐며 농담을 했습니다.

사념체의 모습이 다양한 것처럼 보호막의 모습도 아주 다양했습니다. 보호막의 생김새는 그물망 모양, 사선 모양, 커튼처럼 보이는 모양이 많았고 가끔 투명한 유리 같은 것도 있었습니다. 유리의 색은 붉은 것부터 연한 회색, 진회색, 검은색 위주의 색들이 대부분이었습니다. 강력하고 오래된 보호막은 레이키 빛이 들어가면 반사시키기도 했습니다. 그래서 아주 오래 빛이 들어가야 보호막이 뚫렸습니다.

사념체의 모습은 처음에 레이키 할 때 보였던 단순한 동그라미보다 복잡한 도형 같은 형태를 띠고 있었으며 어떤 사념체는 사람의 그림자 같은 형태를 띠고 있었습니다. 눈만 보이는 것도 있고, 스프링 모양을 한 사념체도 있었습니다. 처음 보았던 사념체 모습과 지금의 사념체 모습이 달라졌는데 그것은 점점 더 깊숙이 있는 사념체들이 나왔기에 그런 건가 생각했습니다.

좀 특이한 유형의 사념체 중에는 엄청 빠르게 이동하는 사념체가 있었습니다. 저는 경옥이에게 "사념체가 머리 가운데 있는 것 같은데 찾아줘!" 부탁을 했을 때 경옥이는 애가 막 돌아다녀서 찾기가 어렵다 했습니다. 왜냐하면 대부분의 사념체들은 그 자리에 있거나 조금 옆으로 움직이는데 이렇게 온몸을 누비며 빠른 속도로 움직이는 사념체는 처음 본다며 얘는 진짜 나가기 싫은가 보다 했습니다. 나가기 싫은 사념체들은 도망을 다니는 것 같다고 말했습니다.

도망을 다니는 사념체는 레이키의 빛을 피해 숨어 버렸으나 숨은 사념체를 레이키의 빛은 찾아냈습니다. 마치 그 모습은 천사가 어린아이를 데려가려고 찾고 다니는 느낌을 받았고 우리는 레이키의 높은 지능과 자애로움을 동시에 알 수 있었습니다. 사념체들은 각자의 고유의 진동에 맞게 다른 구멍으로 빨려 나갔습니다.

그렇게 모든 사념체가 네 달이 되니 나가는 것이 뜸해지면서 다음에는 뭐가 새로운 것이 나타날까? 기다리며 하루하루를 보내는 날은 흥미로웠습니다. 사념체를 대충 글로만 접하고 그런 것이 있구나 정도만 생각했지 이렇게 몸속에 있는 사념체를 직접 체험하고 내 손으로 내보내는 일을 할 수 있다는 것은 정말 축복을 받는 것이구나 생각이 들었습니다.

그리고 "내가 한 행위에 대한 용서"를 받는 느낌이었습니다. 왜냐하면 사념체들은 내가 만들어 낸 모든 부조화된 상념, 감정, 느낌, 행위이기 때문입니다. 그것도 모든 전생을 통해 자신이 만들어 낸 바람직하지 않은 창조물을 직접 내보낸다는 것은 정말 감사한 일입니다.

이 일은 모두 상위 존재들의 도움 없이는 도저히 할 수 없는 일입니다. 명상할 때나 기도할 때 마스터들의 에너지로 인해 가슴이 벅찰 때도 많았습니다. 그래서 레이키를 하면서 항상 상위 존재들에 대한 감사 기도를 자주 했습니다.

　무겁고 진동이 낮은 부정적인 사념체들이 거의 다 나가고 나서는 가끔씩 높은 진동의 긍정적인 사념체들이 모습을 드러내기 시작했습니다. 그것은 사념체의 색을 보면 바로 알 수가 있었는데 검은색, 회색, 녹색, 붉은색이 주를 이루면서 나오던 사념체들이 빛나는 노란색, 흰색, 핑크색 등 보기에도 예쁜 색이 나타나기 시작했습니다. 긍정적 감정의 사념체가 있다니! 너무 신기할 뿐입니다.

　경옥이는 내 몸속에서 나오는 사념체를 그려서 바로바로 알려 주었습니다. 긍정적인 사념체들은 보호막도 얇고 가벼워서 손만 대면 바로 나갔으며 내보내기가 매우 수월했습니다.

　처음 레이키를 시작했을 때 단단한 보호막 때문에 고생을 많이 했는데 지금은 진동이 올라간 상태라서 낮은 진동의 사념체들은 많이 사라졌습니다. 높은 진동의 사념체는 하얀 연기 같은 것들이 많고 가끔 반짝이는 빛들이 나타나곤 했는데 아무리 긍정적인 사념체라도 물질계에서 만든 모든 것은 용해시켜야 했기에 반짝이는 사념체에 근원의 높은 빛을 보내 사라지게 했습니다.

　진동이 높아지면 부착영은 나오지 않는 줄 알았는데 그렇지는 않았습니다. 사념체가 나가는 중간중간 아주 가끔씩 한 명씩 나타나곤 했는데 저는 보이지가 않아서 누가 나가는지 정확하게 몰랐지만 경옥이는 자신이 부착영을 본 날이면 얼굴을 자세히 묘사해 주었습니다. 도대체 부착영은 언제까지 나올지 수수께끼 중 하나였습니다.

현존을 찾는 법

참고 자료

사념체 보호막

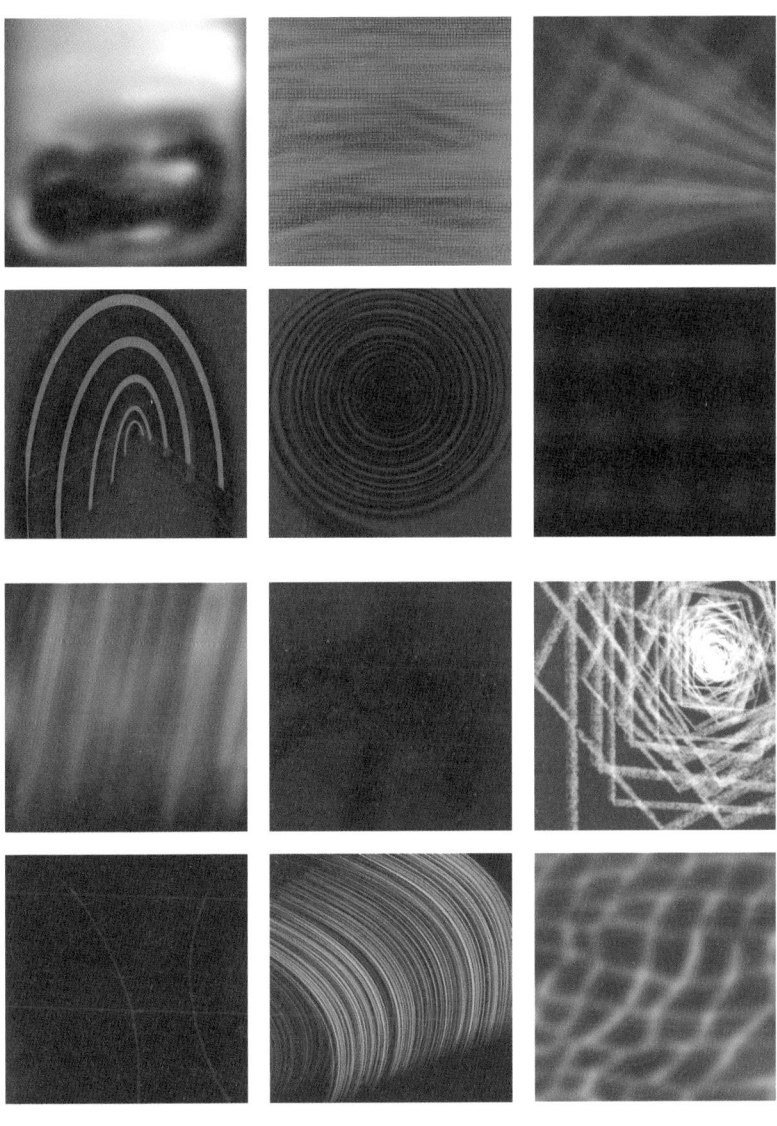

75

사념체 보호막이란 모든 사념체, 부착영을 보호하고 유지하는 가림막 같은 역할을 하는 외투를 말합니다. 사념체들은 근원의 빛이 자신에게 들어오는 것을 막기 위해 자신을 보호하려고 여러 겹으로 막고 있습니다. 근원의 빛(정화의 빛)이 들어오는 순간 자신의 생명력을 잃어버리기 때문입니다.

근원의 빛을 신체에 보내면 보호막은 빛을 반사합니다. 마치 물이 유리를 통과 못 하는 느낌을 받으며 오랜 시간 빛을 보내야 용해할 수 있습니다. 빛의 몸[6]에 무거운 갑옷을 입고 있는 것과 같습니다.

갑옷의 틈으로 빛이 나오기도 하지만 자신의 사념체와 사념체 보호막이 신체를 둘둘 말아 높은 의식의 빛이 들어오지 못하게 막고 자신의 빛을 가둬 두고 있습니다. 무거운 사념체들을 내보내지 않는다면 낮은 진동의 사념체에 의해 낮은 진동에 머물러 있어야 합니다.

사념체 보호막은 제3의 눈으로 볼 때 부연 커튼처럼 보이는 모습이 많고 그물과 같은 형상도 있으며 온통 검은색인 벽 같은 느낌의 보호막도 있습니다. 보호막은 여러 개의 모양이 있으며 힘의 정도도 다릅니다. 보호막의 색은 거의 회색빛이나 검은색이 대부분이고 가끔 붉은색이 감도는 색도 있습니다.

가볍게 사라지는 보호막이 있는 반면, 단단하게 생긴 보호막은 물리적으로 용해하는 시간이 더 소요되기도 합니다. 신체 가장 외부에 있는 보호막일수록 더 단단하고 용해하는 데 시간이 오래 걸립니다. 사념체 보

---

6 물리적인 신체(육체, 아스트랄체, 멘탈체, 원인체)외에 에테르체를 말하며 진동이 현존의 의식에 가깝게 올라간 신체를 말합니다.

호막을 용해할 때 근원의 빛조차 힘겨워할 정도로 우리들이 만들어 낸 사념체 보호막은 정말 단단합니다. 자신이 만들어 낸 보호막을 본다면 기겁할 정도로 놀랄 것입니다. 정화해 갈수록 점점 보호막은 얇아지고 레이키를 보내면 바로 사라지게 되면서 사념체 용해가 쉽게 이루어집니다.

저는 처음 레이키를 시작할 때 손에서 빛이 나오지 않는 줄 알았습니다. 그 이유는 사념체의 보호막이 빛을 반사를 하고 있었기 때문에 '레이키가 흐르지 않나? 내 손에서 나오는 것이 맞나?' 하고 의심을 했습니다. 하지만 이 모든 것이 사념체의 보호막 때문이라는 것을 알게 되었습니다.

긍정적인 사념체 모습

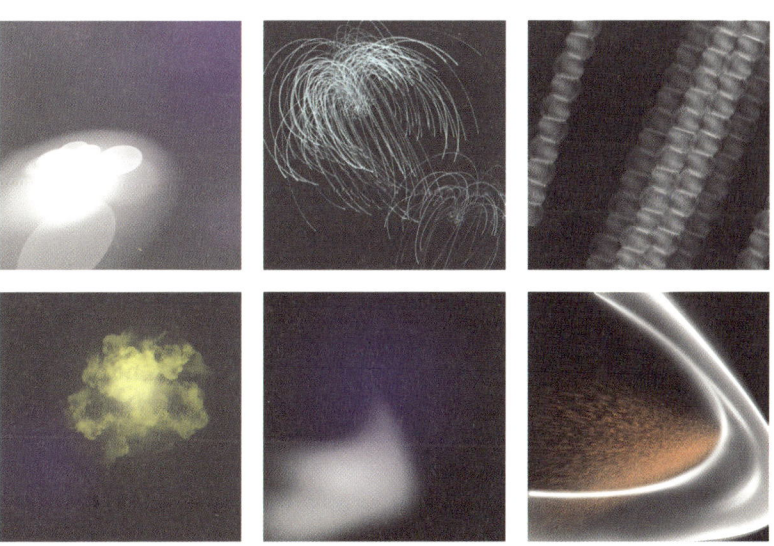

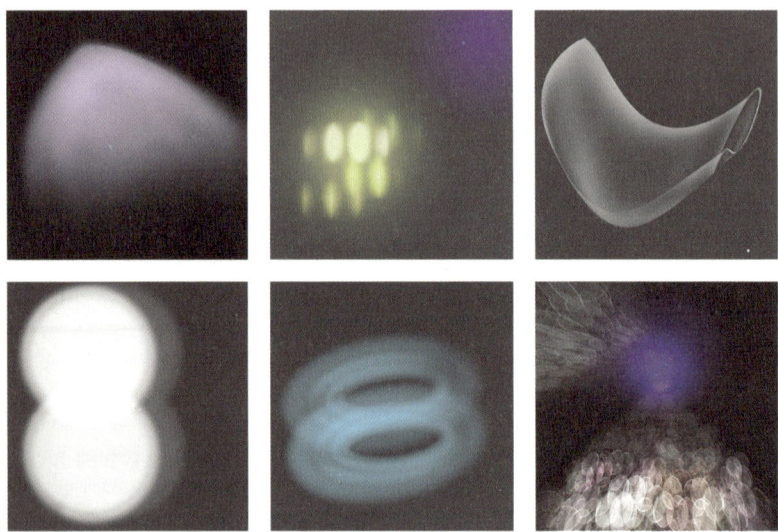

모든 사념체는 육체, 아스트랄체, 멘탈체, 원인체에 저장되어 있고 사념체의 진동에 따라 각각의 신체에 위치합니다. 진동이 높은 사념체는 대부분 긍정적인 사념체입니다. 긍정적인 사념체의 감정은 감사, 봉사, 자유, 보람 등의 에너지이고 남을 배려하고 연민을 가지고 있지만 그것 또한 물질계에서 만든 인간적인 감정의 에너지입니다.

긍정적인 사념체는 진동이 높으며 빛 또한 밝고 색도 아름답습니다. 긍정적인 사념체는 우리에게 좋은 영향을 주고 의식의 진화에 도움이 됩니다. 긍정적인 사념체의 색은 대체적으로 흰빛과 노란빛, 푸른색, 보라색이 많고 아주 높은 진동을 지닌 사념체는 투명하며 가벼운 느낌입니다. 이렇게 높은 에너지의 색이 나타나려면 부정적인 에너지의 낮은 진동의 사념체가 처리되어야 보이기 시작합니다. 하지만 결국 긍정적인 사념체라도 없애야 합니다. 왜냐하면 아무리 좋아도 과거의 관념이며 단단한 틀을 형성하여 자유로운 사고와 창조를 할 수 없기 때문입니다. 좋은 것을 없앤다고 두려워할 필요가 없습니다. 비워진 공간에 더 높은 진동의 에너지를 넣어 주면 됩니다.

긍정적인 사념체는 근원의 빛을 받으면 빠르게 용해되고 보호막도 거의 없습니다. 높은 진동의 사념체는 형상도 거의 없이 연기처럼 보이는 경우가 많고 레이키의 빛을 받으면 빠르게 사라집니다.

현존의 가이드

레이키를 배운 지 5개월 되었습니다. 레이키는 6개월이 지나면 마스터 과정을 배울 수 있는 자격이 주어집니다. 누구에게 배울까? 누가 잘할까? 하며 고민도 하고, 마스터 과정을 배우고 어떻게 할까? 이런 저런 얘기를 하면서 우리는 즐거운 상상을 했습니다.

저는 당시 하고 있는 일이 잘되고 있었고 레이키를 직업으로 바꿀 생각은 없었지만 나이가 더 들어 미용을 하지 못하는 날이 올 때 레이키를 하면 어떨까? 생각을 했습니다. 52세인 저에겐 미지의 미래에 레이키가 희망 같은 것이었습니다. 경옥이도 당시 하는 일이 너무 잘되고 있어 레이키를 직업으로 할 생각은 없다고 했습니다.

그런데 요즘 며칠째 제 마음속에서 "경옥이랑 레이키를 같이하라"라는 마음이 계속 올라왔습니다. 저는 말도 안 되는 일이라고 생각했습니다. 이 마음이 올라올 때마다 고개를 절레절레 흔들었습니다.

그런데 "같이하라"라는 생각은 없어지지 않고 더욱 강하게 올라오는 것이었습니다. 이상하다 생각하면서, 같이 일하는 것이 어디 쉬운가? 아무리 좋은 친구도 헤어지기 쉽고 또 주변에서도 동업해서 안 좋은 모습을 본 내가 왜 이런 생각을 하지? 하며 계속 무시해 버렸습니다. 하지만 무시하면 할수록 생각은 더 강하게 올라와서 참을 수가 없었습니다.

이런 마음은 3주가 되도록 없어지지 않았고 경옥이에게 말을 하지 않으면 안 되는 상황이 되었습니다. '일을 잘하고 있는 경옥이에게 갑자기 레이키로 일을 같이 하자고 말을 하면 이상하게 생각할 텐데… 어쩌지?'

동업을 한다는 것이 쉬운 일은 아닌데 경옥이에게 물어보는 게 괜찮은 것인지 고민을 많이 했습니다. 하지만 올라오는 생각은 저를 말릴 수가 없었습니다.

그래서 어느 날 경옥이에게 "우리 레이키로 동업할까?" 하고 말을 해 버렸습니다. 그랬더니 경옥이는 깜짝 놀라며 "언니! 저도 2~3주 전부터 계속 그 생각이 올라왔어요. 언니도 그랬어요?" 하고 우리 둘은 이게 도대체 무슨 일인가 하며 깜짝 놀랐습니다.

"저는 언니에게 말은 못 하겠고 왜 내가 이런 생각을 할까? 이상했어요."

경옥이도 동업에 대한 말을 하면 제가 이상하게 생각할까 봐 올라오는 생각을 누르고 있었습니다. 직업으로 레이키를 생각한 적도 없었는데 왜 자신이 그런 생각을 하는지 혼란스러웠다고 했습니다.

"너도 그랬구나! 도대체 이게 무슨 일이지? 왜 우리가 레이키 일을 같이할 생각을 했을까?"

그 순간 우리는 바로 알아차렸습니다. 현존이 하는 생각이었구나! 하고요.

"아! 이 느낌이 현존이구나!"

3주 동안 우리는 에고와 씨우고 있었던 것이었습니다.

현존은 레이키를 우리 둘이 같이하길 원했고, 에고는 같이하는 것은 나쁜 거야! 하고 저와 경옥이를 계속 설득을 하고 있었습니다.

"현존이 말할 때 느낌을 알았으니까 현존의 말만 듣자."

우리는 그렇게 말을 하는 순간 마음이 눈 녹듯이 편해지고 "감격" 같은 감정이 울컥 올라오면서 가슴이 두근거렸습니다.

그리고 경옥이도 이제야 살 것 같은 기분이라며 좋아했습니다. 왜냐하면 동업에 대한 부정적인 생각으로 우리 둘은 서로에게 말도 못 하고 동업은 있을 수 없는 일이고 절대 하면 안 된다는 에고의 생각에 현존의 느낌을 억누르고 있었습니다.

  현존을 알아차릴수록 에고는 힘을 쓰지 못했고 둘의 차이가 점점 명확해지면서 에고가 수그러지는 기분을 느꼈습니다. 같이하기로 하면서 우리는 강해지는 기분이 들었고 현존의 생각만 따르면 되니 고민과 걱정이 사라졌습니다.

  현존의 느낌은 내 생각과 비슷하게 올라왔으나 기존의 내 생각이 아니라고 느낄 수밖에 없었습니다. 한 번도 생각해 보지 못한 생각을 하기 때문에 그냥 알았던 것입니다. 그 후로 현존을 더욱 강하게 느꼈고 에고는 저에게 없는 느낌마저 들었습니다.

  "현존이 레이키를 같이하라 했으니 우리만의 레이키를 해야 할 것 같은데…."

  기존에 없던 새로운 아이디어를 생각하며 시간을 보냈습니다. 우리는 설레기도 하고 레이키를 같이할 생각에 마음이 붕 뜬 기분이었습니다.

  하루는 경옥이에게 말했습니다.

  "우리 마스터 수업 배워야 하는데. 경옥아, 네가 배워서 나에게 가르쳐 줘. 동업을 하니 이런 게 좋네."

  이에 경옥이도 "좋아요"라고 말하며 신났습니다.

  마스터 수업료는 부담스러운 가격이기도 하지만 우리는 홀리 파이어 레이키를 하지 않고 새로운 레이키를 개발을 해야 하기에 굳이 배울 필요는 없었습니다. 그래서 경옥이 혼자 배우고 와서 저에게 전해 주면 되는 것이기에 저는 그렇게 말했습니다. 그러나 다음날 바로 내면의 느낌이 전해졌습니다. 우리의 생각과 또 달랐습니다. 같이 배우라는 내면의 느낌에 저는 하루도 안 되어 경옥이에게 "우리 같이 마스터 수업을 배우러 가야 해. 현존이 그러라네." 하고 말하니 경옥이는 "아, 그렇구나. 그럼 그렇게 해야죠." 했습니다.

현존이 어떤 느낌인지 점점 알게 되면서 상위 자아의 느낌이 전해지기도 했습니다. 상위 자아는 내면의 말을 하는데 말은 느낌으로 전해지며 그 느낌은 말은 아니지만 현존보다 또렷했습니다. 현존의 느낌은 진짜 내면에서 너무 작은 느낌이어서 못 알아차리는데 상위 자아는 좀 잘 느껴졌습니다. 이처럼 저와 경옥이는 상위 자아를 강하게 느끼며 하루하루 보내는 일이 꿈만 같았습니다.

그러던 어느 날 저에게 내면에서 올라온 느낌이 있었습니다. 저에게는 "레이키 교재를 써라", 경옥이에게는 "로고 문양을 만들라"였습니다.
'내가 책을? 이것은 한 번도 생각 안 해 본 건데. 어쩌지?' 하고 부정적인 에고의 생각이 올라왔습니다. 과거 같았으면 "난 절대 못 해! 내가 어떻게 책을 써! 난 한 번도 글이란 것을 써 본 적이 없어!" 하며 부정성을 당연시했을 것 같은데 정화가 많이 이루어지니 부정성이 올라오면 바로 알아차려지면서 에고가 그렇게 생각하고 있었구나 하고 떨어져서 바라보게 되었습니다.

저는 에고의 생각을 바로 알아차리자마자 못 한다는 생각이 싹 사라졌습니다. '현존이 하라면 하는 거지, 뭐.' 마음을 먹었고 바로 다음 날부터 레이키 교재 만들기에 들어갔습니다.

생각을 행동으로 옮기자 상위 자아는 우리에게 많은 말을 해 왔습니다. 상위 자아가 말을 할 경우에는 느낌으로 전달이 되는데 느낌에는 몇 마디 말에 전체적으로 그 뜻을 내포하고 있었습니다.

상위 자아는 레이키 교재를 만들 때,

"상징을 '말'(言)로 하라."

"건욕, 갓쇼를 '호흡'으로 하라."

라는 가이드가 있었습니다.

기존의 레이키는 지금까지 상징을 사용하여 레이키를 했었는데 "상징을 사용하지 말라"라고 했습니다.

말로 어떻게 레이키를 하지? 진보된 레이키는 말로 하는 건가? 상위자아가 알려 준 대로 한번 해 보자 생각했습니다. 기존의 레이키에서는 '상징'이 무엇보다 중요한 필수적인 요소이며 상징은 비밀리에 숨겨서 내려오는 보물과 같은 신비한 힘이었습니다.

항상 레이키를 할 때 우리는 상징을 사용하지 않았기 때문에 우리가 했던 것처럼 다른 사람들도 그렇게 하라는 것 같았습니다.

상징은 레이키를 하기 전에 반드시 손으로 공중에 상징을 그리고 레이키를 시작하는 행위를 말합니다. 그리고 상징을 쓰기 전에 또 다른 갓쇼와 건욕이라는 간단한 몸동작을 하고 레이키를 사용합니다. 그 행위는 레이키를 하기 전에 하는 필수적인 행위로 신성함과 감사함이 담긴 행위입니다. 하지만 그 모든 행위를 사용하지 말고 대신 말로 그 행위를 하라는 것이었습니다.

우리는 말로 하는 것을 테스트해 보기 시작했고 명상을 기본으로 하는 새로운 현존레이키를 만들기로 했습니다. '현존레이키'라는 말은 아주 자연스럽게 나와서 우리가 이름을 따로 정한 것은 아니고 그냥 현존레이키가 되었습니다.

'현존레이키'라는 이름이 정해졌으니 닉네임도 정해야 될 것 같은데…. 모든 힐러들은 닉네임을 쓰던데…. 속으로 생각을 하고 있으니 내면에서 느낌이 올라왔습니다.

"자신의 이름을 써라."

사람들이 온라인상에서 자신의 이름을 안 쓰고 가명을 사용하는 것은 자신을 숨기고 가면을 쓰는 것과 같은 일이라 그런 것 같았습니다.

저는 경옥이에게 "닉네임 지을 필요 없어. 그냥 이름 사용하래." 하며 알려 주었습니다. 경옥이는 닉네임 지으려면 고민해야 하는데 잘됐다며 좋아하는 것 같았습니다.

우리는 일을 하면서 아이디어가 문뜩 떠오르면 바로 기록을 했고 경옥이와 그 아이디어를 점심시간에 공유하고 서로의 현존이 무슨 말을 했나 궁금해했습니다.

에고로만 살았던 우리들에게 상위 자아는 상상도 못 한 말들을 아무렇지 않게 했습니다. 우리가 가장 놀랐던 상위 자아의 메시지는 이거였습니다.

경옥이는 "집을 팔라"였고, 저는 "집 사지 말고 상가를 사라"였습니다. 경옥이가 들은 가이드는 이러했습니다. "현재 집을 하루라도 빨리 팔고 나오지 않으면 그 집에서 빠져나올 수 없다." 그리고 우리 동네 근처 아파트 이름까지 말해 주었다고 했습니다. 정말 입이 떡 벌어질 일이었습니다. 그리고 저는 집을 살 생각 하지 말고 상가를 사라는 뜻은 제가 집을 하나 더 사고 싶은 생각을 항상 가지고 있었기 때문인데 그것을 콕 집어 말을 해서 너무 놀랐습니다.

현존은 우리 둘이 상가를 사서 현존레이키라는 기존에 없던 새로운 레이키를 만들어 아카데미처럼 운영하면서 사람들을 가르치라는 말을 하고 있다는 것을 알았습니다. 저보다 경옥이는 집 때문에 마음이 좀 급해졌습니다. 왜냐하면 "당장"이라는 말 때문이었습니다. 당장 집을 내놓지 않으면 안 된다는 것이었습니다.

누구에게 이런 말을 하면 우리 보고 미쳤거나 귀신이 들린 것이 아니냐는 말을 할 것이 뻔합니다. 경옥이는 고민에 찬 얼굴로 "집에 가서 신랑한테 뭐라고 말하지?" 하며 고민에 빠졌습니다. 저는 사실대로 말하라고 했고, 경옥이도 어쩔 수 없이 말해야겠다고 생각했습니다.

우리에게 벌어진 일을 상위 자아나 현존이라는 개념을 모르는 사람에게 말한다는 것은 어려운 일이었습니다. 믿지도 않을 것이고 착각을 해서 그런 결정을 했을 거라 생각하기에 어디서부터 말을 해야 할지 고민이 많았습니다.

저보다 경옥이는 당장 집을 내놔야 하는 일이라 생각이 복잡해 보였습니다. 경옥이는 일하는 도중에도 어떻게 설명을 해야 할지 걱정이 되어서 얼굴이 시무룩해 있었습니다.

저는 경옥이와 같이 고민을 했습니다. 신랑이 놀라지 않게 말을 해야 하는데 나라도 놀랄 말을 신랑에게 전해야 하니 고민이 이만저만이 아니었습니다. 우리는 생각 끝에 그냥 솔직히 말해야 한다는 결론을 냈지만 경옥이의 얼굴은 무거워 보였습니다.

세인트 저메인과의 만남

그다음 날 아침 출근을 하자마자 경옥이는 해맑은 얼굴로 제 가게에 와서 신랑에게 말했다고 했습니다. 경옥이는 "우리 지금 이 아파트 팔지 않으면 안 된다 말하니 신랑이 이것저것 알아보고 집을 내놓겠다고 했어요." 하며 웃었습니다.

다행히 고민이 단순하게 사라지게 되었습니다. 경옥이는 집을 내놓을 생각만 해도 기분이 좋아 보였습니다. 우리 동네로 이사 와서 레이키를 같이할 생각에 들떠 있는 것 같았습니다.

"언니 현존이 또 말한 것 없어요?" 하며 아침 인사를 했고 저도 "너의 현존은 무슨 말을 했는데?" 하며 우리는 현존레이키를 할 생각에 너무 신이 나 있었습니다.

우리는 아침에 커피 한잔을 하고 서로 각자의 자리로 옮겼습니다. 경옥이는 네일숍으로 가고 저는 예약된 강아지 미용을 하기 시작했습니다. 오늘은 토요일이라 일을 해도 마음은 휴일 같았습니다. 내일 쉴 생각에 기분이 좋았습니다.

강아지 목욕을 하고 드라이 테이블로 옮겨 털을 말리고 있었습니다. 그런데 털을 말리고 있는 도중에 제 속에서 누군가 말을 해 오기 시작했습니다. 항상 그랬던 것처럼 상위 자아인 줄 알고 바로 핸드폰을 들고 적으려 하는데 '어! 상위 자아가 아니네?' 깨달았습니다. 저는 현존과 상위 자아의 느낌을 알고 있어서 내면에서 말을 하면 그것을 바로바로 메모를 해 왔습니다. 메모를 하지 않으면 그 생각은 제 것이 아니라 잘 기억이 나지 않았기 때문이었는데 이 내면의 소리는 그것과는 전혀 다른 느낌이었습니다. 너무 또렷하고 정확하게 콕콕 박히는 느낌으로 전해졌는데 처음 겪는 일이라 신기해하며 받아 적기 시작했습니다.

"레이키는 오랜 세월 한 권의 책으로 계속 덮어씌우기로 쓰여 왔다. 그래서 새로운 책이 필요하다. 진실을 알고 있는 사람이 필요했고 봉사할 사람이 필요했다. 그런데 네가 봉사하려는 맘이 강하고 의지도 있다. 스스로는 모르고 있었지만 너는 그 일을 오랜 세월 동안 갈망해 왔다. 이 책은 사람들을 변화시킬 것이고 말의 힘을 알게 해 주어야 한다."

저는 핸드폰으로 다 적은 다음 다시 강아지 털을 이어서 말리기 시작했습니다. 털을 말리면서 누구지? 하고 생각하는 순간 속에서 올라오는 느낌이 "상승 마스터 세인트 저메인"이었습니다.

저는 '상승 마스터가 왜 나에게 온 거지?' 하며 속으로 생각을 해 보니 내가 레이키 교재를 쓰고 있었기 때문에 나를 찾아왔나? 하는 생각이 올라왔습니다. 저는 상승 마스터가 있다는 것을 책을 통해 알고 있었기에 바로 세인트 저메인이라는 것을 알았습니다. '그런데 내가 왜 선택이 된 거지?' 하고 생각을 하고 있으니 다시 말을 하기 시작했습니다.

"진실을 아는 사람은 많지만 정확하게 진실을 아는 사람은 없다. 그래서 임무를 수행할 사람이 너다."

저는 다시 받아 적기 시작했고 또 생각을 했습니다. 상승 마스터는 바로바로 말을 하지 않고 시간을 두고 말을 했습니다. 제가 일을 하고 있는 중이기도 하고 시간에 맞춰 미용을 끝마쳐야 하기에 그런 것 같았습니다. 그러면 저는 그 사이에 생각을 했습니다.

'레이키를 오래 한 사람도 많은데 5개월 된 나를 왜 선택했을까? 내가 쓰는 것이 맞는 건가?' 아무리 생각해도 이해할 수 없다고 생각했을 때,

상승 마스터는 말했습니다.

"네가 알고 있는 지식이 맞다."

그리고 저는 강아지 미용을 시간에 맞추어 끝을 내야 했기에 미용에 다시 집중했습니다. 상승 마스터 세인트 저메인을 생각하면서 미용을 했습니다. 상승 마스터가 한 말들을 생각을 하니 눈물이 주르르 흘렀습니다. 저는 눈물을 닦아 가며 미용을 마쳤습니다.

첫 손님 강아지 미용이 끝나고 예약된 두 번째 손님이 찾아와서 미용을 다시 시작하고 있었습니다. 미용을 시작한 지 몇 분이 지나고 상승 마스터의 느낌이 전해졌습니다. 그리고 중요한 사실을 알게 되었습니다.

"레이키를 할 때 안 보이게 한 것은 레이키를 가르치면서 안 보이는 사람이 많으니 그 사람들의 마음을 헤아리고 안 보이는 이들을 위해 봉사하기 위함이었다."

저는 복받치는 눈물이 하염없이 흘렀습니다. 레이키를 하면서 안 보이는 것에 대해 나의 부족함을 탓하는 마음이 있었습니다. 그러나 모든 것이 봉사하기 위함이라는 말에 알 수 없는 답답한 마음이 눈 녹듯 사라지며 감사한 마음에 흐르는 눈물이 멈추지 않았습니다.

"투시가 안 되는 것이 봉사하기 위한 영혼의 계획이리니!"

저는 명상 때 경옥이처럼 빛을 보기 위해 명상을 오래 하기도 하고 자주자주 시간 나는 대로 했지만 저에게 내면의 소리는 "보려 하지 말라"라는 느낌뿐 아무것도 보이지 않았습니다. 그러면 저는 내면의 소리를 무시하고 더 보려 했습니다. 그럴수록 눈을 감으면 암흑 상태가 펼쳐졌습니다.

이제야 그 이유를 알게 되었습니다. 저는 답답한 마음이 뚫리면서 봉사할 수 있다는 감사함과 축복감이 올라왔습니다. "저에게 봉사할 수 있는 기회를 주셔서 감사합니다."라는 말이 저절로 나왔습니다. 그리고 뒤이어 상승 마스터께서 다시 말을 하셨습니다.

"미용도 봉사였다. 남들이 물릴 것을 대신 물린 것이다. 그 사람들은 갈 데가 없다. 남들은 오지 말라 했는데 너는 받아 준다. 남들은 힘든 것을 안 하면서 그런 것만 하면 바보라고 생각한다. 그것이 좋은 줄만 안다. 하지만 진짜는 그것이 아니다. 무서워서 그러는 것이다."

사나운 개들을 다른 미용사들은 오지 말라 하는데 저는 다 받아 줬다는 말이며 그 사나운 개를 다른 미용사가 하면 물릴 것이 뻔한데 제가 그것을 대신해 주었다는 말이었습니다.

저는 미용을 하면서 그런 생각은 한 번도 한 적이 없었습니다. '사나운 개들이 나만 찾아오는 것도 아니고 내가 그렇게 많이 물리지도 않았는데' 하고 생각을 하고 있으니 상승 마스터께서는 말씀하셨습니다.

"네가 안 물리고 사고가 없었던 것은 보호를 받은 것이다."

저는 '내가 엄청난 사랑과 보호 속에서 살고 있었구나!' 느껴지면서 감사의 마음이 물밀듯이 올라왔습니다. 그리고 제가 키웠던 반려견 별이에 대해서도 말씀을 하셨습니다.

"레이키 교육을 받을 때 안 보이는 것에 실망을 할까 봐 별이가 옆에 있어 주었다."

저는 그 말을 듣는 순간 별이가 죽고 나서 저에게 해 준 모든 일들이 다 생각이 나면서 얼마나 많이 저를 찾아왔었는지, 지켜봐 주고 있는지 모든 것이 알아차려졌습니다. 별이는 제가 레이키 교육을 받으러 가는 날 제 차에 같이 타고 있었습니다. 그 당시 느낌으로는 알고 있었지만 보이지가 않으니 확신할 수가 없었습니다. 상승 마스터로 인해 별이가 실제로 차에 같이 타고 있었고 레이키를 배울 때 처음부터 끝까지 제 곁에 있어 준 것을 알았습니다. 그리고 상승 마스터 세인트 저메인은 제가 미용 일을 마무리할 수 있도록 자리를 잠깐 피해 주시고 또다시 오셔서 말했습니다. '어떻게 나에게 세인트 저메인이 오다니, 있을 수 있는 일인가.' 하며 흥분된 마음을 그나마 미용으로 가라앉힐 수 있었습니다. 그리고 제가 마음을 가다듬고 일을 하고 있으면 다시 말씀을 이어 갔습니다.

"네가 빨리 깨우치지 못한 것은 돈을 더 소중하게 생각했기 때문이다."

상승 마스터께서 말씀을 하실 때는 단순하고 짧은 문장으로 들리지만 그 문장 안에는 모든 기록이 저장되어 있는 느낌이면서 모든 것을 알 수 있었습니다. 저는 30대 때 아주 잠깐 기체조를 하면서 명상도 배운 적이 있었습니다. 그곳에서 학원비 외에 수련회도 가야 하니 돈을 여러 번 요구한 적이 있어서 그만둔 적이 있었습니다. 그 후에는 다른 명상 센터를 찾아 볼 생각조차 하지 않았고 잊고 살았습니다. 그런데 그것을 말씀하신 것을 알았을 때 저의 부족함과 부끄러움에 몸 둘 바를 몰랐습니다. 18년의 세월이 지나서야 알게 되었구나! 했습니다.

완전히 잊고 있었는데 그 일을 말씀하시다니 제 인생에서 스쳐 지나가는 작은 일이라 생각했는데…. 인생에서 중요했던 시점이라니…. 이럴 수가 있나요. 상승 미스티에 의해 알게 되다니 놀라울 뿐이었습니다. 그리고 상승 마스터께서는 레이키에 대한 가이드와 제가 평소에 아주 사소하고 궁금해했던 문제들과 제 인생의 전반적인 계획들을 알려 주셨습니다. 특히 제 지인 중 한 분이 신체적으로 이상 증상을 앓고 있었는데 저는 그 이유에 대해서 정말 궁금하기도 하고 도와주고 싶은 마음이 있었습니다. 상승 마스터는 그 이유에 대해 자세히 알려 주었습니다. 제가 찾고 있던 생각과 완전히 다른 방향으로 말씀을 하셔서 듣는 순간 아! 그렇구나! 하는 말이 절로 나왔습니다. 정말 원인을 찾아 주고 싶었지만 답을 찾지 못하는 제가 답답하지 않았을까 생각해 봅니다.

그리고 저에게 아주 흥미로운 말도 하셨는데 그 말은 "레이키 교육 때 두 분을 만나게 한 것은 책을 읽기 위함이다"라는 말이었습니다.

『마스터의 제자』라는 책을 읽게 하기 위하여 레이키 교육 때 그 책을 알고 있는 사람을 동원해서 만나게 하셨던 것이 정말 신기했습니다.

레이키 교육을 마치고 다들 집에 가기 바쁜데 교육생들 중 두 분이 우리에게 저녁을 먹자고 말을 걸어 왔습니다. 그분들도 두 명이었고 우리도 두 명이라 저녁을 먹는 자리가 편안했습니다. 그분들과 즐거운 저녁식사를 하면서 우연히 『마스터의 제자』라는 책 소개를 받은 우리는 그날로 책을 주문해서 읽기 시작했습니다. 그것을 시작으로 이끌림에 의해 다양한 책을 접했습니다.

지금 생각해 보니 어떤 책을 읽어야 할지 모두 가이드를 받았던 것이었습니다. 저는 책을 정말 많이 읽는 편이었습니다. 하지만 몇 3~4년 전부터 책 읽는 것을 소홀히 했고 요즘 나온 영성 책을 잘 모르고 있었습니다. 상승 마스터는 저에게 『마스터의 제자』라는 책을 읽게 하면 제 삶의 방향이 달라지는 것을 알고 있었기에 그렇게 했던 것이었습니다. 저는 우리에게 상승 마스터께서 이 일을 하게 한 것에 깊은 감사를 느끼는 동시에 레이키 초보자에게 왜 이 일을 맡겼을까? 생각해 보았습니다.

레이키라는 에너지 힐링 역사가 길어도 우리나라에서는 잘 알려지지 않았습니다. 하지만 기존에 경력이 있는 에너지 힐링을 하시는 분들이 많이 계시는데 레이키 배운 지 5개월 된 우리에게 맡기다니! 상승 마스터는 왜 그랬을까? 다 알고 있는 상승 마스터는 이유가 있을 텐데… 하며 생각이 많아졌습니다.

오늘 아침부터 저녁까지 이어진 가이드는 정말 놀라움의 연속이었습니다. 경옥이는 잠깐 시간이 나면 제 가게 와서 "언니 또 세인트 저메인이 뭐라고 말을 했어요?" 하며 물어 왔습니다.

"이게 웬일이래요? 저도 왔거든요."

경옥이는 눈이 벌게져 있는 제 얼굴을 살피며 말했습니다.

"그런데 언니처럼 길게는 아니에요."

경옥이는 대체로 집에 관한 내용이었습니다. 경옥이에게는 가장 시급한 문제였던 것 같았습니다. 그리고 제가 사는 동네로 이사를 하라 했기에 우리는 아! 그렇구나. 했습니다.

같이 레이키 아카데미를 하려면 같은 동네에 살아야 하기에 그랬던 것 같습니다. 요즘 집을 내놓으면 잘 나가지 않아 걱정이 돼서 말을 하니 그 집을 살 사람이 있다는 말까지 들었다고 했습니다.

우리는 일이 끝나고 마음을 가라앉혀야 했습니다. 어제와 오늘은 완전히 달라졌습니다. 어제까지는 레이키 교재를 만드는 일이 가벼운 마음으로 즐기는 것이었다면 지금은 마음이 한편으로 무거워졌습니다.

상승 마스터께서는 기존의 레이키가 아닌 새로운 레이키 교재를 우리가 만들기 원했습니다. 우리는 교재를 어떤 방향으로 나아갈지 레이키와 무엇을 해야 더 영적 성장으로 이어질지 고민을 했습니다.

그날 저녁 교재 쓸 생각에 고민이 많아지고 한 글자를 쓰기가 어려웠습니다. 글을 한 번도 써 보지 않던 제 앞에 책임감이 느껴졌습니다. 그러는 중에 또 다른 안내를 받았습니다. 제 "삶에 관한 글을 쓰라"라는 것이었습니다. 그리고 재촉하는 느낌이 들어서 교재는 뒤로하고 바로 쓰기 시작했습니다. 그런데 '빨리'라는 느낌이 들어서 '왜 빨리 쓰라고 하지?' 생각을 하니 네 명이 만나는 모습이 보였습니다.

그제야 무슨 말을 하려고 하는지 알았는데 그것은 글을 써서 경옥이 네 부부와 저와 내 남자 친구 네 명이 만났을 때 남자 두 명에게 보여 주라는 뜻이었습니다. 경옥이가 마스터가 알려 준 집을 보러 우리 동네로 온다고 했는데 그때 보여 줄 글을 준비하라는 것이었습니다. 저는 저녁부터 새벽까지 남자 두 명에게 보여 줄 글을 준비했습니다. 말보다 글로 보이는 것이 그들에게 이해시키기가 더 나았나 봅니다.

- 상승 마스터 '세인트 저메인'

세인트 저메인(St. Germain)은 상승 마스터(Ascended Master)입니다. 상승 마스터란 우리들과 똑같이 지구에서 살면서 자신의 육체를 정화하여 의식을 고양시킨 존재로 I AM 현존의 의식에 가깝게 영적인 성취를 하여 빛의 몸이 되는 단계까지 자신의 진동을 높인 사람을 말합니다. 상승 마스터 세인트 저메인은 인류의 의식을 높이기 위해 현재 이 순간에도 빛을 전하고 있습니다. 예수나 부처는 많은 사람들이 알고 있지만 세인트 저메인은 잘 모릅니다. 세인트 저메인은 붓다의 경지를 성취했으며 영적 정부에서는 제7광선이라는 정화의 빛을 담당하고 수호하는 마스터입니다.

상승 마스터들은 시간과 공간의 구애를 받지 않으며 집단의식의 정화와 개인적으로 의식 성장을 위해 노력하는 사람에게 내적 가이드로 가르침을 전하기도 하고 지상에 제자를 두고 있기도 합니다. 특히 정화의 빛으로 알려진 바이올렛빛은 인류가 만든 파괴적이고 부조화된 에너지를 정화하는 빛으로 도움을 주고 있습니다.

세인트 저메인은 전생에 귀납적 방법론으로 알려진 철학자이자 정치가인 프랜시스 베이컨(1561~1626)이 지상에서의 마지막 삶이었습니다. 프랜시스 베이컨은 어린 나이에 국회의원을 시작으로 영국 제임스 1세 시기에는 잉글랜드의 법무장관과 대법관(그 당시 대법관은 총리를 겸함)을 역임했습니다. 그리고 자신의 신분을 숨기고 쓴 셰익스피어 희곡의 원작자이기도 한 그는 철학, 문학, 과학 분야에서 활발한 저술 활동을 했습니다.

죽음 이후 자기완성을 이룬 세인트 저메인은 대략 75년이 지나서 에테르 몸으로 프랑스, 러시아에 나타나기도 하고 육체를 가진 존재로 나타나 인류의 의식을 높이고자 상승 마스터로서 활동을 시작했습니다. 인류가 깨달음의 과정에 접근할 수 있게 안내를 하기 위해 고드프리 레이 킹(1878~1939)을 통하여 『베일 벗은 미스터리』를 집필하게 하여 심오한 영적인 가르침을 전했고, 『I AM 담론』에서는 세인트 저메인을 비롯해 다른 상승 마스터들의 도움으로 초월적인 I AM 가르침을 알렸습니다. 그 후, 펄 도리스(1905~1990)에 이어 그의 제자가 된 피터 마운트 샤스타가 I AM 가르침을 전해 오고 있습니다.

I AM 가르침이란 수천 년 동안 이어져 온 내면의 가르침으로 모든 상승 마스터들이 의식을 고양시키는 비법으로 사용하였으며 자신 안에 내재한 신적 자아를 간단한 언어적 방법을 사용하여 현상계에 불러내 신체에 조화와 균형을 맞춰 자기완성을 성취할 수 있는 가르침입니다. 이 단순한 문장들은 순수한 진동을 가진 빛이며 에너지입니다. 자신 안에 있는 현존을 만날 수 있도록 도와주는 이 가르침은 진정한 자유를 얻고 우리도 그들처럼 상승 마스터가 될 수 있다는 것을 알려 줍니다.

네 명이 만나다

　네 명이 만나라는 가이드가 주어지고 그다음 날 일요일 오후에 저희 집에서 차를 마시기로 하고 저는 집에서 경옥이 부부를 기다리고 있었습니다.

　4시쯤 온다는 경옥이네 부부는 20분이 좀 넘어서 도착했는데 자신들이 살 아파트를 둘러보고 왔다 했습니다. 그래도 다행히 경옥이 남편은 자신이 살고 있는 동네보다 이사할 동네가 마음에 들었는지 바로 부동산에 집을 내놓고 우리 집에 온 것이었습니다.

　갑자기 벌어진 일이라 남편분이 당황했을 법한데 저희 동네가 아주 마음에 드는 모양이었습니다. 경옥이도 "이 동네에서 살면 정말 좋겠어요. 신도시라 깨끗하고 산도 있고 다 좋은데 대출을 많이 받아야 해요." 라고 말을 했습니다.

　경옥이는 창동에 작은 아파트를 2년 전에 구매를 했는데 집이 없던 경옥이는 내가 드디어 집을 사다니! 하며 매우 감격했습니다. 그래서 올수리 인테리어를 하고 정말 정성을 다해 집을 꾸며서 애착을 가지고 있는 집이었습니다.

　그런데 집을 내놓고, 가게도 내놓고, 듣지도 보지도 못한 레이키를 하는 것에 대해 남편에게 설명할 필요가 있었습니다. 지금까지 우리가 겪은 일을 전혀 말을 하지 않았기에 이것을 어떻게 남편에게 말을 하지? 하며 고민을 하고 있었습니다. 그러던 차에 네 명이 만나라는 가이드가 내려지고 지금 쓰고 있는 글을 보여 주라 했기에 경옥이는 남편에게는

'언니가 다 설명을 할 것이다.' 하고는 우리 집에 데려온 것이었습니다.

두서없이 말을 하다 보면 믿지도 않고 정신이 나가거나 어디에 홀렸다고 생각을 할 수도 있을 것 같았습니다. 그래서 글로 천천히 읽어 나가게 하는 것이 자연스러운 일이었습니다.

경옥이 남편과 나와 같이 살고 있는 남자 친구를 조금이라도 이해시켜야 했고 우리가 잘되는 가게를 그만두고 레이키 학원을 갑자기 왜 운영하려 하며, 그것도 대출을 받아서 상가를 사서 레이키 학원을 운영하려고 하는지 궁금증을 어느 정도 해소를 시켜 주어야 했습니다.

우리 네 명은 식탁 테이블 의자에 마주 앉았습니다. 저는 시원한 음료를 한 잔씩 준비하고 두 남자에게 밤새 쓴 글을 보여 주었습니다. 두 명의 남자는 프린트한 종이를 받아 들고 읽기 시작했습니다. 그런데 둘 다 얼굴이 하얘지면서 황당하다는 표정을 지었습니다. 왜 사업적인 프레젠테이션은 하지 않고 저와 상승 마스터 그리고 레이키 이야기를 써 내려간 것을 보여 주면서 이것을 읽게 하는지 이해할 수 없다는 얼굴로 그 글을 다 읽고는 둘 다 잠깐의 침묵이 이어졌습니다.

두 남자의 얼굴은 정말 심각한 표정으로 제가 준 프린트를 뚫어져라 바라만 보고 있었습니다. 공간의 정적을 깨고 경옥이 신랑이 먼저 말을 꺼냈습니다.

"정말 진실성은 느껴지는데. 정말 진실 같아요."

경옥이 신랑은 먼저 저를 위로하는 말로 시작했습니다.

"그런데 글이 좀… 같은 이야기를 왜 반복해서 썼는지 이해가 안 가요."

경옥이 신랑은 고개를 저으며 말했고 얼굴에는 황당함이 묻어났습니다. 경옥이 신랑은 왜 인생을 주저리주저리 열거해 놓았는지 이해하기 어려운 것처럼 보였고 간단하게 설명으로 요약하면 되는데 왜 같은 말은 반복하는 소설처럼 썼는지 이해할 수 없다고 말했습니다. 저는 하루만에 써서 좀 두서가 없고 제가 글이란 것을 처음 써 봐서 철자, 맞춤법, 이야기 전개가 미숙하다는 말을 했습니다.

사업적인 이야기는 왜 없는지도 물었습니다. 그 말은 오히려 저를 당황하게 한 말이었습니다. 왜냐하면 사업적인 생각은 한 번도 해 보지 않았기 때문에 저는 제대로 대답을 하지 못했습니다.

남자 친구는 경옥이 신랑보다 더 당황한 듯 보였는데 왜 그전에 자신에게 말도 안 하고 지금에 와서 이 소설 같은 이야기를 보여 주는 건지 자기가 무시당한 것 같다 했습니다.

그러나 저는 상승 마스터의 지시에 따랐고 이들을 이해하고 설득하기에 이 방법이 제일 좋았다는 것에 저도 수긍을 했습니다. 이들을 말로는 도저히 설득할 수 없기에 그렇게 한 것이었습니다. 그리고 4명이 모이라고 한 것은 이들의 도움이 필요하기에 그런 것 같았습니다. 집을 내놔야 하는 동의도 필요하고 저는 집을 사지 말고 상가를 사야 했기에 그들을 설득해야 했습니다.

경옥이 신랑은 사전에 레이키라는 것을 아주 공부를 많이 해 온 듯싶었는데 우스이 역사나 홀리 파이어 레이키를 잘 알고 있었습니다. 그러면서 우리가 하려는 현존레이키는 뭐가 다른 건지 궁금해하며 물었습니다.

"기존에 하던 홀리 파이어 레이키를 안 하고 현존레이키라는 것을 새로 만들어서 학원을 연다는 것 자체가 기존의 것과 다르다는 뜻인데 도대체 뭐가 다른가요?"

"완전히 다른 새로운 레이키예요."

"도대체 새로운 것을 누가 배우나요? 제대로 하는 것이 맞나요?"

경옥이 신랑은 도대체 무엇을 믿고 하는 것인지 이해하기 어렵다고 말했습니다. 기존에 하던 홀리 파이어를 부업처럼 하면 되지 왜 잘되는 가게를 때려치우고 갑자기 새로운 레이키를 하려고 하는지, 우리의 행동이 이해할 수 없다는 듯 두 명의 남자들은 다시 질문을 시작했습니다.

처음에는 두 명의 남자들이 당황하면서 말을 못 하다가 점점 궁금한 것들을 묻기 시작했습니다. 그것을 사람들이 배울까? 배운다면 얼마의 수강생이 올 것인가? 계속해서 수강생이 생기는가? 상가 대출 비용이 얼마가 나오는가? 그 대출 비용을 감당할 수 있는가? 상가를 지금 사면 떨어지지 않을까? 수강료를 얼마를 받는가? 레이키 수요가 있기는 한가? 한 달 수입이 얼마나 되는가? 다음 계획이 있는가? 등등.

폭풍 같은 질문에 저는 모른다고 대답했습니다. 정말 모르기 때문입니다. 에고는 계속해서 물어 왔습니다. '그건 그렇고, 그런데 돈은? 다 좋은데 돈은?' 에고의 결론은 항상 돈이란 사실을 정확히 꿰뚫어 보았습니다. 그리고 마지막에는 돈 때문이 아니라고 말을 했습니다.

두 남자의 걱정과 불안이 어떤 것인지 저는 너무 잘 압니다. 왜냐하면 저도 현존을 알기 전까지 그렇게 살았기 때문입니다. 미래의 두려움은 누구나 있는 것이고 지금에 머무르고 싶어 하니까요. 경옥이와 지는 가이드가 내려오면 그 순간에만 집중했고 그다음은 정말 모르는 일이었기에 그냥 잘되겠지 그렇게 생각했습니다. 저는 두 남자의 근심과 걱정을 달래 주기 바빴고 안심을 시켜 주어야 했습니다. 그래서 우리는 이 일은 사명감으로 하는 일이며 돈은 잘 모른다고 했습니다. 그냥 잘될 것이라고 했습니다. 그 말은 진실이었기에 다른 말을 할 수가 없었습니다. 그러나 그 말은 더 불안을 초래하는 말이 되었기에 또다시 질문들을 하기 시작했습니다.

저는 그 말을 괜히 했다고 생각했습니다. 왜냐하면 두 명의 남자들은 전과 같은 질문들을 반복했기 때문입니다. 수강생이 얼마나 올 것 같냐, 한 달에 얼마를 버느냐, 수요가 있기는 한가, 누가 이런 새로운 것을 배우냐며 걱정이 다시 시작되었고 안심은 되지 않은 것 같았습니다. 왜 사업에 사명감이란 말을 하는 거지? 하며 황당한 표정을 지으며 도대체 현존레이키가 뭔데 이것을 하려 하냐며 이해할 수 없다는 표정을 지었습니다.

"의식 상승"에 관해 누가 관심이 있겠는가! 아무도 관심 없는 일을 하는 것에 대한 불안함이 있는 것 같았습니다. 내가 현존레이키를 설명하면 이해를 할까? '현존레이키는 사념체를 없애는 높은 에너지의 빛이며 높은 의식이다. 이 빛으로 사념체라는 것을 다 없애면 영적 의식이 상승된다.'라고 말을 한다면 아마 더 이상하게 볼 것 같았습니다. 사실이지만 저는 말을 하지 못했습니다.

사념체라는 것을 설명하려면 더 이상해 보일 수 있으니 가만히 있는 것을 택했습니다. 상승 마스터가 이들에게 왜 글로 보여 주라고 그런지 이제야 알 것 같았습니다. 그 자리에서 밤새워 말해도 이해할 수 없을 것을 알기에 저는 이제 그만하고 저녁을 먹으러 가자고 했습니다. 우리 네 명은 집을 나왔습니다.

식당은 2층에다 통유리 벽으로 밖을 볼 수 있는 탁 트인 곳이었습니다. 창가에 자리를 잡고 앉아 우리 넷은 서로의 시선을 피한 채 창밖을 가끔 내다보며 음식이 나오기 전까지 어색함을 달랬습니다.

저녁 식사를 하면서 레이키 사업 이야기는 침묵으로 일관했으며, 어색함이 생길 때마다 음식이 맛있네, 하며 추임새가 있었을 뿐 우리는 그렇게 저녁을 먹었습니다.

저녁을 먹는 동안 저는 네 명이 먹는 장면을 현존 상태에서 지켜보는 느낌을 받았는데 너무 행복감에 취했습니다. 경옥이의 눈빛을 보니 저와 같은 느낌을 받은 것 같았습니다.

우리 둘은 믿어지지 않는 평온을 바라보며 네 명이 식사하는 장면이 마치 눈부신 영화의 한 장면처럼 느껴졌습니다. 그러나 두 남자는 소주를 한 잔씩 나눠 마시면서 걱정과 근심의 감정이 오가는 것을 보았습니다. 두 남자의 심각한 상태와는 달리 경옥이와 저는 그것을 바라보는 것에 황홀경이 느껴졌고 꿈을 꾸는 상태에 머물렀습니다.

***

전세로 살던 경옥이 부부는 집을 마련하기 위해 많은 지역을 돌아다니던 중 감일동이라는 곳에서 살기를 원했던 적이 있었습니다. 그래서 청약을 했고 간절히 바랐던 적이 있었지만 실현되지 않았습니다. 상승 마스터의 "감일동으로 집을 옮기라"라는 안내에 경옥이 부부는 "우리가 돌고 돌아서 그곳을 가게 되는구나" 하고 집을 내놓는 행동을 고민 없이 할 수 있었다고 했습니다. 미래의 청사진을 알고 있는 상위 자아는 경옥이 부부에게 내면의 느낌으로 오래전부터 가이드를 전해 주고 있었고 외적인 의식이 무의식으로 투영되어 그곳을 진정으로 가길 원했던 것을 알았습니다. 자신 앞에 펼쳐진 드라마 중 무의미한 것은 어떤 것도 없으며 아주 작은 느낌조차 완벽한 현존의 활동이라는 것을 경옥이는 나중에 알았다고 했습니다.

반려견 별이

2년 전쯤, 별이라는 개가 제 곁을 떠났습니다. 별이는 저의 반려견으로 저와 같이 10년을 살다 갔습니다. 별이는 제 곁을 떠나도 가끔 저를 찾아왔습니다.

저는 왜인지 모르지만 그냥 오는 것을 알 수 있었습니다. 제가 집에서 청소를 하거나 혼자 집안일을 할 때 갑자기 눈물이 주르륵 흐르면 그때 왔구나 생각을 했습니다. 눈물이 날 때는 상황적으로 별일이 없고 행복할 정도로 평온할 때 찾아와서 바로 알 수가 있었습니다. 그때는 알 수 없는 미묘한 감정이 느껴지면서 눈물이 흘렀습니다. 저는 "별이가 내 곁에 있구나. 또 왔네." 하며 말을 하곤 했습니다.

"별이야 사랑해."
"와 줘서 고마워."
"나 잘 있으니까 걱정 마."
"고마웠어. 나랑 살아 줘서 정말 고마워."
"그곳에서 내 걱정 하지 말고 잘 살아."

별이가 죽고 초반에는 자주 오더니 한동안은 오지 않았습니다. 그리고 별이가 2년이 지나 다시 저를 찾아온 적이 있었습니다. 레이키 수업 두 번째 날 아침에 차를 타고 가는 도중 갑자기 눈물이 흘러서 전 바로 별이라는 것을 알았습니다. '그런데 왜 갑자기 별이가 찾아왔지? 오랜만에 찾아왔네!' 기쁨과 동시에 '왜 왔지?' 하는 의문도 들었습니다.

그리고 또 한 번 그날 수업 도중에도 찾아왔습니다. 레이키 전수 과정에서 별이가 곁에 있다고 느껴졌기에 눈물을 참기가 어려울 정도로 많이 흘렸습니다.

그런데 나중에 상승 마스터 세인트 저메인이 말씀하셨는데 별이는 제가 전수 과정에서 아무것도 보지 못해 실망할까 봐 곁에 처음부터 있어 준 거라 말씀하셨습니다. 별이는 죽어서까지도 저만 바라보다니 별이의 사랑에 가슴이 벅찼습니다.

별이를 처음 만난 것은 제가 운영하는 애견숍에서 일할 때 일입니다. 손님이 하얀 몰티즈 강아지를 안고 항문낭을 못 짜겠다고 부탁하러 찾아오셨습니다. 강아지 몰골이 말이 아닌 것이 그분이 직접 털을 잘라 가위 자국이 듬성듬성 있었고 얼굴에 털을 다 잘라 내어 보기에 관리가 안 되어 보였습니다. 그리고 다른 개들도 본인이 다 미용을 한다고 했습니다. 그런데 항문낭은 전혀 못 짜겠다며 찾아온 것입니다.

알고 보니 그분은 불쌍한 유기 강아지들을 임시 보호 하시는 분이었습니다. 저는 항문낭을 짜려고 강아지를 미용 테이블에 올려놓았습니다. 그런데 항문낭을 짜려고 꼬리에 손을 댄 순간 왼손부터 팔까지 전기가 쭉 타고 올라갔습니다. 저는 강아지를 진짜 많이 만져 봤지만 이렇게 전기가 통하는 개는 처음이라 털이 엉망으로 잘린 얼굴을 자세히 들여다보았습니다.

그런데 얼굴에서 "슬픈 눈을 가진 보살"이라는 느낌을 받았고 궁금해진 저는 이 몰티즈 개에 대에 자세히 물어보기 시작했습니다.

임시 보호자는 자신이 봉사를 가는 곳이 있는데 몇백 마리 지내는 곳에서 몸이 바싹 마르고 누런 작은 개가 띄었다고 했습니다. 너무 불쌍해서 자신이 데려오지 않으면 죽을 것 같아 눈에 밟혔던 것입니다.

그곳은 큰 개들이 많고 작은 개는 이 몰티즈 한 마리뿐이기 때문에 눈에 띄는 아이였다 했습니다.

강아지가 자신의 다리 사이에 얼굴을 집어넣고 떨어지지 않아 집에 와서도 그 장면이 자꾸 생각이 나서 안 데리고 올 수 없었다고 말했습니다.

유기 몰티즈는 자신의 집에서 다른 개들과 3년을 지냈고 다른 임시 보호 한 개들은 새 주인을 만나 다들 떠나는데 이 개는 어떤 주인도 만나지 못했다 했습니다. 그래서 어떤 사람도 데려가지 않으면 자신이 키울 수밖에 없다고 그분은 생각하고 있었습니다.

저는 혹시 이 강아지가 무슨 문제가 있냐고 물어보니 나이가 8살이고 얼굴이 좀 못생겨서 그렇다 했고 다들 어리고 귀여워야 입양을 하는데 이 개는 거기에 해당이 안 돼서 그런 것 같다고 하며 자신도 이렇게 착한 개가 새 주인을 만나지 못하는 것에 대해 이해가 안 된다 했습니다.

새 주인을 이렇게 오랫동안 만나지 못한 강아지는 처음이라 하셨습니다. 저는 그 자리에서 제가 이 개를 키우면 안 될까요? 하고 조심스레 여쭤보았습니다. 자석처럼 강한 끌림에 본능적으로 그냥 내가 키워야 할 것 같았습니다.

임시 봉사 하시는 분은 너무 놀라며 제 얼굴을 거듭 쳐다보며 말했습니다. "나야 좋지만 괜찮겠어요? 나이가 많은데…." 걱정 어린 얼굴로 몇 번을 반복해서 저에게 물었고 그분은 처음 보는 개를 어떻게 바로 결정을 할 수 있는지 의문을 품고 있는 것 같았습니다.

저는 그분의 걱정을 덜어 주려고 매일 이 개와 출퇴근을 같이 할 테니 매일 와서 개를 보러 오라고 안심을 시키고 그날 집으로 데려왔습니다. 제 집에 온 개는 겁을 잔뜩 먹은 얼굴로 저만을 주시하고 있었고 또다시 환경이 바뀐 것에 대해 많이 놀란 얼굴을 하고 있었습니다. 저는 그 처진 눈을 지속적으로 바라보다 문득 이름이 있을 텐데 물어보지 않았다는 것을 알고는 바로 전화를 했습니다.

그 봉사자분은 제 전화를 받자마자 놀란 말투로 "무슨 일이 있나요?" 물어 왔습니다. 봉사자분은 제가 변심을 했나 싶어 놀란 듯했습니다,

저는 "그게 아니라 이름을 물어보지 않았네요."라고 말하니 그제야 안심을 하시면서 "그 개 이름이 별이예요."라고 했습니다. 그 말을 하는 순간 '아! 나에게 오려고 이렇게 8년을 떠돌다 왔구나.' 했습니다. 왜냐하면 제 가게 이름이 "별 애견숍"이었기 때문입니다.

임시 보호 봉사를 하시는 분은 저의 어머니뻘 되는 나이가 있는 분이셨고 길고양이를 챙기고 유기 강아지들의 임시 보호를 맡아 새 주인을 찾는 일을 도맡아 하시는 분이었습니다. 나중에는 제가 별이를 입양하고 그분과 생각이 잘 맞아 그분 하시는 임시 보호 일을 조금이나마 도와드렸습니다.

별이 때문에 저는 강아지의 새 주인을 찾아 주는 일을 몇 년간 할 수 있었는데 별이가 아니었으면 저는 그런 일은 엄두도 못 내는 사람입니다. 제가 입양을 보내면 새 주인분들이 저에게 미용을 하러 오면서 그 유기견들이 잘 살고 있는지 확인도 할 수 있었습니다. 그리고 별이는 우리 가게에 미용하러 온 개들 중에 사납거나 나에게 해가 될 것 같은 개를 초능력을 가진 것처럼 가려냈습니다.

처음 우리 가게를 방문한 개들은 정보가 없어 사나운지 착한지 모르기 때문에 별이의 행동을 보면서 판단을 하게 되었습니다. 별이는 사나운 개가 오면 가게 앞을 막고 그 개가 못 들어오게 짖었습니다. 그럼 '저 개는 사납구나. 조심해야지!' 하고 긴장할 수 있었고 사고 없이 무사히

미용을 마칠 수 있었습니다. 별이의 초능력은 한 번도 틀린 적이 없었습니다. 그리고 별이는 저를 산책도 시켰습니다. 보통 주인이 산책을 시키지만 저는 별이가 저를 산책시켜 주었습니다. 별이를 만나기 전에는 독신으로 혼자 살았기 때문에 일하고 집에 오면 밖을 나가는 일이 거의 없었습니다. 산책은 하루 일과 중에 유일하게 저를 밖으로 나가 돌아다니게 하는 시간이었고 가끔 카페에 가서 커피도 마시게 하고 저에게 휴식을 주곤 했습니다.

그 후 별이는 10년을 온전히 사랑만 주다 갔습니다. 저는 별이를 통해서 사랑을 알게 됐고 그전에 사랑이라고 느꼈던 감정은 사랑이 아니라는 것을 알았습니다. 사랑은 태양같이 오로지 주는 것처럼 별이가 저에게 주는 것은 진정한 사랑이었습니다.

그리고 별이는 죽어서도 찾아와 곁에 있어 주고 레이키를 배울 때도 내가 실망할까 봐 곁에 있어 주고 제가 자고 있을 때도 찾아왔습니다. 자고 있을 때는 꿈에서 가끔 찾아오긴 했지만 제가 레이키를 시작하면서부터 더 자주 오기 시작했습니다.

명상할 때 아무것도 안 보이니 보이게 해 주고 싶었는지 가끔 잠에서 깨자마자 동영상 같은 것을 보여 주었습니다. 그 동영상이 별이가 보여 준 것인지 알 수 있었던 것은 동영상을 본 날이면 별이가 꿈에 나왔기 때문입니다. 별이가 보여 준 동영상 내용도 똑같았습니다. 그 동영상은 도저히 저로서는 알 수 없는 그림들로 채워진 책 한 권 정도의 분량을 아주 빠른 속도로 보여 주는 영상이었습니다. 아무리 비슷한 모습을 인터넷으로 찾아봐도 알 수가 없었습니다.

미토콘드리아인지 세포인지 모를 알 수 없는 책 한 권을 아주 많이 빠르게 보여 주었는데 별이는 죽어서도 저를 위해 얼마나 많은 일을 하는지 상상할 수도 없습니다. 지상에서 저만 바라봤듯이 하늘에서도 저만 바라보고 있지 않을까 생각합니다.

경옥이에게도 별이가 찾아왔다고 합니다. 경옥이는 명상 중에 자신의 몸이 주먹만큼 작아지면서 비물질 몸체가 커지는 느낌이 들었을 때 별이를 만난 적이 있다고 했습니다. 별이는 보이지 않으나 별이의 존재를 느꼈으며 같은 공간 속에 머물렀다 했습니다. 그때 별이에게 받은 느낌은 저와 자신을 연결해 주려 했다는 것이었습니다.

제가 일하는 가게와 경옥이가 일하는 가게는 붙어 있었고 상가 맞은편 복도 벽에 긴 거울이 붙어 있었는데 거울은 저의 가게와 경옥이 가게를 비추고 있었고 별이는 그 거울을 통해 경옥이가 일하는 모습을 항상 지켜보았습니다.

그리고 점심시간이 될 때까지 거울로 지켜보다 점심시간이 다가오면 별이는 가게 문 앞에서 경옥이를 기다렸습니다. 점심이 되면 경옥이는 제 가게로 와서 별이를 안고 밥을 같이 먹었는데 별이가 경옥이를 정말 좋아했습니다.

그런데 자신이 그런 연결하는 역할을 했다니 얼마나 사랑스러운지요. 별이는 죽기 직전 2달 빼고 가게에 저와 같이 출근을 10년을 했고 우리를 연결시켰습니다.

반려동물은 인간이 물질 체험을 하면서 진짜 힘든 시기나 큰일을 겪을 시기에 같이 있어 주려고 찾아오는 경우가 많습니다. 어떤 주인들은 자신이 너무 힘들다고 자기 개를 누가 키울 사람이 없을까요? 물어보기도 합니다.

개들은 존재하는 것 그 자체가 사랑을 주고 주인을 돕고 있는 것입니다. 동물이 존재하는 것을 보는 그 자체가 사랑을 받는 것입니다. 사람들은 그런 존재에게 에고적인 사랑을 쏟아붓습니다. 자신은 사랑을 주는데 개가 사납다고 합니다.

인간의 부정적 감정이 정화가 안 되어 있는 사람들이 사랑을 주는 것은 반려동물에게 두려움을 주는 것과 같습니다. 사랑을 주었다 생각하지만 두려움을 받은 반려동물은 불안과 공포, 폭력성으로 이어집니다.

나 자신을 잘 알고 싶다면 옆에 앉아 있는 자신의 개를 보세요. 그 개가 나입니다. 부정을 하고 싶겠지만 진짜 나와 똑같은 작은 나를 보는 것과 같습니다.

"나는 좋은 사람인데? 우리 개는 사나워."라고 말을 한다면 자신을 한 번 되돌아봐야 합니다. 그 개는 잘못이 없습니다. 그래서 그런 에고가 강한 사람이 아무 사랑도 주지 않을 때 오히려 반려견은 온전합니다.

대부분 사람들은 반려견에게 얼마나 많은 사랑을 받는지 알지 못합니다. 만약 알고 싶으면 그들의 눈동자를 보면 알 수 있습니다. 반려견의 눈은 항상 주인을 향해 움직이고 있습니다. 그들이 우리를 바라보는 것이 사랑을 주고 있는 것입니다.

개는 사랑 그 자체이니까요.

빛의 일꾼

경옥이와 저는 상승 마스터의 안내가 있은 후 우리에게 주어진 일이 얼마나 중요한지 알 수가 있었습니다.

당연히 무슨 의미인지 알고 얼마나 중요한지 알고 있었으나 무엇을 어떻게 해야 하는지 정확히는 몰라 순간 주어진 일만 하면 되겠지 그렇게 생각했습니다.

저에게 세인트 저메인이 온 그날 경옥이에게도 안내가 있었습니다. 그 전부터 내면의 안내가 있었기에 그날도 상위 자아인 줄만 알았습니다.

경옥이는 예약 손님이 와서 네일 케어를 하고 있었습니다. 그날은 토요일이라 일을 일찍 마치고 집에 들어갈 생각에 기분이 좋았습니다. 손님과 휴일에 뭐 할지 이야기를 나누며 즐겁게 일을 하고 있었습니다.

그러던 중에 내면에서 "이사"라는 단어가 갑자기 떠올랐습니다. 경옥이는 이전에도 상위 자아가 집에 관한 내용의 안내가 있었기에 '이번에도 상위 자아인가?'라고 생각했습니다. 그런데 상위 자아 느낌과 조금 다른 느낌으로 내면의 소리가 들렸습니다.

"집을 팔아야 한다. 가지고 있는 것이 능사가 아니다. 욕심을 내려놔라."

이 내면의 소리는 너무나 강하고 명확했습니다.

그 당시만 해도 경옥이는 세인트 저메인이라고는 생각도 못 했다고 했는데 저와 대화를 하고 나서야 그 가이드가 상승 마스터 세인트 저메인이라는 것을 알게 되었습니다. 계속되는 집 이야기에 경옥이는 당혹스러웠습니다. 경옥이는 자신의 힘으로 집을 사고 이사를 한 지 2년도 채 되지 않았기 때문입니다.

 그 집을 사고 무언가를 이루었다는 성취감에 기쁨을 감출 수 없었습니다. 자신이 처음으로 산 집에 대한 대견함이 있었던 경옥이는 집을 팔아야 하니 당황할 수밖에 없었습니다. 그런데 같은 날 일을 마치고 운전을 하고 집에 가는 길에 내면의 가이드가 또다시 있었습니다. 그 내면의 안내는 왜 집을 팔아야 하는지에 대한 이유가 있었습니다.

 "네가 생각하기엔 높은 곳일지 모르지만 아니다. 네가 집을 산 것은 할 수 있다는 예행연습이었다. 언니를 도와서 이 길을 가야 한다."

 경옥이는 이 안내가 있기 일주일 전부터 내면에서 올라오는 느낌이 강하게 있었다고 했습니다. 그 느낌은 "이 길을 직업으로 해야겠다"라는 마음이 굳게 확신처럼 올라오고 "이 마음을 확언처럼 내뱉으라"라는 내면의 느낌이 계속 올라왔습니다. 자신이 말로 내뱉지 않으니 내뱉을 때까지 생각이 올라왔다고 했습니다.

 경옥이에게 상위 자아가 이렇게까지 강하게 메시지를 전해 주는 것은 운명과도 같은 사명이 주어졌기 때문이었습니다. 경옥이가 사명이라는 것을 알게 된 것은 이 일이 있고 며칠이 지난 뒤 에테르의 몸체로 샴발라에 다녀온 경험을 했기 때문입니다.

 경옥이는 명상을 하려고 의자에 자리를 잡고 앉았습니다. 명상을 시작하자마자 마치 강한 전기가 몸속으로 들어오는 느낌이 있었는데 그 순간 몸이 엄청 가벼워졌다고 했습니다. 그때 빛이 활활 타오르고 연꽃 모양의 홀로그램이 보였는데 어느 순간 자신이 다른 몸체를 입고 360도로 회전을 하며 지하로 내려갔습니다. 자신 앞에 조종사의 뒷모습이 보이고 장소는 우주선이라는 것을 알았는데 자신이 샴발라로 가고 있다는 것을 직감했습니다.

순간 석조 건물로 된 성전에 들어와 있었고 거기엔 연갈색을 띤 돌을 깎아서 만든 엄청 큰 조각상이 누워 있었는데 그 주위를 둘러싸고 있는 여러 명의 사람들을 보았습니다. 그 여러 명 중 한 명이 자신이고 그 사람들은 앞만 바라보고 어떠한 감정도 내비치지 않고 긍정적 중립을 유지하고 있었습니다.

조각상이 놓여 있는 공간의 벽에는 처음 보는 문양들이 회전하고 있었고 성전 앞쪽에 있는 단상에는 맑고 투명한 크리스털 구슬이 놓여 있었습니다. 지름이 15cm 정도였고 어디서도 본 적 없는 투명한 빛이 나고 있었습니다. 그 웅장하고 아름다운 광경은 잊을 수가 없다고 했습니다.

다시 장면이 순식간에 바뀌고 한 건물 안에 투명 엘리베이터를 타고 끊임없이 밑으로 내려가고 있었습니다. 투명 엘리베이터 밖의 벽에는 거대한 사람들이 서 있었고 그 모습들을 구경하면서 어디가 끝인지 알 수 없는 엘레베이터를 타고 내려갔다 했습니다. 투명 엘레베이터를 벗어나 알 수 없는 공간으로 이동했는데 보라색 불빛이 저 멀리 나타나고 그 보라색 불빛 안으로 걸어 들어가고 있는 사람들을 보았습니다. 그 무리 안으로 자신도 들어갔습니다. 성전과 투명 엘리베이터에서 보던 사람들과 느낌이 비슷했습니다. 사제들처럼 후드 달린 옷을 입고 앞만 보고 걸어가는 그 사람들을 바라보니 내면에서 가이드가 전해졌다 했습니다.

"여기 이 무리의 사람들은 막중한 책임감을 지니고 있다. 절대 가벼이 이 길을 가지 않는다. 빛의 일꾼으로서 책임감을 느껴라. 진중해라."

그러한 내면의 전해진 말을 듣는 순간 벅찬 감동과 함께 엄청난 눈물이 흘렀고 빛의 일꾼이 된 것에 대한 감사와 감동을 온몸으로 느꼈다고 했습니다. 경옥이는 자신이 그런 귀한 경험과 빛의 일꾼으로 봉사할 수 있는 기회가 주어진 것에 대해 믿기지 않는다고 말했습니다.

경옥이는 평범한 삶을 살았고 이런 일은 한 번도 생각해 본 적도 없었으며 영성에 관련된 책은 한 번도 읽은 적이 없는 친구였습니다.

저로 인해 레이키를 배우고 여기까지 온 것입니다. 우리가 무엇을 해야 하는지는 알고는 있었지만 정확히 빛의 일꾼이라는 말을 듣는 것은 처음 있는 일이었습니다.

현존레이키의 로고

경옥이는 상표 로고를 만드는 것을 맡았기에 고민을 많이 하고 있었습니다. "언니, 로고를 어떻게 하면 좋겠어요?" 하며 저에게 물어왔습니다.

저는 "우리 교재 책 이름이 현존레이키이고 태양이 현존이니 태양 문양으로 하면 어떨까?" 하며 태양 문양을 제시했습니다. 경옥이도 좋다고 찬성을 해서 우리는 태양 문양을 인터넷을 뒤지면서 예쁜 태양 문양에 집중을 했습니다.

이것저것 찾아 보다 결론이 점점 좁혀져서 활활 타오르는 느낌의 문양과 뾰족한 태양 문양으로 두 가지 중에 고르기로 정했습니다.

그날 저녁 일이 끝나고 수영을 하고 차를 타고 집에 오는 길에 갑자기 '잉카'라는 단어가 떠오르더니 문양 하나를 보여 주셨습니다. 현존에서 내려오는 그림은 항상 섬광처럼 찰나에 떠오릅니다. "찰나"가 이런 거구나 생각했습니다. 그 섬광처럼 떠오르는 사진은 영원히 기억 속에 남아 있는 것이 신기할 정도입니다.

그 사진 같은 장면은 금속 재질의 삼각 도형의 별 모양이고 딱딱하고 묵직한 느낌의 금속이었습니다.

삼각형 도형은 워낙 흔하고 그렸을 때 많이 본 듯한 형상이며 특별해 보이지 않았지만 '현존은 이것으로 하길 원하는구나. 그런데 너무 평범한데?' 생각이 들었습니다.

제가 그다음 날 경옥이에게 말을 했더니 자기는 어제 명상 중에 푸른 물 가운데에 '종이배'가 떠 있는 형상을 보았고 그 종이배의 상징은 '정화'의 느낌이라 했습니다. 그래서 우리는 그 문양 둘을 합쳐서 하나의 문양을 그려 보았습니다.

둘의 형상을 합치니 평범해 보이던 별 모양이 완전 다르게 느껴졌고 더 힘이 있어 보였습니다.

경옥이는 모습이 보일 때 찰~~나처럼 좀 길게 보인다며 자랑하듯 말했습니다.

그림을 그리다 보니 제가 찰나에 본 삼각형 별이 이상하게 생각한 대로 그려지지 않아서 현존에게 물어보자고 했습니다. 경옥이는 바로 현존에게 별 삼각형이 5개, 6개 중에 어떤 것인지 알려 달라고 했습니다.

경옥이는 이 일을 하면서 현존에게 자주 물어보곤 했는데 이번 로고를 맡은 일이 정말 중요하다고 생각되었는지 현존에게 너무 물어보니 현존이 그만 물어보라고 지겹다는 느낌을 받았다고 해서 우리는 한참 웃었습니다.

경옥이는 "현존이 이제 알아서 해라. 너도 할 수 있으니 알아서 해라. 그런 느낌이에요. 그래서 안 알려 주는 것 같아요."라고 말하면서 그래도 계속 물어보겠다고 했습니다.

그래서 "너는 현존에게 물어보고 답을 어떻게 듣니?" 물었더니 경옥이는 "삼각형이 5개가 맞나요?" 하고 물으면 '우웩' 하고 구역질이 나고 "삼각형이 6개가 맞나요?" 하면 '하품'이 난다 했습니다. 하품은 맞다는 뜻이라 했습니다. 저는 너무 우습다고 깔깔 웃었습니다.

"언니는 어떻게 물어요?" 하고 묻길래 "글쎄… 난 별로 안 물어보는데."라고 했습니다. 만약에 묻는다면 예를 들어 "삼각형이 5개인가요?" 하고 물으면 가슴에 아무 느낌이 없고 "삼각형이 6개인가요?" 물어봐서 가슴이 살짝 두근두근하면 맞는 거라 했습니다. 우리는 현존이 사람마다 다 다르게 표현을 하는구나 하고 생각했습니다. 그리고 현존은 평소에 제가 하는 행동의 반대되는 행동을 자주 하게 했고 제 입에서 제가 안 쓰던 말이 튀어나오게도 했습니다.

그럴 때 저는 행동을 한 뒤에 순간 '이 행동은 평상시에 안 하던 행동인데.'라고 느낄 때가 종종 있었습니다. 현존은 우리가 보편적으로 생각하는 것과는 좀 다르게 냉정할 때도 있었습니다. 한번은 매번 시간 약속을 지키지 않아 애를 먹이는 손님이 있었습니다.

약속 시간보다 늦게 오면 미용 시간이 미뤄져서 다음 예약에 피해가 가기 때문에 제 시간에 오지 않는 손님 개를 미용할 때는 빠른 시간에 끝내는 것이 너무 힘든 일이었습니다.

그 손님은 그날도 어김없이 시간을 안 지키고 늦게 왔습니다. 예전 같으면 힘들게 오셨으니 무리해서라도 해 주었을 것입니다. 하지만 그날은 현존의 내적 가이드를 알아차리고 그 손님에게 "늦게 오셔서 미용을 못 하니 다음에 예약을 다시 잡으세요." 하고 단호하게 돌려보냈습니다. 현존은 그 사람을 계속 받아 주면 깨닫지 못하는 것까지 생각합니다. 과거에 제가 친절을 베푼 것이 오히려 그 사람에게 해가 될 수도 있다는 걸 알려 주었고 그래서 그 사람을 위해 그렇게 냉정하게 하는 것을 알았습니다. 물론 모든 사람에게 그러는 것은 아니고 딱 이 손님에게만 그런 마음이 올라왔습니다. 경옥이와 저는 현존은 유쾌하고 유머가 있는 것 같다 생각했습니다. 우리는 매일 기대되는 하루하루를 보냈습니다.

이틀이 지나고 우리에게 또다시 무언가를 보여 주셨는데 제가 본 것은 형광 노란색과 형광 하늘색이 뒤섞여 있는 모습이었습니다. 그 느낌은 빛인데 투명하고 아주 밝은 황홀한 구름 느낌도 있었습니다. 경옥이도 명상 도중 보인 것이 있는데 하늘색, 노란색이 마블링처럼 하늘 전체를 뒤덮고 있는 모습을 보았다고 했습니다. 그래서 우리는 미리 만들어 놓은 삼각형 별 도형과 형광색으로 된 마블을 합쳐 보았습니다. 책 표지를 어떻게 하면 되는지 감이 왔습니다. 이렇게 우리는 책 표지 디자인을 끝낼 수 있었고 현존의 디테일에 감탄했습니다.

"현존은 디자인도 잘해. 못하는 게 없네. 배경까지 알려 줄지 몰랐는데 배경도 있네." 하며 웃었습니다.

저는 경옥이에게 네가 명상 때 보이는 거 잘 보니까 놓치면 안 돼! 하고 말했습니다. 왜냐하면 저는 명상 때 잘 보이지 않았고 평상시에 섬광처럼 보여 주는 그림을 놓칠 때가 많아서 제 머리를 쥐어짤 때가 많았기 때문입니다. 그래서 모자라고 어리바리한 우리를 데리고 마스터가 일하기 어렵겠단 생각이 들었습니다. 현실 세계에서도 직장에서 상사가 직원이 일 못하면 한숨만 푹푹 내쉬고 돌아 버리겠네 하며 힘들어하듯이 말입니다. 그런 직원은 되고 싶지 않아 저는 마음을 좀 더 다잡았습니다.

전 그날 집에 와서 왜 현존이 잉카라는 단어를 떠올리게 했을까? 하고 생각했습니다. 그 단어가 떠올랐을 때 제가 잉카에 대해서 알고 있는 것이 '태양의 나라'라는 것을 알았기에 태양으로 문양을 하라 한 것인데 더 들어가 더 숨은 뜻이 있다 생각했습니다.

제가 읽은 책 『베일 벗은 미스터리』라는 책 내용 중에서 태양의 나라 잉카 문명이 정점일 때, 잉카의 통치자와 잉카 사람들은 현존이라는 '위대한 중심 태양'이 무엇을 의미하는지 알고 있었고 자신에게 내재한 현존의 권능과 지혜, 사랑을 인식했으며, 그 시절에 상승 마스터의 도움을 받으면서 최고의 전성기를 누렸다는 내용이 생각이 났습니다.

그래서 상승 마스터 세인트 저메인은 잉카 문명처럼 다시 "현존의 시대"가 왔으면 하는구나 하고 그 마음이 느껴졌습니다. 저도 그랬으면 얼마나 좋을까 생각해 봅니다. 모든 사람들이 자신의 현존을 찾으면 어떤 세상이 올까? 상상을 해 보았습니다. 자신 안에 내재한 신성한 현존을 한 번이라도 느낀다면, 자신 안에 내재한 신성한 현존의 빛을 한 번이라도 본다면 지금과 같지는 않을 것이며 다시는 전과 같은 삶을 살지는 않을 것입니다.

아직도 여전히 전쟁이 나고 있고 자신의 동족을 죽이는 일이 과거 수천 년 전부터 지금까지 변함없이 일어나고 있으니 아무리 진보된 교육과 환경이 변해도 현존을 찾지 않고 의식의 변화가 이루어지지 않는다면 항상 똑같다는 생각이 들었습니다.

에키네시아

경옥이는 로고를 마치고 큰일 하나 했다며 좋아했고 갑자기 『세도나 마음혁명』이 끌린다며 책을 읽기 시작했습니다. 저는 현존레이키 교재 입문 과정을 쓰는 일에 매진했습니다.

가게 일을 하고 있으니 저녁에 들어가 잠깐 시간 내서 해야 하기에 시간이 빠듯했고 마음이 좀 분주했습니다. 그리고 일주일에 두 번은 저녁 수영을 하고 들어가면 9시가 넘었습니다. 명상을 하고 책 쓰고 레이키를 조금 하고 나면 정말 시간이 금방 지나갔습니다. 그래서 평일 하루를 쉬면서 온종일 책을 쓰기로 하고 아침을 먹고 7시부터 교재 만드는 작업을 시작했습니다. 점심시간이 된 줄도 모르게 시간은 너무 빨리 지나갔습니다.

마트도 갈 겸 점심을 먹으러 나갔습니다.

장을 보고 들어오는 길에 자꾸 에키네시아라는 단어가 떠오르면서 그 꽃을 보러 가라고 계속 느낌이 올라왔습니다. 하지만 해야 할 일이 많아 무시하고 빨리 집에 가서 다시 글 쓰는 일에 집중했습니다.

글을 쓰면서도 계속 에키네시아 단어가 떠올라 안 되겠다 싶어 3시 정도에 문구점에 갈 일이 있기도 해서 다시 밖을 나갔습니다. 물건을 사고 돌아오는 길에 에키네시아를 보러 가겠다고 마음을 먹었습니다. 생각이 너무 올라와서 안 갈 수가 없었습니다.

우리 동네 공원에 제가 좋아하는 꽃 에키네시아가 많이 심어져 있는데 제가 그곳을 아주 좋아하기에 가끔 들르곤 했습니다. 하지만 그 공원은 좀 걸어야 해서 갈까 말까 망설이다가 그냥 집 앞에 아파트에 있는 공원에도 에키네시아가 많으니 그곳을 가기로 했습니다.

아파트 공원은 정원 관리가 잘되어 있고 다양한 꽃들과 제가 좋아하는 에키네시아도 심어져 있기에 그 옆 벤치에 앉아 있기로 하고 그곳으로 갔습니다.

상쾌한 바람도 불고 아이들도 뛰어다니고 풀 냄새도 나고 꽃을 바라보고 있으니 기분이 좋아졌습니다. 현존이 내가 아침부터 전투적으로 글 쓰는 일을 하니 좀 바람도 쐬면서 하라는 뜻이구나 알았을 때 경옥이에게 전화가 왔습니다.

"언니 뭐 해요?"

"꽃구경하고 있어. 현존이 나가서 꽃구경하라네."

경옥이는 자기도 갑자기 언니에게 전화를 하라는 느낌이 있어서 전화를 했다고 말했습니다.

"파트너가 있어 좋네."

"『세도나 마음혁명』을 읽고 있는데 레이키를 할 때 파트너가 있어야 한다는 것을 현존이 알려 주려는 것 같아요. 영적 탐구에서는 파트너가 중요한가 봐요."

우리는 현존은 참 섬세하고 배려심이 있다 하며 한참 수다를 떨었습니다. 현존은 바람 쐬는 것이 중요한지 신기한 방법으로 집 밖에 나가기를 유도했습니다. 저는 집으로 들어가 또다시 글 쓰는 전투 모드가 되었는데 에키네시아 생각은 더 이상 나지 않았습니다.

제가 에키네시아를 좋아하게 된 계기가 있었는데 1년 전 남자 친구와 저는 아주 작은 세컨드 하우스를 지인과 공동 명의로 구매를 해서 한 달에 두 번 정도 주말에 가고 있었습니다.

그곳은 꽃을 심을 수 있는 정원이 30평 정도 있어 지인과 반반 나눠서 정원을 가꾸고 있습니다.

저는 꽃에 대해 잘 몰라서 야외에 무엇을 심을지 알아보다 일단 월동이 되는 꽃들 위주로 심고 맘에 드는 꽃씨와 모종도 사서 심기 시작했습니다. 수레국화, 데이지, 에키네시아, 버들마편초 위주로 심었고 대추나무도 심었습니다.

처음 맨땅이었던 곳이 지금은 꽃들과 나비들이 있는 공간으로 변했습니다. 벌과 나비들은 버들마편초를 너무 좋아해서 버들마편초가 다 질 때까지 항상 마당은 나비들이 머물다 갔습니다.

그런데 유독 에키네시아만 꽃을 보지 못해서 아쉬웠는데 우리 집 근처 공원에 에키네시아만 심어 놓은 곳이 있어 가끔 보러 가곤 했습니다. 저는 모든 꽃들이 다 좋지만 유독 이 꽃을 왜 좋아하는지 모르겠지만 가끔 그립게 보고 싶다는 생각이 들곤 했습니다. 꽃에 관심이 없을 때는 알 수가 없었는데 가평에 있는 세컨드 하우스가 생겨 정원을 꾸미면서 안 사실입니다. 제가 심은 꽃들을 보는 일은 황홀하고 편안한 힐링의 시간으로 이곳은 저의 쉼터였습니다.

한번은 세컨드 하우스에서 생긴 일입니다.

세컨드 하우스에 썬 룸이 작게 하나 있어 우리는 대부분의 시간을 그곳에서 보냈습니다. 편안하게 의자에 앉아 꽃을 멍하니 보고 있었는데 내 다리가 간지러워 쳐다보니 개미가 줄을 지어 올라가고 있었습니다. 저는 깜짝 놀라 벌떡 일어나 개미를 바닥으로 탁탁 털어 냈습니다. 떨어진 개미 밑으로 다른 개미들이 줄을 지어 집 안으로 들어가고 있었고 개미를 따라가니 주방 쪽으로 향하고 있었습니다. 그런데 그 순간 내면에서 "놀라지 마라"라는 느낌이 전해졌습니다. 저는 '심하게 놀라지 않았

현존을 찾는 법

는데 이 정도도 놀라면 안 되는 건가?' 고개를 갸우뚱하며 아무렇지 않은 척했습니다. 항상 감정 중립을 유지해야 하는 것을 알고는 있었지만, 놀랄 일이 있어도 놀라지 말아야 하는 건데 그것이 과연 가능한가? 생각이 들었습니다.

하지만 저는 마스터가 세세하게 알려 주고 있다는 생각에 사랑을 받고 있는 느낌이 들었고 개미를 사랑스럽게 바라보려고 노력을 했습니다.

지금 이 순간은 마스터 때문인지 몰라도 미소가 지어지면서 개미에게 고맙다고 속으로 말까지 했습니다.

현존과 상위 자아, 천사, 상승 마스터들의 사랑과 돌봄을 항상 받고 있었는데 몰랐구나, 지금껏 모르고 살았는데 이제야 알다니 이 모든 상황이 꿈만 같았습니다.

그리고 또 하나 알게 된 점은 현존과 상위 자아가 전해 주는 말의 느낌과 부착영이 전해 주는 말의 느낌이 어떻게 다른지의 확실한 차이점입니다.

저는 레이키를 배우기 전에 가끔 내면에서 전해지는 소리를 들은 적이 많이 있었습니다. 가게에서 일할 때 개들이 나에게 말하는 소리도 들은 적이 여러 번 있었고 따뜻하게 위로의 말이나 정보를 전달해 주기도 해서 저는 그것이 천사나 영혼의 소리라고 생각하고 살았습니다.

한번은 가게에 미용하러 온 손님 개가 저에게 말을 했습니다. 손님 개는 "엄마가 저를 버리려 한다. 같이 오래 살고 싶다."라고 말을 전해 와서 그 말을 주인에게 전해 주기도 했습니다. 그 주인은 자신의 딸이 출산을 앞두고 있는데 그 아기를 돌보는 일을 해야 한다고 하며 자신의 개를 어떻게 할까 고민 중이라고 말했습니다.

어떤 개는 "자신의 주인이 일을 하기 시작해서 집에 아무도 없는 것이 너무 외롭다."라고 말을 하기에 그 말을 주인에게 전해 주며 같이 있어 달라고 부탁도 했습니다. 왜냐하면 너무 따뜻한 느낌으로 전해져서 전혀 그것이 부착영이 말한 것이라고는 생각도 못 해 봤습니다. 그런데 상위 자아의 내면의 소리를 느끼면서 완전히 다르다는 것을 알고는 무척 당황을 했습니다.

'그럼 그것은 무엇인 거지? 귀신인가? 사념체인가?'

저를 해하는 영은 아니지만 내 몸에 존재한 혼이란 사실을 레이기를 배우고 알게 된 것입니다. 지금은 모든 부착영을 하늘로 올려 보내서 더 이상은 다른 존재의 소리를 들을 수가 없습니다.

상위 자아와 다른 존재의 차이점은 너무나 극명했습니다. 상위 자아는 가슴에서 아주 작은 느낌의 생각처럼 미묘하게 전해지고 아주 간결한 문장에 전하려는 뜻이 내포되어 있습니다. 하지만 다른 존재의 말은 정확한 사람의 말처럼 또렷하게 전해져 상위 자아의 느낌과 명확하게 차이가 나서 알게 되었습니다. 사념체나 에고의 소리도 마음의 통로를 사용하여 내 생각이나 느낌처럼 전해져서 상위 자아의 느낌처럼 생각될 수 있지만 그 또한 허접하고 앞뒤가 맞지 않는 느낌으로 사용하는 단어가 확연히 달랐습니다.

나와 있었던 모든 존재들이여, 안녕.

***

현존은 "바람 쐬는" 일을 중요하게 여기는 듯했습니다. 그 이유는 제가 웬만하면 밖을 나가지 않는 사람이고 집에만 틀어박혀 나오지 않기 때문입니다. 현존은 희한한 방법을 동원하여 저를 밖으로 나가게 여러 번 유도하였습니다. 이것은 삶의 균형을 맞추기 위함임을 나중에 알게 되었습니다.

가게를 내놓다

경옥이는 6년을 일한 네일 가게를 내놓았고 가게를 인수할 사람을 기다리고 있었습니다. 저도 애견숍을 언제 내놓을지 생각하고 있었습니다.

경옥이는 가게가 빨리 나가야 집을 팔고 이사를 할 수 있기 때문에 저보다는 일이 좀 복잡해 보였습니다. 경옥이는 일을 하면서도 가게 생각뿐이었습니다. 온라인 카페에 가게를 내놔서 전화 문의가 오고는 있어서 언젠가는 나가겠지 했습니다.

그리고 이틀 후 경옥이는 자기도 모르는 부동산에서 연락이 왔습니다. 부동산 측에서 "가게 내놨죠?" 하며 물어 와서 어떻게 알았냐고 했더니 가게를 온라인 카페에 내놓은 것을 보고 전화를 한 것이라 말했습니다. 자신의 부동산에 오는 손님들에게 이 물건을 소개하고 싶다고 했고 경옥이도 그러면 가게가 더 빨리 나가겠지! 생각하고 승낙을 했습니다.

그다음 날 경옥이는 일을 하고 있는데 앞에 네일 케어를 받고 있는 손님이 갑자기 경옥이에게 "여기 월세가 얼마예요? 여기 비싸죠?" 하고 묻기에 경옥이는 "여기 안 비싸요. 왜 그러시는데요?" 손님에게 물었습니다. 손님은 자기 지인이 1인 필라테스 자리를 구한다며 알아보고 있는 중이라 했습니다. 강남은 너무 비싸서 고민 중이라며 "이런 곳이라면 참 좋을 것 같아서요. 이런 곳을 찾고 있는 것 같은데." 하며 가게를 두리번거렸습니다. 가게를 훑어보는 손님을 보고 경옥이는 갑자기 내면의 소리가 느껴졌습니다.

"말을 해."

느낌이 계속 올라와서 '손님에게 말을 하라고? 앞에 있는 손님에게 가게 얘기를 하라고? 이게 무슨 뜻이지?' 갸웃했습니다. 하지만 현존이 말을 하라는 것 같기에 에라 모르겠다, 하고 바로 앞에 케어받고 있는 손님에게 경옥이는 말했습니다.

"저 가게 내놨어요."

"어머, 정말요? 왜 그만두는데요? 그만두고 뭐 하시는데요?"

손님을 깜짝 놀라며 폭풍 같은 질문을 계속했습니다.

"하고 싶은 일이 생겨서 가게 내놨어요."

그렇게 말을 하니 손님은 네일 일을 그만두는 것에 대해 많이 서운하다는 말을 했습니다. 경옥이는 그 손님에게 "지인이 생각 있으면 한번 보러 오시라고 전해 주세요."라고 말하고 혹시나 하는 기대를 가지고 있었습니다.

경옥이는 일이 끝나고 저에게 달려와서 "언니 이게 무슨 뜻일까요? 뭔가 있는데." 고개를 갸우뚱하면서 분명 뭔가 있다는 확신을 한 것 같았습니다. 저는 "나야 모르지. 나중 되면 알겠지." 하고 무덤덤하게 대답했지만 저 또한 속으로 가게가 나가려나? 생각했습니다. 그러나 일주일 동안 연락은 없었습니다.

경옥이는 풀이 죽어 제 가게에 들어왔습니다.

"언니, 그 사람은 아닌가 봐요." 하며 "다른 부동산에도 내놔야 하나?" 고민이 많아 보였습니다.

그런데 일주일 뒤 경옥이에게 전화를 했던 부동산에서 연락이 왔습니다. 지금 가게 보러 갈 손님과 그곳을 보러 가도 되겠냐는 것이었습니다. 그리고 몇 시간 후 그 부동산 사장님과 함께 가게를 보러 온 여성분이 이리저리 둘러보더니 만족하는 것 같았습니다. 당연히 네일숍으로 보러 온 줄 알았던 그 여성분이 필라테스를 여기서 하고 싶다고 말을 했습니다. 자기가 필라테스 강사인데 제 고객에게 필라테스를 하기에 좋은 가게가 있다는 말을 듣고 한번 보고 싶어서 왔다고 했습니다. 계속 가게 자리를 찾고 있던 사람이라 그런지 속전속결로 계약을 하고 싶어 했습니다. 그리고 3일 뒤 계약이 이루어졌습니다. 오히려 너무 가게가 빨리 나가게 된 경옥이가 당황한 듯했습니다. 그렇게 빨리 나갈지 전혀 몰랐기 때문입니다. 경옥이는 이 모든 일이 우연치고는 너무 신기해서 현존이 하는 일은 너무 완벽하다며 우리로서는 상상도 못 할 일이라 했습니다. 불과 가게를 내놓고 2주 만에 가게가 나갔습니다.

힘들이지 않고 일이 너무 순조롭게 진행이 되는 것 같아 뭐든지 잘 될 것 같은 느낌이 들었습니다. 경옥이 가게가 나갔을 뿐인데 저는 이미 우리 집 근처로 경옥이가 이사해서 같이 일하는 것까지 상상했습니다. 황당해하는 경옥이보다 제가 더 좋아했습니다.

저는 아직 가게를 내놓지 않아서 마음이 좀 급해졌습니다. 일단 저는 가게 주인에게 연락을 해서 가게를 내놓겠다는 말을 해야 했습니다. 그런데 전화를 하려고 전화번호를 찾으려 하니 도대체 전화번호를 알 수가 없었습니다. 가게를 계약한 부동산에 물어보니 자기네도 전화번호가 없다며 모른다고 했습니다. 부동산 사장님은 의아해했습니다.

"계약한 지 너무 오래되어서 그런지 정보가 없네. 희한하네. 어떻게 전화번호가 없지?"

부동산 사장님은 월세를 두세 달만 안 주면 상가 주인들은 바로 전화 온다며 걱정하지 말라 했습니다.

저는 한 가게에서 20년을 일했기 때문에 가게 주인과 연락을 한 지가 언제인지도 까먹었고 전화번호를 어디에 적어 두었는지 전혀 기억이 나지 않았습니다. 가게 계약서에 있는 전화번호는 없는 번호라 연락이 되지 않았습니다. 이를 어쩌나 하는 순간 아이디어가 떠올랐습니다. 통장에 십 원을 입금하고 메모를 남기면 되는구나! 하고 바로 십 원을 입금하고 '연락 바람'이라고 여러 번 메모를 남겼습니다. 다행히 그다음 날 상가 주인에게 바로 연락이 왔고 저도 온라인 애견 미용 카페와 부동산에 가게를 내놨습니다.

저도 경옥이처럼 현존이 알아서 해 주겠지? 하고 생각하니 걱정이 하나도 없었습니다. 이렇게 편할 수 있을까? 저는 경옥이랑 가게가 나갈 생각에 기분이 들떠 있었습니다.

세인트 저메인의 선물

저와 남자 친구는 만난 지 5년 만에 동거를 하게 되었는데 남자 친구가 아파트 분양을 받게 되면서 자연스럽게 같이 살게 되었습니다. 저는 결혼이라는 것을 살면서 한 번도 생각을 한 적이 없었고 남들이 결혼도 하고 애도 낳고 잘 사는 모습을 보아도 부러움이나 어떠한 동요도 일어나지 않았습니다.

그런데 우리가 동거를 시작하게 되면서 남자친구의 부모님이 "이제 결혼을 해야 하지 않겠니?"라는 말씀을 자주 하셨습니다. 하지만 저는 결혼이 뭐가 그리 중요한지 이해가 되지 않았습니다. 아무리 사랑을 해서 결혼을 해도 불만과 불평인 결혼생활을 하는 사람들이 많기에 결혼에 왜 그렇게 집착을 할까? 의아했습니다. 저에게는 결혼을 하고 말고가 그리 중요한 문제가 아니었습니다. 우리는 서로에게 아주 좋은 친구로 그렇게 지냈습니다.

그런데 저에게 생각지도 못한 일이 일어났습니다. 처음으로 결혼을 해야겠다는 생각을 한 것입니다. 레이키 아카데미를 운영하려면 상가를 사야 하는데 그러려면 대출도 받아야 하고 서류상 문제가 좀 복잡할 것 같아서 남자 친구와 결혼을 해야 될 것 같았습니다. 망설여지기는 했지만 계속 올라오는 생각은 멈춰지지 않았습니다. 하지만 저는 멈춰지지 않는 생각을 거부하고 '아니야, 난 평생 결혼을 원한 적이 단 한 번도 없었어.' 하고 생각했습니다. 그러자 하나의 장면이 보였습니다. 그 장면은 제 큰언니의 교회에서 남자 친구 부모님과 우리 집 식구들이 모두 모여 있는 장면이었습니다. 그 장면을 보는 순간 제 에고의 관념이 스르르 사라졌습니다.

그래서 먼저 남자 친구에게 "자기야, 나 결혼을 해야겠어." 하고 말하니 남자 친구는 웃으면서 "나야 좋지." 하고 대답을 했습니다. 그래서 바로 우리는 양가 부모님에게 말씀을 드리고 먼저 혼인 신고를 했습니다.

저의 결혼에 대한 오래된 관념은 온데간데없이 사라지고 저와 남자 친구는 결혼식은 안 하고 서류상 정식 부부가 되었습니다. 현존은 결혼도 시켜 버렸습니다. 상승 마스터의 가이드 이후 경옥이는 집을 내놓고, 가게를 내놓고, 저는 결혼을 하고, 가게를 내놓고, 책을 쓰고, 상가를 사려 하고 있는 이 모든 일이 불과 일주일 만에 일어난 일입니다. 잔잔한 일상을 보내는 저에게는 폭풍 같은 일들의 연속이었습니다.

그리고 또 하나 아주 재미있는 일도 있었습니다. 저희가 2년 전에 아버님 댁에 6인용 세라믹 식탁을 사 드렸습니다. 그런데 그 식탁이 하늘이 무너질 듯한 굉음을 내면서 반으로 쩍 갈라졌다는 것이었습니다. 그때 어머님 혼자 집에 계셨는데 식탁에서 난 소리인 줄 모르고 밖에서 무슨 폭발이 일어났나 하며 놀라서 어머님은 창밖을 두리번거렸다고 했습니다.

그런데 밖에는 아무런 일이 없어 집 안을 둘러보다가 식탁을 살펴보니 그곳에서 소리가 난 것을 알았다는 것이었습니다. 유리와 세라믹으로 만들어진 식탁 아랫부분의 유리가 금이 가면서 두 동강이 나 있었다고 하셨습니다. 어머니는 너무 놀라 저희에게 전화를 하셔서 그 굉음이 얼마나 컸는지 집 안에서 나온 소리인지 상상도 못 했다며 거듭 말하셨습니다.

우리는 그 식탁을 구매한 곳에 연락을 했고 식탁 사장님은 식탁을 바꾸어 주겠다고 하였습니다. 같은 디자인 말고 새로 나온 식탁으로 바꿔도 되고 더 좋은 것을 선택해도 추가 비용을 받지 않겠다는 말을 하였습니다.

저는 아버님에게 "어떤 것으로 할까요?" 여쭤보니 아버님은 6인용보다 4인용을 원하셨습니다. 우리는 아버님께 더 좋은 것을 선택해도 추가 비용이 없으니 좋은 것으로 하라고 권유를 했지만 아버님은 큰 것이 필요 없다 말씀하셔서 우리는 가구 구매한 곳에 연락을 해서 4인용으로 바꿔 달라 요청을 했습니다.

가구 사장님은 너무 친절하게 미안함을 표현했습니다. "이런 일이 거의 없는데." 하시며 소리에 놀라지 않았는지 걱정을 해 주시면서 6인용과 4인용은 가격 차이가 있으니 돈으로도 줄 수 있고, 아니면 의자를 두 개 더 주겠다고 했습니다. 아버님은 돈으로 돌려주는 것보다 의자 두 개를 원하셨습니다.

그다음 날 바로 새로운 식탁이 아버님 댁에 도착했습니다. 그런데 두 개 더 주겠다던 의자 말고도 두 개나 더 와서 우리는 가구 산 곳에 전화를 해서 2개가 더 왔으니 가져가라고 연락을 했습니다.

하지만 시타 사장님은 의자를 가져가지 않았고 전화도 받지 않았습니다. 그리고 며칠이 지나가고 있었습니다. 왜 전화를 받지 않는지 이해하기 어려워서 문자를 다시 남기고 기다렸지만 연락은 오지 않았습니다. 기다리다 연락이 오지 않아 그냥 서비스로 두 개를 더 준거라 생각하기로 했습니다.

그렇게 아버님 댁에 남아 있는 두 개의 의자를 그냥 우리 집으로 가져가라고 아버님이 말씀하셔서 그 의자 두 개 중 하나는 제가 일하는 미용실에 놓고 다른 하나는 벤치 의자로 집에 갖다 놓았습니다.

가게에서 제가 쉴 때 잠깐 앉아 있는 의자가 나무 등받이로 된 불편한 의자였는데 이 식탁 의자는 너무 편했습니다. 저는 이 의자가 너무 마음에 들었고 '의자가 희한한 방법으로 이곳까지 왔네?' 생각을 하니 내면에서 이런 말이 들렸습니다.

"선물이다."

그 말에는 느낌도 있었는데 상승 마스터가 저에게 권한을 부여하는 느낌과 '권능'이라는 단어가 떠올라 왔습니다. 그리고 나의 에테르 몸체가 하늘 높이에서 권좌에서 앉아 있는 느낌이 전해졌습니다. 저는 감사한 마음에 가슴이 벅찼고 저에게 힘을 실어 주는 느낌이 전해지면서 알 수 없는 힘이 솟구치는 것 같았습니다.

'상승 마스터 세인트 저메인의 선물을 받다니! 이것이 있을 수 있는 일인가?' 저는 속으로 의자를 바라보며 선물에 대한 감사함과 봉사에 대한 감사함이 올라왔습니다. 그리고 동시에 막중한 책임감도 느껴졌습니다. 가게에 있는 의자 말고 또 하나의 벤치 의자는 집의 출입문 복도에 가방을 놓는 의자로 쓰이고 있습니다.

남자 친구는 식탁 사장님이 아직도 연락을 안 받는다며 도대체 왜 의자를 안 가져가는지 이해할 수 없다 했습니다. 다시 의자를 가져가라고 연락을 하겠다고 해서 저는 속으로 웃음이 나왔지만 모르는 척했습니다. 말해도 믿지 않으니 그냥 전화해도 소용이 없을 거라 말했습니다. 그러나 남자 친구는 다시 식탁 사장님께 의자를 가져가라는 문자를 보냈지만 사장님과 연락이 되지 않았습니다.

저는 출근할 때 벤치 의자를 보면서 세인트 저메인 생각을 하고 하루를 시작하게 되었습니다. 가게에서도 의자에 앉을 때마다 세인트 저메인의 윙크하는 웃는 눈이 떠올랐습니다.

이니시에이션

마스터의 가이드 이후 경옥이와 저는 일상생활을 하면서도 명상 상태에 있다는 것을 느꼈습니다. 그냥 눈을 감으면 바로 명상 상태가 되어버리고 눈을 뜨고 있어도 명상 상태에 있었습니다. 모든 것을 그냥 알아차려지는 일이 생겼고 현존의 느낌도 강하게 느껴져서 우리는 이것이 영원할 줄만 알았습니다.

그런데 일주일쯤 지나자 점점 그 힘이 약해진 것을 알았고 날이 갈수록 전 원래 상태로 되돌아왔습니다. 경옥이와 저는 우리에게 그런 능력이 상승 마스터에게서 나온 것임을 뒤늦게 알았습니다. 일주일 동안에 세인트 저메인의 광휘 속에 있었다는 것을 모든 힘이 사라지고 나서야 알게 되었습니다. 이런 힘이 날이 갈수록 강해질 줄 알았는데 일주일 만에 끝날지 생각도 못 했습니다.

경옥이는 영원할 줄 알았던 능력이 사라진 것에 대해 아쉬워하며 현존에게 질문이나 많이 할 걸 괜히 아껴서 안 했다며 안타까워했습니다.

"현존이 질문을 해도 이제는 답을 안 해 줘요."

경옥이는 투덜댔습니다. 저도 속으로 같은 생각을 했지만 내비치지는 않았습니다. 저는 경옥이처럼 질문을 안 했기 때문에 오히려 안타까운 것은 저였습니다. 지금은 그런 초능력은 사라졌지만 현존은 우리에게 여전히 가이드를 주고 있었습니다.

저는 현존레이키 입문 교재를 쓰고 있었지만 동시에 "삶을 쓰라"라는 가이드가 있어서 두 권의 책을 동시에 쓰고 있습니다. 과거 같으면 있을 수도 없는 일인데 원래부터 하던 일처럼 자연스럽게 한다는 것이 나 자신조차 믿어지지 않습니다. 저는 시간적으로 여유롭지는 않지만 사랑과 감사를 느끼면서 작업을 하고 있었는데 가슴속에서 "마스터 교재"에 관한 책은 "경옥이 쓰게 하라"라는 가이드가 느껴졌습니다.

　레이키 교재 책은 입문 교재와 마스터 교재 두 권의 책으로 나누어져 있는데 저는 입문 교재와 나의 삶에 관한 글을 동시에 쓰고 있었고 조만간 세 권을 동시에 써라 하면 써야 한다는 마음은 먹고 있었습니다. 그런데 경옥이가 쓰게 하라니. "휴, 다행이다. 정말 감사합니다." 하며 경옥이의 당황한 얼굴이 생각이 나면서 웃음이 나왔습니다. 저에게 세 권의 책은 무리라서 정말 다행이라는 생각이 들었습니다.

　저는 다음 날 경옥이에게 말을 했고 경옥이도 요 며칠 사이 레이키 마스터 교재 책이 계속 신경이 쓰여 내가 써야 하나? 하고 생각이 올라왔다 했습니다. 결국 마스터 교재는 경옥이가 쓰는 것으로 결정이 되었고 경옥이도 "현존이 쓰라면 써야죠."라고 덤덤하게 말했습니다.

　하지만 우리는 마스터 교재를 쓰려면 홀리 파이어 레이키 마스터 수업을 듣고 참고를 해야 하는데 마스터 수강 신청을 할 수 있는 자격이 아직 안 되었습니다. 우리는 대부분의 시간을 많은 책을 읽어 나가면서 교재에 들어갈 내용들을 정리하며 시간을 보냈습니다.

　경옥이는 살면서 이런 영성 책들을 읽은 적이 거의 없어서 내면에서 끌리는 책들을 탐독하고 있었습니다. 상승 마스터 세인트 저메인이 "모든 진리는 책으로 다 나와 있다. 그저 찾지 않을 뿐."이라고 말한 것이 생각이 나면서 저는 경옥이에게 "세인트 저메인에게 물어보지 말고 책을 봐. 모든 진리는 책으로 다 나와 있어. 그저 찾지 않을 뿐이야."라고 말해 주었습니다. 경옥이는 마스터 책을 써야 하는 고민을 하다가 머리가 복잡해지면 다시 책을 읽고 또 읽기를 반복했습니다.

저의 고민은 현존레이키에서 "전수"라는 단어 대신 사용할 단어를 찾고 있었습니다. "전수"라는 단어보다 멋진 단어를 쓰고 싶었기 때문입니다. 하지만 어떤 단어가 좋을지 도저히 생각이 안 나서 현존에게 요청을 했습니다. 그리고 기다리고 있었습니다. 현존은 단어를 어떻게 알려 줄까? 하고 궁금해 하면서 우리 머리로는 전혀 모르겠다 하고 잊고 있었습니다.

그리고 이틀이 지나고 저는 새벽 4시쯤 잠에서 깨어 생전 안 하던 행동을 했는데 새벽에 일어나 책을 바로 구매한 것이었습니다. 저는 일어나자마자 핸드폰을 거의 보지 않는 사람입니다. 그런데 새벽 4시에 잠에서 깨어 핸드폰을 들고 유튜브에 들어가서 바로 보이는 책이 있어 그냥 구매를 했습니다. 당연히 사야 할 것 같은 느낌이어서 구매를 했고 다시 잠에 들었습니다.

그 책은 『나를 치유하면 세상이 치유된다』라는 책으로 제가 구매를 했지만 무슨 내용인지 전혀 몰랐습니다. 제목만 보고 구매를 해서 영성에 관한 책이라는 것을 짐작만 하고 있었습니다.

책이 도착한 후, 힐링에 관한 책이네 하며 책을 읽던 도중 이니시에이션(initiation)이라는 단어를 보는 순간 저는 바로 알아 버렸습니다. '현존이 이 단어 하나를 알려 주려고 그랬구나!'

"이니시에이션"(initiation)이라는 뜻은 (비밀 의식을 통한 조직에의) 가입, 입문을 말하며 라틴어로는 입구, 시작을 의미하고 근원과 다시 합쳐지는 과정을 이니시에이션이라 합니다. "의식 확장 과정"이 포함이 된 이 단어는 상승 마스터가 되는 첫 번째 관문을 말하며 현존레이키와 너무 잘 맞는 완벽한 단어라고 생각했습니다. 저는 이 단어를 현존레이키의 전수 과정에서 쓰라고 알려 준 현존에게 감사를 보냈습니다.

　전수는 근원의 빛(정화의 빛)을 원하는 사람에게 내려 줄 때 쓰는 단어로 빛의 통로를 열어 주는 행위이며 통로가 개방이 되어야만 다양한 높은 진동의 빛들을 받을 수가 있습니다. 이렇게 높은 진동의 빛을 받으면 그 빛을 사용하여 자신을 정화하고 아픈 곳을 치료하며 타인도 치유할 수 있습니다.

　기존의 홀리 파이어 레이키에서는 전수라는 말 대신 플레이스먼트, 어튠먼트, 이그니션 등 다양한 단어들로 구성되어 있어 경옥이와 저는 전수라는 단어 대신 어떤 단어를 써야 할지 고민을 했는데 이런 식으로 해결이 될지 정말 몰랐습니다.

　현존의 가이드는 한 가지 방법이 아니었고 매번 다르게 알려 주었습니다. 이런 식으로 책을 읽게 하여 찾아내게 하거나, 사람을 만나게 하여 깨우치게 하거나, 내적 안내로 영감을 받게 하여 감정을 찾도록 도와주었습니다.

　전수 단어 대신 사용하는 이니시에이션이라는 단어도 이렇게 정해지듯이 빛의 이름도 내적인 영감에 의해 정해져 있었습니다. 교재도 쓰기 전에 그냥 제 입으로 "나는 현존이다."와 "나는 바이올렛 불꽃이다."라는 말을 하고 다녔습니다. "나는 현존이다"라는 문장으로 이니시에이션을 한다는 것은 말로써 빛을 요청할 때 더 강한 힘을 전해 주기 때문에 저는 빛의 이름이 "나는 현존이다."라고 문장으로 말하는 것이 마음에 들었습니다. "나는(I AM) ~이다."라고 말하는 것은 자신의 내적 자아를 외부 세계에 현현시켜 창조 행위를 하는 것을 말합니다. 나는(I AM)이라고 말하는 순간 현존이 활동을 한다는 것을 의미합니다. 이것은 I AM 가르침으로 I AM은 인간의 신성을 진정으로 표현하는 말로서 사랑, 지혜, 권능을 뜻합니다.

"나는 현존이다" 빛은 강력한 흰빛으로 에너지 충전과 정화를 시켜 주고 내 가슴 안에 있는 현존과의 연결을 강하게 해 주는 빛으로 사념체를 용해하고 진동을 올려 주는 빛입니다.

우리가 처음 홀리 파이어 레이키를 배우고 사용한 빛은 부드러운 황금 노란빛으로 항상 레이키를 할 때 그 노란빛이 내려와 사용해 오다가 2주 뒤부터 가끔 강한 흰빛이 내려오곤 했습니다. 그러다가 황금 노란빛은 사라지고 점점 흰빛이 강해지다 못해 눈이 부실 정도가 되었습니다. 그 흰빛은 경옥이를 덮쳐 깜짝 놀라게 했습니다. 제가 경옥이에게 레이키를 해 주고 있었습니다.

"어…? 이게 뭐지?"

경옥이가 놀라며 말했습니다.

"언니, 이런 빛은 처음 봐요."

그때만 해도 그것이 무엇을 의미하는지는 몰랐습니다. 그냥 강한 흰빛이 왔구나 생각했습니다. 지금에서야 그것이 "나는 현존이다" 빛으로 사념체를 용해하는 빛이라는 것을 세인트 저메인의 안내에 의해 자연스럽게 알게 되었고 그 빛으로 모든 사념체를 용해하여 정화가 그렇게 빨랐다는 것을 알게 되었습니다.

그리고 "나는 바이올렛 불꽃이다" 빛은 보라색에 흰빛이 살짝 들어간 부드러운 빛입니다. 이 빛은 조화롭지 못한 에너지를 태워 버리는 정화의 빛이며 사념체를 용해하고 진동을 올려 줍니다. 우리는 이 두 빛으로 진동이 낮은 어두운 사념체들을 용해시켰습니다. 그리고 그 후에도 수많은 빛들을 받기 시작했습니다. 레이키를 하면 할수록 모든 상위 차원의 존재들에게 감사함이 저절로 올라와서 가끔 벅찬 기쁨에 사로잡혔습니다.

이렇게 레이키에 폭 빠져 시간 가는 줄 모르고 빛 탐구를 하다 보니 우리에게 마스터 수업을 가르칠 선생님을 알아봐야 했습니다. 저는 선생님을 알아보는 것이 너무 힘들어서 하루 알아보고 포기하고 경옥이에게 선생님 찾는 것을 시켰습니다. 경옥이는 며칠을 고민하더니 내면의 가이드에 집중을 하며 끌리는 선생님을 드디어 찾았다며 왜 이렇게 찾는 것이 힘이 드는지 모르겠다며 하소연했습니다.

우리에게 마스터 수업을 가르쳐 줄 선생님을 찾고 난 후 내면에서는 마스터 배울 선생님에게 "선물을 준비하라"라는 가이드가 있었습니다.

"현존은 참 섬세하단 말이야! 도대체 어떤 선생님이기에 선물까지 준비하라고 할까? 선물은 어떤 것을 사야 하지?"

제가 말했습니다.

"선물은 마음에 들기가 어려운데 무엇을 사야 되나?"

경옥이는 고민하며 인터넷으로 찾기 시작했습니다.

제가 갑자기 "송과체에 좋은 음식이 카카오니까 초콜릿을 사는 것이 어때? 초콜릿은 누구나 다 좋아하잖아." 하고 말을 하니 경옥이는 말이 끝나기 무섭게 인터넷 주문에 들어갔습니다.

마스터 수업

　레이키 마스터 수업을 하는 날이 되었습니다. 아침에 잠에서 일찍 깨어나 명상을 하고 의자에 기대어 앉아 눈을 잠시 감고 있는데 장면 하나가 떠올랐습니다. 눈을 감고 있을 때 동그란 보라색 빛이 탁탁 튀는 모습을 보았는데 마치 물 수면에 전기를 주면 물이 강한 진동에 의해 작은 폭발을 하는 모습이었고, 또 다른 장면 하나는 아파트에서 재활용 모으는 포대 주머니에 쓰레기가 가득 차 있고 누군가 쓰레기를 '휙' 하고 그 포대 주머니에 던지는 장면이었습니다. 저는 커다란 쓰레기 포대주머니를 보고 '아, 아직도 비워야 할 것이 이렇게 많구나! 이것을 다 내보내라는 뜻이겠지? 사념체를 많이 내보낸 것 같은데 아직 더 많이 있구나. 남에게 붙는 사념체도 많다는 뜻이겠지.' 생각했습니다.

　우리는 요즘 전생 카르마 정화를 하고 있던 중이었기 때문에 상위 자아가 그것을 알려 주는 것 같았습니다. 전생의 사념체들은 묵직하며 덩어리가 느껴지는 에너지였으며 깊숙한 내면에서 올라오는 느낌이 들었습니다. 정말 오래되고 각인된 사념체들은 내보내고 또 내보내도 끊임없이 같은 자리에서 나왔습니다. 마치 산 하나를 넘으면 또 다른 산이 나타나는 것 같았습니다.

　"전생에 관한 사념체들이 정말 많이 있구나. 하기야 여러 번 태어났으니 많기도 하겠다. 이 많은 것을 짧은 시간 안에 끝장을 내려 하는 내가 이상한 거겠지."

　저는 아침 일찍 일어나 마스터 수업에 늦지 않으려고 일찍 집을 나섰습니다. 마스터 수업은 3일 동안 이어지고 오전 9시 반부터 시작해 오후 4시까지 수업이 진행됩니다. 수업을 듣는 학생은 경옥이와 저뿐이라서 마음이 편안했습니다.

경옥이가 힘들게 찾은 선생님은 '고래'라는 닉네임을 가진 저보다 한 살이 많은 여성분으로 첫인상은 아주 선해 보였고 부드럽고 강한 아름다움을 가지신 분이었습니다. 고래 선생님은 준비가 철저하신 분이었고 대충하시는 분이 아니란 게 느껴졌습니다. '경옥이가 선생님을 잘 선택했네.' 하고 속으로 생각했습니다.

우리는 첫날에 이론 수업 위주로 하고 중간중간 '홀리 파이어 어튠먼트'라는 상위 차원의 에너지를 받는 전수가 진행되었습니다. 선생님의 수업 방식과 진행 과정을 보면서 우리가 만들고 있는 현존레이키와 비교도 해 봐야 했습니다. 그리고 홀리 파이어Ⅲ의 에너지와 현존레이키의 에너지가 어떻게 다른지, 또는 둘의 빛이 만나면 어떻게 되는지 호기심을 가지고 있었습니다.

홀리 파이어 마스터 수업을 듣고 전수 과정이 끝나면 타인을 가르칠 수 있는 자격이 주어지고 더 센 에너지를 사용할 수 있을 것 같아 기대감이 컸습니다.

두 가지 빛을 사용하면 더 세지겠지? 하며 약간 흥분도 되었지만 기대와는 달리 둘의 빛은 서로를 밀어내는 듯한 느낌이 전해졌습니다. 빛을 비교하기는커녕 둘은 같이 사용할 수 없는 것 같았습니다. 나만 그런가? 하고 생각했지만 경옥이도 저와 같은 생각을 하고 있었습니다.

홀리 파이어 에너지가 들어오면 동시에 두 개의 빛(홀리 파이어 빛과 나는 현존이다 빛)은 공존하지 못했고 에너지는 자석이 같은 극끼리 밀어내듯이 서로를 밀어냈습니다. 다행히도 강한 현존의 빛이 홀리 파이어 빛을 밀어 버리고 들어오는 것 같아 안도를 했습니다. 살짝 당황도 했지만 나중에 현존의 빛을 사용하면 되니 수업 중에는 홀리 파이어 빛만 사용하기로 했습니다.

홀리 파이어 빛이든 현존 빛이든 레이키 에너지를 받는 것은 물질적인 선물과는 비교도 할 수 없는 경이로운 일이며 상위 차원의 사랑과 축복을 받는 느낌이었습니다.

수업을 마치고 저희는 저녁을 먹고 카페에 들러 전수 과정(이니시에이션)에서 사용할 세 가지의 대본(내레이션)을 만들어야 했습니다. 왜냐하면 일을 하고 있는 우리는 잠깐의 점심시간을 빼고는 제대로 일을 하기 어려웠기 때문에 이렇게 시간이 날 때 뭐라도 만들어 놔야 했습니다.

우리가 가르칠 수업에서 현존레이키를 전수할 때 학생이 명상을 하고 있으면 학생의 집중을 높이고 이니시에이션을 수월하게 할 수 있도록 도와주는 내레이션을 준비해야 하는 아주 중요한 일이었습니다.

그 내레이션을 세 가지 만들어야 하는데 그중 하나는 "나는 현존이다" 이니시에이션의 대본입니다. 현존과 연결하는 에너지로 명상 도중에 경옥이가 본 장면을 사용하여 대본을 쓰기로 했습니다.

그 명상 중에 본 장면은 에메랄드빛 호수에 비친 자신의 모습을 바라보는데 가슴 중앙에서 밝은 노란빛이 뿜어져 나오는 모습을 보는 순간 '현존이 이것으로 내레이션을 만들라고 하는구나!'라고 경옥이는 느꼈다고 했습니다.

현존은 우리의 가슴 중심에서 계속 빛을 뿜어내고 있지만 우리 눈으로는 볼 수 없습니다. 그래서 이 장면을 현존의 존재를 알리는 역할로 대본을 쓰는 것이 마음에 들었습니다.

그리고 또 하나 경옥이가 명상 중에 본 장면은 아주 오래된 큰 나무에서 빛이 머리 위로 마구 떨어지는 장면이었습니다. 그 장면을 보면서 눈물이 흐르고 정화가 되는 느낌을 받았다고 했습니다. 우리는 이 장면을 "나는 바이올렛 불꽃이다" 내레이션으로 만들기로 했습니다.

  저도 명상을 마치고 눈을 감고 있을 때 테두리가 오래된 나무로 만들어진 거울과 잔잔한 꽃길을 보았는데 이것을 "나는 전생 카르마 정화이다" 에너지를 전수할 때 사용하면 되겠다는 걸 알았고 우리는 이 세 가지를 가지고 내레이션을 제대로 구상을 하여야 했습니다. 학생들이 눈을 감고 있으면 내레이션을 하고 현존레이키 에너지를 내려 주면 되는 것인데 몇 줄 안 되는 글을 만드는 것이 왜 이리 어려운지 머리가 터지기 일보 직전이었습니다. 도저히 마무리가 되지 않았습니다.

  카페에 계속 앉아 있어도 끝나지 않을 것 같아 저는 오늘은 이 정도만 하고 끝내자 하며 집에 갈 생각을 했습니다. 계속 앉아 있어도 아이디어가 떠오르지 않으니 마무리는 다음에 하기로 했습니다. 그리고 집에 가기 전에 화장실에 들러 나오려는데 내면에서 "다 끝내고 가라."라는 가이드가 주어졌습니다. 저는 '아 그렇구나.' 하고 경옥이에게 이거 다 하고 가자고 권했고 우리는 몇 시간 동안 안 되던 것이 아주 빠른 시간에 완성이 돼서 가벼운 마음으로 카페를 나왔습니다.

  경옥이는 이상하다는 듯 저를 쳐다보며 "언니는 왜 화장실만 가면 가이드가 내려오는 거예요?" 하고 물었습니다. 저는 "생각해 보지 않았는데, 너 말 들으니 그런 것 같네. 나야 모르지. 그러게 화장실에 있을 때에만 내 마음이 비워지나? 마음이 비워지면 현존이 나타나는데."라고 대답했습니다.

  그러고 보니 정말 화장실에서 아이디어나 문득 올라오는 느낌들이 많은 것 같았습니다. 저는 경옥이에게 "화장실은 뭐든 비우나 봐" 하며 농담을 했습니다.

두 번째 날 수업이 시작되면서 우리는 선생님과 유대가 돈독해졌는데 수업을 듣는 학생은 우리 둘뿐이라서 온전히 우리를 위한 시간이었습니다.

수업 중 가장 중요한 전수 과정에서는 상위 차원의 가이드가 전해졌습니다. 그 내용은 선생님과 저희와 인연이 있고 서로를 도와주는 관계이며 선생님에게 힘을 주라는 안내였습니다.

그리고 전수 과정에서 눈을 감으면 항상 고래가 바다에서 헤엄을 치며 즐거워하는 장면이 자꾸 보였습니다. '왜 그러지?' 생각하다가 '아! 우리를 가르치는 분이구나! 닉네임이 고래였지!' 깨달았습니다.

우리는 서로 가이드 받은 내용을 선생님께 전해 주었고 선생님은 힘이 난다며 좋아하셨습니다. 우리는 선생님과 서로 궁금한 점들을 주고받으며 대화를 나누다가 다른 분들은 정화할 때 어떤 느낌을 받는지 물어보았습니다. 선생님은 정화할 때 사념체가 발바닥 용천혈로 나간다고 하셨고, 자신이 아는 분은 관자놀이 쪽으로 나간다고 했습니다. 저는 완전 상상도 못 한 곳으로도 나가는 것을 알게 되면서 모든 사람들은 자기만의 방식으로 몸의 반응이 나타난다는 것을 알게 되었습니다.

'사념체 나갈 때 사람에 따라 다른 신체 부위로도 나가는구나.'를 알게 되면서 선생님에게 더 많은 질문을 했습니다. 그런데 선생님은 자신의 가이드가 우리를 통해 내려오는 것이 신기해 보였는지 오히려 궁금한 점을 되물었습니다.

왜냐하면 레이키 전수를 할 때 학생에 대한 안내가 아닌 선생님에게 정보를 전달해 달라는 상위 차원의 메시지가 여러 번 있었기 때문입니다. 상위 차원에서 저와 경옥이를 통해 선생님에게 힘을 주고 싶었는지 전수 과정 중에 레이키를 선생님에게 보내라는 안내도 있었습니다. 도대체 무슨 일인지 알 수는 없었지만 저는 선생님 몰래 "나는 현존이다" 빛을 보냈습니다. 다행히 전수 과정 중에 선생님은 눈을 감고 있어서 레이키를 보낼 수 있었습니다.

세 번째 마지막 수업 날이 되었습니다. 이날도 어김없이 전수 과정 중에 상위 자아의 안내가 있었습니다. 그 느낌은 "선생님에게 빛을 내리라"였습니다. 제가 빛을 받고 있는데 오히려 선생님에게 빛을 주라니…. 제대로 한 건지는 모르겠지만 저는 상위 자아가 시키는 대로 선생님 머리 위에서 내려오는 빛을 상상하면서 몸 중심으로 빛을 관통시켜 지구 속까지 내렸습니다. 이렇게 하면 되는 건가? 하며 실행에 옮겼지만 빛을 보지 못하는 저는 상상 속에 제 임무를 맡겨야 했습니다.

'전수 과정 중에 선생님에게 전해 달라는 메시지나 가이드가 자꾸 온다는 것이 무슨 이유가 있구나.' 우리가 선생님에게 전해야 할 말 그리고 우리가 읽었던 책들을 알리라는 가이드에 우리가 읽었던 책들을 소개해 주었습니다.

선생님은 레이키에 순수한 열정과 애정이 있었으며 진심을 다해 가르쳤습니다. 또 한편으로 수업 중에 선생님에게서 '절절한 슬픔'이 느껴졌는데 불편한 감정 찾기로 인해 감정 정화가 이루어져서 그런지 요즘 감정을 민감하게 읽어 나가는 것이 습관처럼 되었습니다. 그래서 선생님과 저와 공통된 감정이 공명이 되어 살짝 올라오곤 했습니다.

이렇게 수업이 끝나고 전철을 타고 집에 오는 길에 저는 선생님의 알 수 없는 깊은 슬픔이 온몸으로 전해지면서 터져 나오는 감정에 눈물이 나왔습니다. 그러면서 문득문득 올라오는 슬픔이 도대체 어디서 오는지 생각했습니다. 내가 '이런 슬픔을 살면서 느낀 적이 있었나? 선생님과 나와 동일한 감정을 가지고 있는 것 같은데?' 하지만 어떤 슬픔인지 도무지 찾기가 어려웠습니다.

그렇게 3일의 꿈같은 날이 지나고 현실 세계로 돌아와서 저는 애견 미용을 아침부터 하고 있었습니다. 미용을 하면서 어제의 감정을 생각했습니다. 그런데 갑자기 선생님과의 슬픔과 제 슬픔에 공명이 증폭이 되면서 슬픔의 이유를 알게 됐습니다.

그 슬픔의 이유는 '절절한 갈망'이었으며 전생에서 오는 감정으로 저와 같은 감정이 선생님의 내면에서도 있었기 때문에 저에게 전해진 것이며 '절절한 갈망'이라는 감정이 온몸으로 느껴졌습니다.

그 슬픔은 '의식 상승의 욕망' 같은 것이며 신에게 다가가고 싶은 절절한 갈망으로 신과의 합일을 이루지 못한 슬픔이었습니다.

'나는 전생에 영적 상승을 하려다 못 한 사람인가? 왜 이렇게 상승에 대한 갈망이 있지?' 하지만 그것 이외에는 떠오른 것이 없었지만 저는 전생의 한 부분을 느낀 것이 너무 신기했습니다.

우리는 "나는 전생 카르마 정화이다"라는 에너지를 사용하여 전생의 사념체들을 용해시키는 일을 하고 있어서인지 전생 감정의 공명이 자주 느껴졌습니다.

경옥이도 선생님과 감정 연결이 되어 있다는 생각이 나서 너도 한번 전생 감정을 찾아 보라 권했습니다. 그날 저녁 경옥이에게 전화가 왔습니다.

"언니, 이거 대박이에요."

경옥이는 흥분한 말투였습니다.

"이집트 시절에 제가 신을 모시는 일을 한 것 같아요. 주위 동료들은 많지만 진실을 나눌 진정한 친구가 없어서 외로워하는 여인이 떠올랐어요. 그것이 제 전생인 것 같아요."

경옥이는 그 시절에도 자기주장을 잘 못했다며 지금과 비슷하다고 소름 돋을 정도라며 너무 신기하다 했습니다.

처음으로 전생의 장면을 포착한 경옥이는 흥분 상태였습니다. 레이키로 전생을 알게 되다니 놀라울 따름이었습니다. 이 전생 감정은 이집트에서 살면서 겪었던 감정이며 선생님과 경옥이와 저는 공통된 감정을 가지고 있는 사람이었습니다. 저는 이 사실을 선생님께 꼭 알리고 싶었습니다. 선생님께 알려 주면 도움이 될 것 같았습니다.

선생님의 전생 감정과 우리의 전생 감정이 같다고 문자를 보내자 선생님이 전화를 하셔서 우리는 깊은 대화를 나눌 수 있었습니다.

그때 안 사실은 선생님 아시는 분 중에 전생을 보는 샤먼 선생이 계시는데 전생에 자신이 이집트에서 태어났고 배신을 당해서 죽었다는 말을 들었다고 했습니다. 선생님은 그 말을 들었을 때 아무 감흥 없이 그렇구나 했는데 "정말 제가 이집트에 태어났던 것이 맞는 건가 봐요." 하며 놀라워하셨습니다.

선생님처럼 전생을 남이 찾아 주면 아무 감흥이 없을 수 있구나, 반드시 스스로 전생을 찾아야 자신의 인생의 목적을 알 수가 있구나, 생각이 들었습니다. 그리고 선생님은 저와 경옥이가 자기에게 이렇게 나타나서 본인이 선물을 받은 느낌이며 하루 종일 감사함에 많은 눈물을 흘렸다 하시며 우리에게 고마움을 전했습니다. 선생님은 우리를 만난 것이 큰 의미가 있다고 생각하시는 것 같았고 자신에게 힘을 주러 온 것 같다고 말했습니다. 우리도 선생님을 만나고 우리의 전생을 찾는 계기가 되었으며 선생님과 우리가 깊이 연결이 되어 있다고 느껴졌습니다.

전생 카르마 정화

경옥이와 저는 요즘 전생 카르마 정화를 교육 과정에 집어넣을 계획이어서 서로에게 전생 카르마 정화 레이키를 테스트하고 있었습니다. 전생 카르마 정화의 빛은 일반적으로 우리가 사용하는 "나는 현존이다" 빛과는 다르게 오는데 더 힘이 세고 다른 차원으로 안내하는 것 같았습니다.

경옥이는 처음 보는 이 투명한 빛에 매료되어 너무 색다르다며 안 보이는 나에게 이 투명한 빛을 설명해 주었습니다. 저는 이 빛을 온몸으로 느끼고 손의 감각으로 감지했습니다. 전생을 한번 찾으니 자신감이 생기고 더 찾을 수 있을 것 같은 생각이 들었습니다. 그래서 저와 경옥이는 "나는 전생 카르마 정화이다" 빛을 사용하여 계속 다른 전생이 있나 레이키를 자주 했습니다.

드디어 하루도 채 지나지 않아 전생이 떠올랐습니다. 전생에 큰 트라우마나 해결이 나지 않은 감정들을 이번 생애에 어떠한 방식으로 나에게 영향을 주며 그 시절에 어떻게 이런 감정을 안고 있었는지 조금이나마 알 것 같았습니다.

감정이 현실처럼 생생해서 순간 현재의 감정이라 착각하기 쉽지만 전생의 감정이라 알아차릴 수 있었던 것은 현실에서 느끼는 감정과는 사뭇 달랐기 때문입니다. 고래 선생님과 감정이 공명이 되어서 느낀 전생 감정과 달리 처음으로 전생으로 들어간 것 같은 느낌을 받았는데 마치 제가 전생 속에 있는 것 같았습니다.

한 남자가 절규를 하고 있었습니다. 너무 슬피 울면서 "이 일을 언제까지 해야 하나요. 왜 저에게 이런 시련을 주시나요." 신에게 말하듯이 절규를 하고 있었습니다. 저는 그 순간 '아! 이것이 나의 전생이구나.' 알았습니다. 그리고 그 남자의 감정이 고스란히 전해졌습니다.

이렇게 아주 오래되고 먼 과거의 감정을 느낄 때는 현실에서 느끼는 조잡한 슬픔과 아주 달랐습니다. 웅장한 슬픔, 거대한 슬픔 같기도 하며 슬픔의 느낌이 묘하게 달랐습니다. 이렇게 오래된 기원전 1500년의 감정이 나타날 줄 전혀 예상하지 못했습니다. '이것이 지금까지 내 삶에 큰 영향을 미치고 있었구나.'를 어렴풋이 알게 되었습니다.

저는 이집트 시절에 또 다른 감정들을 찾았는데 육체적으로 힘든 일을 하며 괴로워하면서 신체적인 고통을 호소하는 모습을 온몸으로 느꼈습니다. 이 남자는 일을 하면서 많이 다친 듯했습니다. 잦은 부상으로 일하면서 한탄을 하고 있었습니다. 육체적으로 힘든 일을 참기 어려워했습니다.

'저게 나였구나.'

저는 이집트에서 남자로 태어났고 힘든 노역을 하면서 부상을 당하고 괴로워하며 신에게 노역에서 벗어나고 싶다고 절규하는 사람이었습니다. 단편으로 보는 나의 모습이지만 왜 현존이 이 모습을 보여 주는지 알 것 같았습니다.

왜냐하면 저는 이번 생에서 일을 하면서 불평하고 힘들다고 투덜거리는 사람을 보면 불편함을 느꼈습니다. '왜 일을 하면서 불평을 하지?' 그것을 모르고 있다가 감정 찾기를 하다가 안 사실입니다.

현존은 제 앞에 전생에 제가 했던 행동과 똑같은 사람을 데려다 놓고 거울처럼 그 모습을 지켜보게 했습니다.

현존을 찾는 법

저는 레이키를 배우기 2년 전부터 손목터널증후군과 오십견이 동시에 있어 일을 전혀 못 하는 시기가 있었습니다. 그래서 1년 정도 쉬다가 아는 지인과 8개월 정도 일을 같이 한 적이 있었는데 경력도 많고 저와 오랫동안 알고 지내는 사람이었기에 같이 일을 하면 편하겠다 싶었습니다. 그렇게 우리는 8개월을 같이 일했지만 결과적으로 8개월 동안은 괴로움의 연속이었습니다. 그 이유는 지인의 불평불만을 듣는 것이 고통과도 같은 괴로움이었기 때문입니다. "아! 자신이 전생에 했던 행위를 보면 불편하구나."

지금의 저와는 완전히 다른 사람이어서 이해하기 어려우나 분명 전생의 나였습니다.

그다음 날 경옥이는 전생을 다 찾으니 속이 후련하다며 좋다고 말한 지 2시간도 되지 않아 제 가게로 달려오더니 "언니 저 조선시대 감정 찾았어요." 하며 보물을 찾은 것처럼 좋아했습니다.

"저는 사랑하는 사람에게 버림받았는데 엄청 슬펐나 봐요. 남자 엄청 좋아했나 봐요." 하며 지금과 너무 다른지 어이가 없다며 마구 웃어 댔습니다. 경옥이는 자신이 남자를 너무 좋아했던 것도 우습고 남자에게 버림받아서 죽을 것 같은 심정을 느낀 것이 우습다고 말했습니다. 지금과는 상상도 할 수 없는 일이기에 그런가 봅니다.

저는 너무 놀라서 "어떻게 그렇게 빨리 찾을 수가 있는 거야?" 하고 물으니 경옥이는 일을 하면서 갑자기 "내가 버림을 받았나?" 하고 문득 떠올랐다는 것이었습니다. 그래서 순간 "전생인가?" 하고 바로 알아차리자마자 팔에서 진동과 소름이 돋고 헛구역질이 마구 올라왔다는 것이었습니다. 그래서 다시 그 단어를 입으로 "버림받았나." 하고 말을 하니 또다시 헛구역질이 나왔다는 것입니다. 그래서 그냥 "아! 이게 나의 조선시대의 모습이구나." 하고 알게 되었다고 했습니다. 그리고 자기가 여자인데 남자가 자기를 버려서 자기가 매달리고 너무 슬퍼했는데 현생에서도 어릴 때 부모와 떨어지는 경험을 했을 때 느꼈던 감정하고 너무 똑같아서 바로 알아차려졌다고 했습니다.

제가 농담처럼 경옥이에게 "아마 너는 전생에 스님이었을 것 같아." 말하곤 했는데 전혀 상관없는 사랑하는 사람에게 버림받을까 봐 두려워하는 여자였습니다. 제가 스님이라고 장난처럼 말한 것은 경옥이가 어릴 때 절 근처에 살았고 거기가 놀이터였으며 아빠도 절에서 일하셨고, 명상도 너무 잘하고, 투시력과 레이키를 잘해서 농담처럼 말한 것이었습니다.

항상 우리들은 대화를 하다가 "아마 전생에 뭐였을 거야. 그래서 이렇게 사는 거야." 하거나 "내가 전생에 무슨 잘못을 했길래 이런 고생을 하나." 하고 말하는 경우가 있지만 그것과는 완전히 다른 삶이고 상상도 못 한 자신을 찾는 것이었습니다.

저는 경옥이의 전생 찾기에 자극을 받아 그럼 나도 찾아 봐야지! 하고 전에 찾아서 적어 두었던 감정들을 계속해서 일하는 동안에 생각을 해 보고 두뇌를 풀가동시키며 상위 자아에게 찾아 달라고 부탁도 했습니다. 경옥이는 이렇게 빨리 찾았는데 왜 나는 떠오르지 않지? 하며 생각하고 또 생각했습니다. 그래도 생각이 나지 않아 기도까지 했습니다.

드디어 저도 단어 하나가 불쑥 떠올랐습니다. 그 말은 "달라붙어"였습니다. 이 말을 내뱉자 헛구역질이 나와서 전생의 감정이라는 것을 바로 알게 되면서 '뭐가 달라붙었다는 것이지?' 알아야 했습니다. 이때 몰입을 해서 생각을 집중시키면 장면이 하나 보였습니다. 장면은 초가집에 여러 명이 사는 느낌이 들면서 벗어나고 싶은 느낌이 올라왔습니다. 그러면서 달라붙어 벗어나고 싶은 느낌이 나면서 점점 생각이 또렷하게 나기 시작했습니다. 전생에 식구를 책임지는 일이 버겁고 자신에게 의지하고 있는 것이 힘들어서 도망가고 싶은 마음이라는 것이 느껴졌습니다.

이집트 전생에서는 일이 힘들어서 벗어나고 싶고, 조선시대에서는 집에서 벗어나고 싶은 것이 같았습니다. 이번 생에서도 계속적으로 벗어나고 싶은 것이 있었는데 그것은 청소년 시절부터 집에서 벗어나고 싶은 탈출 욕구가 항상 있어 왔고 감금된 상태라고 생각을 해서 "벗어나야 해"라는 감정들을 가지고 살았습니다. 이렇게 생각들이 정리가 되니 갑자기 내면에서 소리가 들렸습니다.

"팔이 아팠던 것은 다 잃어버리는 것을 알리기 위함이었다. 다 잃어봐야 그 힘든 일이 귀하다는 것을 안다."

그 순간 숙연해지면서 모든 상황이 받아들여지고 제가 지나온 삶들이 스쳐 지나갔습니다.

제가 미용 일을 27년을 하면서 중간중간 팔이 아픈 적이 있었습니다. 특히 2년 전에 손목터널증후군이라는 질병으로 상당한 통증과 고통을 겪으며 수저조차 들 수 없었고 그 이후 오십견이 같이 오면서 암울한 시기를 1년 정도 보낸 적이 있었습니다.

그때 나의 모든 것을 다 잃어버린 느낌을 받았는데 그 이유는 제가 하는 일이 손으로 하는 일이라서 '내가 하는 일을 이제는 못 하는구나.' 하는 절망이 찾아왔기 때문이었습니다. 나의 전부를 다 잃으면 이런 기분이 들겠구나 하고 생각한 적이 있었습니다.

제가 이집트 시절에 힘든 노역에서 벗어나고 싶어 했고 조선시대에서는 가정을 돌보는 일에서 도망을 가고 싶어 했는데 현생에서는 강아지 미용 일을 27년 동안 하면서 아무리 힘들어도 그 일을 소중하게 생각했던 것이 이번 생에서 마침표를 찍고 졸업을 하는 것이었습니다.

'이것을 깨닫기 위해 얼마나 오랜 세월의 삶을 이어 온 것인가요.' '일의 소중함이란 누구나 알고 있는 단순한 진리이지만 체험으로만 알아야 진정으로 깨닫는 것이구나.' 책을 보고 글로는 다 알고 있는 것을 온몸으로 알아야 마침표를 찍는다는 것입니다.

경옥이와 저는 이렇게 서로서로 감정 찾기를 도와주고 도움을 받아서 전생을 이렇게 빨리 찾아낼 수 있었습니다. 그리고 이것은 도저히 혼자는 못 하는 작업이고 파트너를 정해서 해야만 한다는 생각이 더욱 확실해졌습니다. 우리는 다 찾은 건가? 또 있을 것 같은데? 하며 다음을 기다리는 것이 흥미로워서 전생에 또 뭘 했을지 기대했습니다.

전생을 찾는 것이 얼마나 중요한 것인지 찾고 나서야 알게 되었고 무엇을 배우려고 물리적 세계에 내려왔는지, 그 해결 못 한 감정이 무엇인지, 이번 생의 목적이 무엇인지 다 알 수가 있으니 너무 중요한 것이었습니다. 전생을 찾으려고 최면을 받는 사람은 다른 사람이 찾아 주기 때문에 감정을 찾기가 어렵고 정작 본인은 타인의 이야기처럼 와닿지가 않을 수 있을 것 같았습니다. 특히 전생의 한 부분만 보면 인생의 목적과 무엇을 배우러 온지 모를 수 있습니다. 전생 찾기에 푹 빠진 우리는 다음 전생은 바로 이전의 삶이라 생각하고 찾기 시작했습니다. 그렇게 찾기 시작한 지 하루도 되지 않아 또 다른 전생을 찾을 수 있었습니다.

새로 찾은 전생은 미국이었습니다. 전생 배경은 미국으로 서부 개척 시대 느낌도 있고 남북 전쟁 시대 느낌도 있었습니다. 그래서 더 집중을 하고 몰입을 했습니다. 집중을 계속하다 보니 장면이 하나 보이면서 느낌이 올라왔습니다.

젊은 남자이고 정신적, 육체적으로 건강한 사람이었습니다. 이 사람은 무슨 일을 하는지 모르지만 노동 분배나 그 대가가 불공평하다는 생각을 가지고 있는 사람이었고 공평하지 않으면 민감하게 받아들이는 것 같았습니다. 사회적으로 불공정하거나 이치에 맞지 않으면 불만을 나타냈습니다.

이번 생에서 저는 정의롭지 않다고 생각하면 화가 났습니다. 그래서 도에 어긋나면 분노가 올라왔는데 이것이 이 미국에서의 전생 감정에서 왔다는 것을 알았습니다. 대부분 이번 생에서 상대방의 행동에서 불편을 느끼거나 화가 올라오게 만드는 사람을 보면 그것이 전생의 제 모습이었습니다. 전생에서 불편한 감정을 가지고 있던 것들은 이번 생에서도 여전히 불편한 감정을 가지고 있었습니다.

그래서 영성 책들에서 우주는 거울로 만들어져 있다는 말을 몸소 체험할 수 있었습니다. 전생에 나 자신이 했던 행동들을 우주는 이번 생에 똑같이 행동하는 사람을 옆에 두고 보게 했습니다.

그래서 싫은 사람을 보면 그 모습이 전생의 자신임을 알게 되는 것입니다. 다만 좀 다른 점이 있다면 불편한 사람들이 좀 '과한 행동'으로 알려 준다는 것입니다. 과한 행동이어야만 눈길이 더 가기 때문에 자신이 불편해하는 인물들을 보면서 자신을 되돌아보는 기회가 되는 것입니다.

저는 이번 생에서 돈도 모으고 집도 사고 모든 것을 다 얻었는데 삶이 앞으로 나아가는 것이 아니라 그 자리를 맴돌고 있는 것 같았습니다. 그래서 돌파구가 있어야 하는데 무엇을 할지 모르니 너무 답답해서 거울 명상을 하기도 하고, 호오포노포노를 되뇌기도 하고, 백팔배를 운동 삼아 하기도 했지만 이것도 아니구나 싶어 고민을 하다가 레이키를 만나면서 여기까지 온 것입니다. 그리고 내가 삶이 계속 한자리를 맴돌고 있다고 느겼던 이유는 나의 내면에서 오직 "영적 성장"을 간절히 원하고 있다는 것을 모르고 돌고 돌아 다른 것에만 한눈을 팔았다는 것을 알았습니다.

저는 전생부터 오랫동안 의식 성장을 갈망하는 사람이었습니다. 그것은 물질적 자아가 아닌 더 높은 의식에서 온 것이지만 그 에너지가 너무 강해 물질계의 저에게까지 그 에너지가 전달이 되었습니다. 그래서 이번 생에서도 본능적으로 불교서적을 비롯해 모든 종교 서적과 영성에 관련된 책이나 우주에 관한 책들을 아주 많이 접했습니다. 이런 행위가 나의 내면에서 의식 성장을 갈망하기에 일어났던 것이었습니다.

수천 년에 걸친 대하드라마를 다 찾고 보니 제가 왜 그렇게 행동을 하고 살아왔는지 대부분 알 수 있었습니다. 그리고 전생과 이번 생을 비교해 보니 전생에 문제가 해결된 것과 해결되지 않은 것들이 모두 이번 생에 고스란히 담겨 있었습니다.

현존은 모든 전생을 통해 배워야 할 것을 현재 삶에 잘 짜인 각본으로 만들어 경험하게 했습니다. 현생의 삶이 모든 전생의 집합체임을 알았습니다. 그러니 지금이 과거이며 현재이고 미래인 것입니다. 전생은 홀로그램이나 영화의 한 장면처럼 보이며 그 한 장면에 모든 정보가 그대로 전해졌습니다. 현존이 보여 주는 전생의 한 장면에서 삶의 목적과 이번 생과 전생의 감정이 어떻게 연결이 되어 있나를 보여 줘서 감정이 전부라는 것을 알았습니다.

제가 에키네시아를 좋아한 이유도 미국에서 태어난 전생을 찾으면서 알게 되었습니다. 전생을 찾기 전에는 자신이 어떤 사람인지 절대 이해할 수는 없을 것입니다. 왜냐하면 모든 전생의 성격이나 캐릭터가 다 다르고 시대적 배경과 환경도 지금의 나와는 전혀 달랐습니다. 모든 사람들이 자신의 모든 전생을 알면 금방 자각이 일어나지 않을까 생각해 보앉습니다.

  전생을 찾아 자신의 삶의 목적을 찾는 것도 경옥이나 저 같은 경우 우리가 찾은 것이 아니었습니다. 상위 자아의 안내에 의해 찾았던 것이고 그 안내에서 느낌을 받아 자각을 하게 된 것입니다. 내 스스로 찾은 것은 찾겠다는 의지와 노력뿐이었습니다. 삶의 목적은 이번 생의 것만 말하는 것은 아닙니다. 모든 전생을 통틀어 알아야 할 목적이 있다는 것을 처음 알았습니다. 그것을 찾아야 되는 것입니다.

  경옥이도 바로 이전 미국에서 살았던 생을 찾았습니다. 경옥이는 젊은 나이에 질병으로 죽음을 마주했는데 죽음의 두려움을 죽기 직전까지 느꼈으며 죽기 전에 무언가를 하려고 노력했던 사람이었습니다. 살면서 죽음의 두려움이 모두에게 있다 하지만 자신은 유독 순간적으로 확 올라오는 두려움이 왜 올라오는지 몰랐는데 전생을 찾고 보니 왜 그랬는지 알게 됐다고 했습니다.

  전생을 찾기 전에는 삶에서 병이 걸리거나 힘든 일을 겪어도 그 이유를 모르고 그냥 운이 안 좋다고 생각하지만 그것은 현존이 감정을 알아차리라고 선물을 마련해 준 것임을 알아야 합니다. 질병이 있을 때 어떤 감정으로 인해 생긴 질병인지 원인을 찾지 못한다면 다시 그 감정을 찾아내길 바라는 마음으로 현존은 새로운 질병을 만들어 내니까요.

  레이키로 사념체를 내보내면서 정화를 하고, 불편한 감정들을 찾아가면서 나를 찾는 여행을 하다 보니 이 방법이 현존을 만나는 가장 빠른 방법이 아닌가? 하는 생각이 들었습니다. 그래서 우리가 한 방법으로 남들에게 똑같이 알려 주라는 상승 마스터 세인트 저메인의 계획을 실현해야겠다고 다짐했습니다.

레이키를 하면서 이번 생의 감정 통합이 이뤄지고 모든 감정을 다 찾았구나 하면서 전생을 찾을 생각은 하지 못했습니다. 하지만 전생 카르마 정화 프로그램을 만들어야겠다 생각하고 시작한 이후로 단 며칠 만에 세 번의 전생을 찾아서 우리도 놀랐습니다.

전생 카르마 정화 프로그램은 세인트 저메인의 안내가 너무 자연스럽게 이루어져서 눈치채지도 못했습니다. 우리는 전생 카르마 정화 프로그램을 다 만들고 우리 전생을 다 찾은 다음에야 그 사실을 알았습니다. 이런 식으로 세인트 저메인은 그다음 해야 할 것들도 자연스럽게 진행시켰습니다.

우리는 사념체를 내보내면 내보낼수록 더 높은 의식(빛)을 사용할 수 있게 되었습니다. 사념체를 내보내는 것이 거의 전부라는 것을 하면 할수록 더 또렷해졌습니다. 신체적으로도 강한 진동이 잘 느껴져서 "이러다가 진짜 상승하는 거 아냐." 하며 저는 경옥이에게 진심으로 자주 말했을 정도였습니다.

***

경옥이의 삶의 목적은 "낮은 자세"입니다. 이 목적은 자신을 낮추고 남들과 다르지 않다는 것을 배우는 것을 말합니다. 자신이 조선시대에 태어났을 때 부유한 집안의 딸로 살았고 그 시절에 자신이 우월해서 남을 낮게 보는 사람이었는데 전생의 자신의 모습을 보고 깜짝 놀랐습니다. 왜냐하면 이번 생에서 '나는 남들과 달라, 나는 더 나은 사람이야' 하며 남을 낮게 보는 사람을 보면 불편함이 올라왔기 때문입니다. 네일숍을 운영하면서 손님의 발을 케어해 줄 때 낮은 자세를 취하며 하는 일이라 왜 자신의 영혼이 이 일을 택했는지 알았다고 했습니다. 경옥이는 그 일이 낮은 자세를 배우는지 몰랐고 거부감도 없었습니다. 오히려 손님들을 기쁘게 해 준 것에 대한 뿌듯함이 있다고 했습니다.

상냥한 개

경옥이는 가게 일이 한 달 정도 남았기에 회원권을 구매하신 분들에게 네일숍을 정리한다는 말을 전하며 가게 정리를 진행하고 있었습니다. 그러나 저는 아직 가게가 나가지 않아 오는 손님들 중에 아주 사납거나 미용할 때 입질이 심한 개의 주인에게는 가게를 내놓았다는 말을 하면서 그들에게 다른 미용실을 알아보라는 말을 해 주었습니다. 왜냐하면 그들의 개는 너무 사나워서 미용사를 찾기가 어렵기 때문이었습니다. 미리 이 사실을 알려 그들의 개를 미용해 줄 사람을 찾으라고 말해 주어야 했습니다.

오늘 제가 미용한 개 중에 슈나우저가 있었습니다. 그 개는 입질을 하는 개고 슈나우저는 중형견이라 물리면 치명상을 입기에 조심해서 미용을 해야 했습니다. 저는 아주 조심하고 집중하여 미용을 끝냈고 슈나우저를 이동장에 옮겨 놓으면 끝이 나는 것이었습니다.

그런데 슈나우저를 안고 옮기려는 순간 저의 손이 그 입으로 빨려 들어갔습니다. 저는 너무 놀라 손을 잽싸게 확 잡아 빼고 제 손을 자세히 들여다보았습니다. 천만다행히 혈관을 교묘히 피해 아주 작은 상처만 있었습니다. '휴, 다행이네.' 하고 소독을 하려 하니 내면에서 느낌이 전해졌습니다.

"그 개는 다른 곳에 가서 미용사를 공격할 것이니 주인에게 당부하라."

이 개가 다른 미용사를…? 곧이어 주인이 도착했습니다. 저는 가게를 그만둘 것이니 다른 곳을 알아보라 하고 개가 입질을 심하게 하면 다른 미용사가 다치니 훈육을 시켰으면 좋겠다는 권유를 했습니다.

　슈나우저 주인은 여기 가게가 문을 닫으면 갈 곳이 없다는 말을 끝으로 돌아갔습니다. 저는 손을 소독하고 밴드를 붙이고 이것도 마지막이구나 했습니다.

　점심시간이 되어 경옥이와 점심을 먹으면서 대화하던 중에 발견한 것인데 경옥이는 자기가 가게를 내놓았다고 말을 하면 손님들은 도대체 왜 무엇을 하려고 가게를 내놓는 것인지 너무 궁금해서 꼬치꼬치 물었다고 했습니다. 다들 자기에게 관심을 보였다고 말했습니다.

　"너는 손님들에게 대답을 뭐라고 하니?"

　저는 물었습니다. 사람들은 레이키라고 하면 이해하지 못할 텐데 경옥이가 사람들에게 무엇을 한다고 말하는지 궁금했습니다.

　"명상 센터 차리려고요. 그렇게 말하면 사람들이 명상에 대해 관심을 보이고 더 궁금해해요."

　경옥이는 그렇게 사람들이 명상에 관심이 많을 줄 몰랐다고 했습니다. 그런데 갑자기 드는 생각이 저는 사나운 개의 주인들에게 미용실을 그만둔다고 말하면 그 어느 누구도 저에게 관심 있게 물어보는 사람이 없다는 것을 경옥이와 대화를 하면서 알았습니다. 단 한 명도 저에게 관심을 가지지 않고 묻지도 않았습니다. 제가 십 년도 더 미용을 했던 사나운 개의 주인들은 미용 일을 그만두고 제가 무엇을 할지 전혀 궁금해하지 않았습니다. 오직 자기 개가 어디에서 미용할 것인가, 오직 자기와 자기 개에게만 집중이 되어 있어 타인에게는 신경을 쓸 겨를이 없어 보였고 불안해하고 있었습니다.

　저는 그들에게 필요한 정보나 그들이 개를 대할 때 어떻게 해야 하는지 간단하게 알리고 안심을 시키는 말들을 해 주어야 했습니다.

다른 곳에서 미용할 때 다른 선생님에게 자신의 개가 사납고 물 수 있으니 조심하라는 말을 꼭 해야 하고 미용을 너무 깨끗이 안 해도 된다는 미용사를 안심시키는 말을 해 주어야 한다고 알려 주면서 잘하는 미용사들이 많으니 너무 걱정을 하지 말라며 돌려보내야 했습니다.

저는 미용 경력이 오래되어서 개를 잘 다루기도 했고 다른 미용사들에 비해 수월하게 미용을 하는 편이었습니다. 그러다 보니 동네 사나운 개들은 물론 다른 동네의 사나운 개들이 전부 제 가게에 몰려들었고 저는 그들을 돌려보내지 않고 할 수 있는 한 다 해 주었습니다.

저는 이 사실을 모르고 지내다가 제가 팔과 손이 아파 쓸 수 없는 상황이 왔을 때 애견 미용을 하는 지인에게 부탁하여 같이 미용을 한 적이 있었습니다. 그때 그분은 여기처럼 진상 강아지가 많은 곳은 처음 본다며 투덜거리면서 미용을 했습니다. 그때까지만 해도 그 정도로 심한 줄 몰랐는데 상승 마스터의 가이드가 있고 나서 모든 것을 깨달았습니다. 그 오갈 곳 없는 사나운 개들이 한 줄기 희망처럼 저를 찾아왔다는 사실을 말이죠. 다른 곳에서는 받아 주지 않는다는 것과 그 사나운 개를 미용할 때 천사들이 저를 보호하고 있었다는 것을…. 아찔한 순간들이 많았던 저는 마냥 운으로만 생각하기에는 절묘하게 운 좋은 일들이 저에게 많이 일어났다고 생각했습니다. 하지만 그 모든 것이 보호를 받고 있었던 것이었습니다.

그래서 저에게는 어떠한 사고도 일어나지 않았고 저의 몸도 다친 곳이 없었으며 가끔 물리는 사고가 있어도 혈관을 교묘히 피해서 상처가 나거나 흉터 또한 남지 않았습니다. 다른 곳에서 그 사납게 굴던 개도 제 앞에선 몸을 내 주었습니다.

사나운 개의 주인들은 상냥한 개에 대해 전혀 알지 못합니다. 다른 집

개가 얼마나 상냥한지 주인에게 얼마나 복종하는지 전혀 알지 못합니다. 사나운 개의 주인은 개의 복종을 바라지 않습니다.

모든 입질을 하는 개들의 주인은 미용을 하러 오면서 자신의 개가 사람을 문다고 말하지 않은 경우가 많으며 사나운 것을 숨깁니다.

조금이라도 으르렁대면 그럴 수 있다고 생각하거나 당연히 개는 으르렁할 수도 있다고 의식적이든 무의식적이든 생각하기에 상냥한 개를 원한 적이 없는 것입니다. 처음부터 원래 그래서 어쩔 수 없다고 말하시만 처음부터 원하지 않았던 것입니다.

만약에 많이 짖던 개가 그 짖는 행위를 고쳤다면 주인은 짖지 않아 서운하다든가, 이상해졌다든가, 우리 개가 아닌 것 같다 하며 한편으로는 썩 좋아하지 않습니다. 짖는 개를 용인하면 그럴 수밖에 없습니다.

상냥한 개의 주인들은 처음부터 상냥하기를 바랐을 뿐이고 개는 주인에게 순종합니다. 개는 주인이 전부이기에 주인이 원하는 대로만 합니다. 주인이 무는 것을 원하지만 않으면 개는 그것에 따릅니다. 너무 간단합니다.

친구가 된 고래 선생님

　마스터 수업을 들은 지 2주가 지나 고래 선생님에게 연락이 왔습니다. 저희가 일하는 일원동에서 선생님과 만나기로 했습니다. 저는 여름휴가라 집에서 쉬고 있다가 선생님을 만나러 제 가게로 먼저 가서 선생님을 기다리고 있었고 경옥이는 휴가가 다음 주라 일을 하고 있었습니다.
　기다리는 잠깐의 시간은 운명의 날처럼 설레는 기분이 들면서 친구가 없던 저는 오래된 친구를 만나는 것 같았습니다. 제 가게 통유리로 고래 선생님이 지나치는 게 보였습니다. 저는 나가서 선생님을 불러 반갑게 맞이하고 인사를 나누었습니다. 경옥이도 일을 마치고 우리와 합류를 했습니다.
　"벌써 2주가 지났네요. 시간이 빨라요."
　선생님은 우리와 만난 것이 어제 일처럼 느껴진다고 하였습니다. 그리고 자신이 현존 찾기를 하고 있는데 다 못 찾아서 답답하다는 말을 하면서 지금까지 자신의 감정을 찾은 노트를 만나자마자 테이블 위에 꺼내 보이며 우리에게 설명하기 시작했습니다.
　선생님은 3년 전에 『현존 수업』 책을 읽고 감정 찾기를 했지만 다 못 찾고 잊고 있었는데 우리를 만나고 자신도 현존을 찾아야 한다는 생각이 들면서 다시 한번 찾기 시작했다는 것이었습니다.
　그리고 우리를 처음 레이키 마스터 수업에서 만나기 전에 왠지 『현존 수업』이라는 책에 눈길이 계속 가고 있었는데 우리를 만나고 다시 한번 감정 찾는 일을 해야겠다는 마음을 먹었다고 했습니다. 감정을 찾는 일이 진도가 나지 않으니 물어볼 겸 우리도 만날 겸 찾아왔습니다.

『현존 수업』이라는 책을 보는 사람들은 많지만 진짜 자신의 불편한 감정과 드라마를 모두 찾아서 감정 통합을 이룬 사람들이 얼마나 될까요? 자신의 불편한 감정을 찾는 것도 중요하지만 가장 중요한 것은 "현존이 만든 드라마"를 찾는 것이 포인트입니다. 대부분 감정만 찾고 반복되는 드라마를 찾지 않는 데서 앞으로 나아가지 못하는 원인이 됩니다.

저와 경옥이는 둘이 함께하면서 굉장히 쉬운 방법으로 반복되는 드라마를 찾고 감정 통합이 아주 짧은 시간 내에 이루어지면서 그 후 현존이 드러나기 시작한 것을 보고 선생님도 우리에게 자극을 받은 것 같았습니다.

"어떻게 그렇게 감정 통합이 빨리 이루어진 건가요? 저는 잘 못 찾겠더라고요."

선생님은 방법을 알고 싶어 했습니다. 이 작업은 혼자서는 힘든 작업이고 우리가 찾은 방법으로 도움을 받으려고 여기까지 온 것 같았습니다. 그래서 그 열정에 많이 놀랐습니다.

선생님이 가지고 온 노트에는 불편한 감정들이 빼곡히 적혀 있었습니다. 얼마나 섬세하게 찾았는지 그것을 본 경옥이와 저는 눈이 휘둥그레졌습니다. 노트에 빼곡하게 적힌 감정을 보여 주며 물었습니다.

"어떻게 드라마를 찾는 건가요?"

그래서 저와 경옥이가 찾았던 방식을 알려 주고 동일하게 반복해서 일어나는 패턴들을 찾아서 시간의 흐름에 끼워 넣어 보기 시작했습니다.

그 결과 선생님도 저와 나이가 비슷해서 그런지 7년 주기나 6년 주기로 똑같은 감정 패턴으로 살았고 몇 개 못 찾은 패턴을 찾기만 하면 될 것 같았습니다. 일단 여기서 현존 찾기는 멈추고 우리는 저녁을 먹으러

나갔습니다.

저녁으로는 막국수와 숯불닭갈비를 먹었습니다. 너무 즐거운 식사였고 식사가 끝나고 커피를 마시며 대화를 이어 갔습니다. 보통 영적인 것에 관심이 많은 사람은 옆에 친구가 있어도 진짜 내가 하고 싶은 말을 하지 못하고 살고 있으며 외로움이 동반된 삶을 살아갑니다. 만약 내 생각을 말한다면 사이비나 길거리의 '도를 아십니까'처럼 매도하기 때문에 입 밖으로는 내뱉지 못하는 침묵의 삶이 일상이어서 우리 셋은 정말 신나게 자신의 신비한 경험담을 털어놓기 시작했습니다. 그러면서 각자에게 일어난 신기한 일들을 말하는 도중 선생님은 우리를 만난 것이 제일 신기하다며 화기애애한 분위기에 취했습니다. 우리가 다른 레이키를 배우러 온 사람들과 많이 다르다고 생각했고 오히려 자기가 배울 것이 있다고 생각했다고 했습니다.

우리는 레이키의 빛에 대해서도 말을 했는데 기존의 홀리 파이어 빛은 상징을 사용하여 한정된 빛을 사용하지만 상징을 쓰지 않으면 대기의 모든 빛들을 사용할 수 있다는 것을 저는 선생님께 알려 드렸습니다.

선생님은 굉장히 놀란 듯 의아해하며 물었습니다.

"어떻게 상징을 안 쓰고 하나요?"

저는 상징을 사용하는 것은 진화하는 빛 에너지를 제한해서 쓰는 것과 같다고 말했습니다.

우리도 처음에는 선생님처럼 배운 대로 상징을 써 왔지만 빛을 제한하지 않는다면 무한한 우주의 에너지를 사용할 수 있고 빛은 의도만으로도 내려온다는 것을 알고 난 후로는 '말'로써 우주의 다양한 빛들을 사용한다고 설명을 했습니다. 선생님은 크게 놀라며 그게 가능한 거냐며 거듭 물었고 우리는 빛의 에너지가 각각 어떻게 다른지 연구 중이라고 말했습니다.

그리고 경옥이는 빛은 색깔마다 고유의 성질이 있고 힘과 역할이 각각 다르다고 말했습니다. 다이아몬드처럼 투명한 빛은 말로 설명하기 어려운데 에너지가 세다고 말하며 자신이 알아낸 것이 대견하듯 으쓱했습니다.

저는 선생님에게 말했습니다.

"현존의 빛을 내려 달라 요청을 하면 하얀빛이 강력하게 내려오고, 정화의 빛을 내려 달라 요청을 하면 보라색 빛이 내려오고, 카르마를 녹여 달라 요청하면 투명한 빛이 내려오는데 알면 알수록 흥미로워서 계속 알아 가고 있는 중이에요."

"빛을 요청을 할 때마다 다르게 내려와요?"

선생님은 놀라서 물었습니다.

"네, 그래요. 강력한 빛을 요청하면 그에 맞는 강력한 빛을 내려 주고 에너지를 채워 달라 요청하면 또 다른 빛이 내려와 높은 에너지로 채워 줘요. 치유의 빛들은 정말 다양하며 전기를 집에서 코드를 꽂고 쓰듯이 이 레이키 빛도 하늘에 코드를 꽂고 쓰면 되는 거죠. 처음에는 우리도 홀리 파이어 빛을 썼지만 점점 강렬한 하얀빛으로 변해서 점점 실력이 늘고 있구나 했는데 그것이 아니고 완전히 다른 빛을 사용하고 있었어요. 그 에너지가 더 세고 정화가 잘되어 우리가 여기까지 빨리 도달할 수 있었던 것 같아요. 그리고 감정과 드라마를 찾아도 사념체는 몸속에 그대로 있기 때문에 그 사념체를 모두 빛으로 용해해야 진정한 정화가 일어나요."

"저도 그것을 배워야 하는 것이 아닌가요?"

선생님이 물었습니다.

"아직 빛을 탐구 중이고 선생님은 학생들을 가르쳐야 하니 당분간 우스이·홀리 파이어 레이키를 사용하세요."

선생님은 우리가 하는 일에 굉장한 관심을 가지면서 질문을 했고 현존을 만나려는 의지가 강하게 느껴졌습니다.

"현존이 드러나면 지금의 나와 다른 생각을 하고 전혀 다른 삶을 사는데 선생님은 이미 삶이 바뀐 것 아닌가요?"

제가 물었습니다. 고래 선생님은 레이키를 시작하고 삶이 많이 바뀌었지만 우리처럼 현존을 찾고 자신도 상위 자아가 하는 말을 듣고 싶다고 말했습니다. 저는 속으로 상위 자아는 말을 거의 안 하는데…. 하며, 뭐라고 말을 해야 할지 몰랐습니다.

영적 성장에서는 상위 자아가 중요한 역할을 하는 것은 맞지만 말을 하면서 알려 주지 않기 때문에 저 또한 답답할 때가 많았습니다. 내면에서 올라오는 느낌이 너무 작아서 이것이 맞나 싶을 때도 있어 정화를 하다 보면 더 잘 느껴지겠지 그렇게 지냈습니다.

그나마 경옥이가 옆에 있어 나의 답답함을 좀 덜어 주고 영적인 대화를 나눌 수 있는 친구가 있다는 점이 더 큰 힘이 되었습니다. 오히려 저는 고래 선생님이 혼자서 이 모든 것을 하는 것이 더 대단해 보였습니다. 우리는 수다로 시간 가는 줄 모르고 떠들다가 헤어졌습니다.

비물질 존재의 삶

　여름휴가가 끝나고 다시 일을 시작하는 날은 전쟁터 같은 느낌입니다. 미용 전화가 40~50통은 와서 혼자 미용하기가 너무 어렵기 때문에 아르바이트를 쓰기로 했습니다. 저는 가끔 아르바이트를 쓸 때면 아는 지인만 쓰는데 오늘 오는 친구는 제가 초등학교 시절부터 아는 친구이고 어릴 적 우리 집 바로 옆집에 살았던 현민이라는 친구입니다. 제가 15년 전에 미용을 가르쳐서 아주 전문적으로 잘하지만 지금은 간호조무사 일을 하고 있습니다. 애견 미용 일이 육체적으로 너무 힘이 드는 일이라 나이가 들어서는 못 하겠다 싶어 대안으로 간호조무사 일을 시작했습니다.

　그런데 때마침 다니던 병원에서 퇴사를 하고 잠깐 쉬고 있길래 도와달라고 부탁을 하니 너무 고맙게도 도와주겠다고 하며 일주일 정도 일을 같이 하기로 했습니다. 이렇게 휴가가 끝나고 월요일부터 일을 시작했습니다. 엄청난 전화와 미용에 어리둥절하며 어떻게 이 많은 일을 할 수 있냐며 대단하다는 말을 했는데 저야 늘 하는 일이라 그러려니 했습니다.

　우리는 점심시간을 1시간 30분으로 정해서 30분은 밥을 먹고 1시간은 경옥이와 레이키 탐구를 하면서 지내기에 그 친구도 같이 옆에서 명상을 하라고 권유를 했습니다. 점심시간이 이렇게 길어진 것은 레이키 배운 후부터 달라진 점입니다.

　현민이는 제가 레이키를 하는 것을 알았기에 궁금하기도 하고 호기심

현존을 찾는 법

이 생긴 것 같았습니다. 저는 우리가 개발한 레이키를 현민이에게 테스트도 해 볼 수 있는 좋은 기회라 생각을 하고 현민이에게 "나는 현존이다" 이니시에이션을 내려 주고 우리는 우리대로 옆에서 레이키 연구를 하고 있었습니다. 그리고 20분이 지나고 현민에게 뭐 보이거나 느낀 것이 있냐고 물어보았습니다.

하지만 우리의 기대와 다르게 뭐 별다른 것이 없다 말을 해서 저는 꼬치꼬치 물었습니다. 그랬더니 어깨와 머리에 따뜻한 무엇인가 내려앉은 것처럼 느껴졌고 빛 같은 것을 보았다 말을 했습니다.

그래서 뭔가 보았는데 왜 말을 안 한 거냐고 물으니 별것도 아니라서 말을 안 했다고 했습니다. 경옥이와 저는 놀래서 입이 쩍 버려졌고 동그랗게 커진 눈으로 서로를 바라보았습니다.

어떻게 빛을 본 것이 별거 아니라고 생각을 하지? 그것을 보려고 노력하는 사람들이 얼마나 많은데…. 저는 이해하기가 좀 힘들었습니다.

저는 그런 현민이를 보고 원해서 배우러 온 사람과 모르고 하는 사람의 차이를 알았습니다. 아직 잠자고 있는 사람을 흔들어 깨우는 것이 맞는가 생각하게 되었습니다. 저는 현민이에게 현존레이키를 전수해 주고 자신의 손으로 자신을 치유할 수 있다는 말을 해 주었습니다.

현민이는 전수하자마자 쿤달리니 에너지가 열려 상위 차원의 아름다운 빛을 볼 수 있는 사람이 되었습니다. 그러나 쿤달리니의 빛을 보고도 별다른 감흥을 받지 못해 우리는 적잖이 놀랐습니다.

'진짜 아무것도 모르는 사람이 갑자기 빛을 보면 아무 느낌이 없는 건가?'

귀중한 보물을 보고도 모르는 현민이를 보면서 왠지 모를 슬픔이 올라왔고 전수가 잘된 것에만 만족해야 했습니다.

그리고 현민이를 통해 새롭게 알게 된 것은 이러했습니다. 첫째는 레이키를 받자마자 쿤달리니 에너지가 열릴 수 있다는 것. 둘째는 쿤달리니 에너지를 깨우려면 명상과 수행을 어느 정도 해야 된다고만 생각했는데 꼭 그렇지 않다는 것. 셋째는 쿤달리니 에너지는 상위 차원의 도움으로만 열린다는 것이었습니다. 저는 이 사실을 처음 알게 되었습니다.

한편으로는 배우고자 하는 마음이 없는 사람을 옆에서 계속 지켜보면서 내 속에서 뭔가 올라오는 감정과 느낌이 생겼지만 그냥 답답한 마음만 있을 뿐 정확히 무엇인지는 몰랐습니다. 서는 감정 통합이 이루어져서 다른 감정이 있을까 했는데 이 감정은 정말 알 수 없는 복잡한 감정이었습니다.

이렇게 며칠이 지나고 차를 타고 출근하는 길에 그 답답한 마음이 계속 올라와서 소리를 내어 "답답해하는"이라 말했습니다. 그 순간 헛구역질이 올라왔습니다. 이것이 전생의 기억이었다는 것을 바로 알았습니다.

"답답해하는" 느낌이 전해지면서 순간 장면 하나가 떠올랐습니다. 시대적 배경을 정확히 알 수는 없지만 고조선 위치 같은 느낌이 전해졌습니다. 이집트보다 오래된 시대라 상상이 가지 않았습니다.

하얀 옷을 입고 한 손에 사람 높이의 지팡이 같이 생긴 긴 나무 같은 것을 잡고 있는 모습이 마치 산신령의 모습을 하고 있었습니다. 그런데 육체를 가진 몸은 아니었습니다. 몸에서 하얀빛이 나고 있었습니다. 그리고 인간들의 삶을 보면서 답답해하는 심경이 느껴졌습니다. 그건 현민이의 모습을 보고 감정이 공명으로 증폭되면서 알게 된 것이었습니다.

빛으로 이루어진 몸을 한 산신령 같은 사람은 인간의 무지로 인해 고통을 받는 모습을 지켜보며 슬퍼하고 있었고 엄청난 인류애도 느껴졌습니다. 현생에서 제가 미세하게 느끼는 슬픔을 항상 가지고 있었는데 이 슬픔과 같은 느낌이라는 것을 알았습니다. 그러면서 내면의 느낌이 전해졌습니다.

"서로 하나씩 주고받았다."

이 말은 현민이도 자신의 중요한 감정을 찾았다는 뜻으로 서로에게 선물을 주었던 것입니다. 저는 차를 타고 가면서 전생 감정을 알아차렸을 때 나오는 구역질과 또 다른 전생을 찾은 기쁨과 환희를 동시에 느꼈으며 내가 드디어 한 단계 올라서는 느낌이 들었습니다.

그날은 태풍과 많은 비가 내리는 날이었습니다. 차에서 내려 가게로 들어가는 길에 나비가 저를 에스코트를 해 주었습니다.

'비가 내리는 날에 나비라니! 나비도 나를 축하해 주는구나.'

나비를 보며 생각했습니다. 일주일간 알 수 없는 답답함이 풀리면서 기분이 정말 홀가분한 느낌이 들었습니다.

저는 세 번의 전생을 다 찾아서 더 이상 못 찾을 거라고 생각했는데 또 다른 전생을 찾아서 그런지 약간 흥분도 되었습니다. 이럴수록 중립을 유지해야 했습니다. 저는 잠시 흥분을 가라앉히려고 노력했습니다.

그러고 보니 아침 명상 때 돌아가신 아빠가 오셨는데 그 이유를 알 것 같았습니다. 보통 저 같은 경우는 상위 존재(상승 마스터들, 천사)나 돌아가신 분들이 찾아오는 경우에는 대부분 격려나 잘하고 있다는 것을 표현해 주고자 내려온다는 것을 알고 있었습니다. 그 때문에 내가 여기까지 온 것을 뿌듯해하고 있구나, 그곳에서는 내가 오늘 전생의 감정을 찾는다는 것을 미리 알고 있어 축하해 주러 오셨구나 했습니다.

저는 사춘기 시절부터 아빠와 사이가 좋지가 않았기에 명상 중에 아빠가 오신 것에 내심 놀라고 당황했습니다. 저는 어린 시절 아빠를 미워했고 용서하기 힘들어하는 시기가 있었습니다. 지금에서야 모든 것을 알게 됐지만 그땐 누구보다도 아빠를 미워했습니다.

저는 레이키로 정화가 많이 이루어졌고 인생에서 나를 힘들게 한 사람들이 나의 스승이며 나의 거울 역할을 자처했다는 것을 알았습니다. 그래서 아빠가 나를 위해 악역을 맡았다는 사실을 알면서도, 순간 각인되어 있는 아빠에 대한 부정적 감정이 울컥 올라왔습니다.

저는 고등학교 시절에 아빠에게 심하게 매질을 당한 적이 있었습니다. 아빠의 행동들은 부모로서 갖추어야 할 덕목에 모자란다고 판단을 했습니다. 전생을 찾고 보니 제가 정의에 대해 이분법으로 규정을 하고 정의에 어긋나면 분노가 올라오는 사람이었기에 이번 생에 그것을 알리기 위해 아빠가 그 일을 자처했다는 것을 나중에 알게 되었습니다.

이 사실을 알고 처음에는 아빠가 내가 생각하는 것과 다른 사람이라는 것을 알게 되면서 혼란스러웠습니다. 깨닫고 나니 좋고 나쁨이 없는데 비교, 판단, 비판으로 나 자신을 힘들게 하고 있었습니다. 비교, 판단, 비판이 나 자신을 물질계의 사슬에서 벗어날 수 없게 묶어 두고 있었다는 것을 온몸으로 자각했습니다. 그리고 명상 중에 아빠가 나타나서 좋은 곳에 있구나 하고 안심도 되었습니다.

오늘은 정말 기분이 너무 좋아서 중립 유지가 좀 힘들었습니다. 천둥이 치고 비 오는 아침에 나풀거리는 나비처럼 가볍게 춤추며 출근을 했습니다.

레이키의 빛

레이키의 에너지는 눈에 보이지 않지만 너무 다양하게 존재합니다. 그냥 우리는 그 빛 에너지를 요청하여 사용하기만 하면 되는 거죠.

마치 음식 주문을 하는 것과 같습니다. 하지만 아무나 주문을 하면 사용할 수 없고 레이키 마스터가 레이키를 배우고자 하는 의도가 있는 사람에게 전해 주면 빛을 사용할 수 있습니다. 우리는 빛을 달라고 요청을 하고 그 빛의 강도나 어디에 사용하면 좋은지 알아보고 있었습니다.

정말 알면 알수록 신기한 것이 말, 단어 하나에 빛이 달라진다는 것입니다. 우리는 차크라에 쓰일 빛을 찾고 있었는데 어떤 단어를 사용할 것인가 고민을 하고 있었습니다. 단어를 다르게 사용하여 빛을 요청하면 비슷하지만 아주 조금씩 차이가 나서 단어의 중요성을 알게 되었습니다.

일곱 개의 차크라에 빛을 내려 주세요.

일곱 개의 차크라 에너지 센터에 빛을 내려 주세요.

일곱 개의 차크라 에너지 센터에 빛을 전화시켜 주세요.

이렇게 말하면 비슷하지만 각각 다른 빛이 내려왔습니다.

빛의 느낌도 부드럽고 따뜻한 느낌, 힐링에 좋은 느낌, 강렬한 정화의 느낌 등 모두 달랐습니다. 우리는 집에서 각자

아이디어를 생각하고 가게에 와서 점심시간에 그 아이디어를 실습해 보았습니다.

어떤 때는 열심히 준비한 것이 기대에 못 미치기도 하고 어떤 것은 그 자리에서 바로 만들어진 빛이 강력해서 그 빛을 사용하기도 했습니다.

레이키를 하면서 빛을 탐구하는 것은 신나는 일이었습니다. 빛을 탐구하고 정화도 하며 하루하루가 너무 즐거웠습니다.

하루는 경옥이가 제 오른쪽 목에 레이키를 해 주고 있었습니다. 저는 50세가 되면서부터 잘 때 목이 뻣뻣해지고 어깨가 결려 잠을 설치기를 반복했으며 팔까지 영향을 주고 있었습니다.

지금에 와서는 레이키로 거의 치료가 돼서 어깨도 손목도 좋아졌지만 목은 증상이 좀 남아 있어 레이키를 자주 해 주었는데 완전하게 사라지지 않았습니다.

경옥이가 제 목에 레이키를 해 주던 중에 저는 아무 생각 없이 "목은 레이키를 해도 좋아지지 않아." 하고 부정적 감정을 실어 말을 했습니다. 그 순간 경옥이가 말했습니다.

"언니! 빛이 손에서 나가지 않아요."

저는 아차 싶었습니다. 제 말에 레이키가 반응을 한 것에 부끄럽기도 하고 빛이 순간 사라지는 것이 처음 겪는 일이라 당황도 했습니다. 제가 부정적인 언어를 사용한 것에 대해 거듭 빛에게 사과를 하며 용서를 구했습니다.

순간적으로 내뱉은 말이 얼마나 중요한지 새삼 느꼈습니다. 레이키를 할 때 빛은 지능이 있어 부정성의 감정이나 언어를 사용하면 즉시 빛이 안 나오는 것을 알고 그 후로는 특히 말조심을 했습니다.

우리는 레이키를 하면서 이런저런 말을 하고 농담도 하곤 했는데 말이 얼마나 중요한지 알려 주는 것 같았습니다. 그리고 목이 잘 나아지지 않았던 이유는 아주 오래된 사념체, 카르마와 관련이 있었습니다. 빛을 보내면 바로바로 나가는 사념체가 있는 반면, 전생에서부터 각인된 사념체들은 잘 나가지 않고 시간이 걸리는 작업이라는 것을 알게 되면서 그 후 목 부분에 지속적으로 빛을 보내 주었습니다.

내가 만들어 놓은 카르마를 빛에게 한탄했으니 얼마나 어리석은가요. 레이키를 모르고 살 때는 베개 탓을 하며 베개 사는 것에 열을 올린 적이 있었는데 어떠한 베개도 저를 만족시킬 수는 없었습니다. 원인은 완전히 따로 있는데 레이키 탓을 하고 베개 탓을 한 것이죠.

레이키를 하다 보면 어떤 사념체는 빨리 나가고 어떤 사념체는 정말 내보내기 어렵고 어떤 것은 숨기도 합니다. 그리고 그곳에 에너지를 보내 빛으로 가득 채워도 통증이 남아 있는 경우도 있고 한곳을 완벽히 치료했다고 해도 나중에 다시 그 부위에 레이키를 하면 사념체들이 또 나왔습니다. 사념체는 움직이기도 하며 심지어 도망도 다닙니다. 현생의 것만 있는 것도 아니며 전생을 통틀어 있는 것이기에 끝도 없는 사념체들은 나의 몸 그 자체였습니다.

저의 목과 어깨, 팔에 있는 사념체들은 이집트 시절부터 시작된 부정적이고 부조화된 감정들이며 이것이 그 시절에 처리가 안 되면 다음 환생을 할 때 고스란히 가지고 태어납니다. 다음 생에 그 부조화된 감정을 처리하지 못하면 또 다른 감정이 더해지고 또다시 환생합니다. 그런데 그것을 지금에서야 처리하고 있는 중입니다. 그러니 당연히 빨리 나아질 수 없는 것인데 당장 좋아지지 않는다고 투정을 부렸습니다.

제 목과 팔에 있는 사념체들은 붉은색, 연두색, 갈색들이 섞여서 몇 달에 걸쳐 나오고 있으며 지금도 나오고 있습니다. 아주 오래된 사념체들은 덩어리로 응집이 되어 있었습니다. 제가 많이 생각하고 있는 상념들이 모양을 갖추고 저장되어 있기도 하고 그냥 모양 없이 구름처럼 뭉쳐 있기도 했습니다.

사념체들은 연기, 도형, 선 모양 외에 그림자처럼 보이는 것도 있었으며 저에게는 건물 모양을 한 사념체도 보였습니다. 경옥이는 아버님에게 레이키를 할 때 문서 모양의 사념체를 보았다 했습니다. 상념을 한 것이 특유의 형태로 보여졌습니다.

사념체 중에는 우리의 생각과 감정을 싣지 않고 바라볼 때 보이는 사물체 같은 것도 있었습니다. 그것은 무념무상처럼 마음이 아무 생각을 하지 않을 때 눈에 비치는 물질을 그림처럼 저장해 두었는데 가끔 레이키 하다가 경옥이가 본 모습을 설명하면 깜짝 놀라곤 했습니다. 제가 가끔 가평에 있는 세컨드 하우스에서 멍 때리면서 본 모습을 말했기 때문입니다. 그래서 이런 사념체를 무념체라고 이름을 지었습니다.

또 한 가지 경옥이랑 레이키를 하면서 흥미로웠던 것은 제가 아주 어릴 때 상상을 많이 했는데 그때 상상한 모습을 말해서 놀란 적도 있었습니다. 저는 어릴 때 에스키모나 이글루를 상상하며 그곳에서 살면 어떨까? 하며 공상을 즐겼습니다. 경옥이가 저에게 레이키를 하면서 말했습니다.

"언니, 에스키모가 보여요."
"상상한 것도 나오는 거야?"

우리가 생각한 모든 것, 느낀 것, 본 것, 행동한 것, 상상, 공상 등 나의 모든 것이 사념체라는 것으로 신체에 저장되어 있었습니다. 제3의 눈으로 본 사념체의 모습들은 신기하게도 모두 사람이 그린 그림처럼 보이는 것이 특징이었습니다.

몇 달째 사념체를 내보내고 있으니 사념체들은 전과는 다르게 밝은색을 띠고 있기도 하고 완전 광채를 뿜는 사념체도 나와서 긍정적이고 진동이 높은 사념체는 빛을 발산하고 있다는 것을 알게 되었습니다. 긍정적인 사념체는 대체적으로 밝은색을 띠고 있고 연기와 같이 부드럽게 나가고 있어서 구역질도 올라오지 않았습니다. 그래서 편안하게 레이키를 할 수 있어 좋았고 나의 몸체가 가벼워져서 손과 몸에 진동도 심하게 느껴졌습니다.

  이렇게 지금이라도 내가 만든 모든 상념과 느낌, 감정의 산물인 사념체를 용해할 수 있는 것에 대해서 감사함이 올라왔습니다. 근원의 빛이 없었더라면, 상승 마스터가 도와주지 않았더라면 저는 제가 만들어 놓은 부조화에 갇혀 또 헤어 나올 수 없었을 것입니다. 이 모든 것은 세인트 저메인을 비롯해 모든 마스터와 천사, 상위 자아가 있었기에 가능한 것이고 제가 만들어 놓은 사슬을 제 스스로 녹여 내고 있는 지금이 믿어지지 않을 뿐입니다.

참고 자료

무념체

무념체(이미지체)란 감정이 들어가 있지 않은 에너지체를 말합니다. 감정이 수반되어 나타나는 대부분의 사념체는 아스트랄체에 저장이 되어 있지만 무념체는 감정 없이 바라보는 형상 그대로 나타나며 멘탈체에 저장되어 있습니다. 평정 상태에 있을 때 보고 있는 것, 보이는 것, 많이 보는 것, 자주 보는 것 중에서 나타납니다.

바라보는 대상은 자신이 보고 거부감이 없어야 하며 본 것 중 좋은 것이 많이 나타납니다. 생각과 감정 없이 편안하게 바라볼 때 보이는 것들이 저장이 되어 있습니다. 무념체는 감정이 전혀 들어 있지 않아서 눈으로 보이는 모습 그대로 보입니다. 긍정적인 상태에서 무상무념(무아)인 상태에 있을 때 보이는 것이 저장되어 있습니다. 무념체가 나갈 때는 신체적 반응이 없으며 바로 사라집니다.

사념체가 빛으로 용해될 때 보이는 형상들

사념체를 용해할 때 보랏빛이 나타납니다. 보랏빛은 모든 사념체를 용해시키고 원래의 순수한 빛으로 되돌려 놓습니다. 사념체가 용해되면서 순수한 빛으로 되돌아갈 때 흰색의 강렬한 빛을 뿜어냅니다. 보랏빛 속으로 빨려 올라갈 때 나선형의 소용돌이 모습이 나타나면서 용해됩니다. 우리가 레이키 할 때 요청한 빛들은 모두 사념체를 용해시키는 빛이고 몸과 마음에 생명력을 줍니다.

사념체 에너지에 따라 그에 맞는 빛이 내려옵니다. 약한 에너지의 사념체들은 보랏빛이 감싸서 순식간에 사라집니다. 강한 에너지의 사념체는 보랏빛과 힘겨루기를 하고 숨기도 합니다. 숨은 사념체라도 계속 근원의 빛을 보내면 시간이 걸리지만 결국 보편 지능이 찾아내어 용해시킵니다. 사념체의 에너지가 너무 강하면 사념체를 빛 속으로 밀어 넣는 역할을 하는 강력한 빛이 내려옵니다. 사념체를 내보내려는 의지만 있다면 보편 지능이 모든 것을 도와줍니다.

사념체 용해하러 내려오는 빛들

사념체를 용해하려고 내려오는 빛은 다양합니다. 정화가 많이 되어 있을수록 다양한 빛과 강한 빛을 받습니다. 근원의 빛이 사념체 보호막을 뚫기 위해, 사념체를 없애기 위해 그에 맞는 빛이 내려와 용해시킵니다. 근원에서 내려오는 빛들은 우리 눈에 보이지 않습니다. 물리적인 눈으로는 볼 수가 없고 제3의 눈(송과체)에 의해서만 보입니다.

레이키를 할 때 빛을 요청하면 바로 빛이 내려와 원하는 곳에 알맞은 빛을 내려 줍니다. 이 빛들은 육체를 비롯해 나차원 신제에 있는 사념체들을 용해시키는 높은 에너지의 빛으로 사념체를 내보내고 사념체가 나간 자리에 에너지를 채워 줍니다.

근원의 빛은 상위 차원의 존재들을 거쳐서 자신의 상위 자아를 통해 빛의 진동을 낮추어 알맞게 주어집니다. 감정 정화, 의식 정화, 부조화된 생각과 감정에 균형을 맞춰 주고 자신의 아픈 곳을 치유할 수 있습니다. 근원의 빛은 보편 의식으로 높은 지능을 가지고 있기 때문에 나의 모든 것을 알고 있어 필요한 빛을 보내 줍니다.

근원에서 오는 아름다운 빛들은 하나가 아니며 빛의 색과 쓰임새가 다릅니다. 빛마다 그에 맞는 기능이 있습니다. 사념체를 용해하는 빛, 사념체를 찾는 빛, 사념체를 데려가는 빛, 보호막을 뚫는 빛, 에너지를 채워 주는 빛, 힐링을 해 주는 빛, 전생을 찾아 주는 빛, 오라장을 정화해 주는 빛 등 사람의 진동에 따라 사념체 에너지에 따라 다르게 내려옵니다. 근원에서 내려오는 빛은 우리 신체에 있는 모든 사념체를 용해할 수 있습니다. 사념체는 생각한 모든 것, 감정을 일으킨 모든 것의 합이며 모두 몸에 저장되어 있고 외부로 방사하기도 합니다.

용해란 생각과 감정의 에너지를 순수한 에너지로 되돌려 놓는 것을 말합니다. 용서와 같은 말이기도 합니다. 에고 의식에서 만들어진 부정적이고 두려운 감정들과 고통의 삶에서 만들어 낸 불안과 파괴적인 모든 에너지를 용서하는 것입니다. 이것은 사랑이기도 합니다. 사랑은 모든 것을 차별 없이 포용하고 껴안습니다. 우리가 만들어 놓은 짐을 사랑으로 녹여 주는 것을 말합니다.

근원의 빛은 사념체를 용해하여 순수한 빛으로 돌려놓고 사념체가 있던 자리에 높은 의식인 사랑의 빛을 넣어 줍니다. 보편 지능은 헤아릴 수 없는 사랑이 내재되어 있어 우리의 의식으로는 가늠하기가 어렵습니다. 이원적 세계에서 생각과 감정으로 쌓아 놓은 모든 사념체들은 우리가 원하기만 한다면 사랑으로 용해시켜 줍니다. 레이키의 빛을 받는다면 내가 사랑받고 있다는 것을, 사랑 속에 있었다는 것을 알게 됩니다. 이것이 근원에서 내려온 정화의 빛입니다.

애견숍

　경옥이는 가게가 나가는 날이 다가와 물건도 팔고 정리를 하고 있어 정신이 없어 보였습니다. 열흘 지나면 경옥이는 가게를 나가게 됩니다. 하지만 저는 가게를 내놓은 지 한 달이 다 되도록 아직 전화 한 통이 없었습니다.
　동시에 가게를 나가면 레이키 연구를 더 많이 할 수 있어 기대를 많이 했는데 저 혼자 가게에 남아 가게가 나가길 기다리고 있게 되었습니다. 경옥이와 같이 가게를 나가면 얼마나 좋을까 생각해 보았지만 어찌할 수가 없었습니다.
　저는 애견숍으로 나가길 바랐지만 점점 마음이 급해져서 다른 업종으로도 내놔야 했습니다. 온라인 애견 카페에만 내놓고 넋 놓고 있다가 지금에서야 초조해지면서 '가게가 안 나가면 어떡하지' 하는 막연한 불안감이 엄습해 왔습니다.
　저는 순간 '내가 왜 이런 불안을 느끼는 거지? 내 안에 내가 찾지 못한 감정이 있구나!' 바로 알아차려서 어디서 이런 느낌을 받았는지 찾기 시작했습니다. 감정 찾기는 처음이 어렵지 점점 찾기 시작하면 술술 나왔습니다. 저는 하루도 지나지 않아 이 불안감이 어디서 왔는지 알 수가 있었습니다.
　저의 감정 중 하나인데 감금되었다고 생각이 들면 탈출하려는 마음이 올라오는 패턴을 가지고 있었습니다. 불편한 감정을 찾기 전까지 이 패턴을 평생 반복해 왔습니다. 이 불안감은 탈출 전에 탈출을 못 하면 어떡하지? 하는, '손발이 묶여 옴짝달싹 못 하는' 무기력한 감정이었습니다. 어쩜 이토록 똑같은 패턴을 하면서 살았을까요? 드라마를 다 찾고 통합도 이루어졌지만 세세한 감정들은 여전히 남아 있었습니다. 내가 남겨 둔 영원한 숙제인 것입니다.

저는 마음을 가다듬고 여러 부동산에 가게를 내놓았습니다. 그래도 여전히 초조함이 남아 있었는데 감정이 뭐라고 이처럼 중립을 유지하기가 어려운지 미세한 감정은 중립이 더 어려운 것 같았습니다.

현존은 먼저 경옥이 가게를 나가게 하고 제 가게를 남겨 둔 이유가 있을 텐데 생각이 많아졌습니다. 저는 같이 나가는 상상만 줄곧 해 오다가 이런 상황이 되니 적잖이 당황했습니다. 왜냐하면 현존은 타이밍을 맞춰 우리 둘이 동시에 나가게 할 거라고 생각했기 때문입니다.

하지만 현실은 제 가게가 나갈 때까지 기다려야 했습니다. 언제까지 기다려야 하나, 가게가 안 나가면 어쩌지? 생각이 문득문득 올라왔습니다. 걱정을 하는 나를 발견하고 아직 멀었구나 했습니다. 저는 저에게 말을 해 봤습니다.

'뭐가 불안한데? 잘못될까 그러는 거니? 못 나갈까 봐 그러니?'

말을 걸어 보고 답을 기다리니 답이 왔습니다. 답은 불안도 아니고, 잘못될까 봐도 아니고, 못 나갈까 봐도 아니었습니다. 이유는 '레이키를 경옥이랑 못 하니까.'였습니다. 같이 나가서 레이키 교재도 만들고 레이키 연구도 해야 하는데 못 할까 봐 불안한 거였습니다.

그래서 저는 가게 일을 3일만 하거나 문을 닫으면 되겠구나 생각을 했습니다. 그제야 마음이 편안해졌습니다. '가게가 나가거나 말거나 일을 안 하면 되지' 생각했습니다. 현존은 가게를 나가게 하려면 당장이라도 사람을 데려다 앉힐 것을 알기에 무슨 이유가 있을 거라 생각했습니다.

드디어 경옥이는 가게 영업 마지막 날이 왔습니다. 저는 경옥이가 먼저 나가서 부럽기도 하고 같이 나가면 얼마나 좋을까 생각도 했지만 아무 소용 없는 일이었습니다.

6년 동안 일해 온 곳을 떠나니 감정이 올라오는 것 같은지 경옥이는 얼굴이 시무룩해 보였습니다. 그래서 저는 "기분이 좋아야지 왜 그래?" 하고 물으니 자기도 왜 기분이 별로인지 생각을 하고 있다고 했습니다.

우리는 점심을 먹으면서 대화를 하다 경옥이가 회사를 나올 때나 누군가와 헤어질 때 헤어지기 싫어하는 감정들을 느끼고 살고 있었다는 것을 알아냈습니다. 감정을 찾는 연습이 항상 몸에 배어 있어 우리는 조금의 감정이 올라올 때마다 게임처럼 감정을 샅샅이 찾아냈습니다. 그러면 짜릿함을 느끼며 통쾌했습니다.

경옥이의 헤어지기 싫어하는 감정은 전생에서부터 온 것이었습니다. 경옥이는 현생에서 헤어지기 싫어하는 마음과 버려지면 안 된다는 감정이 있었는데 전생에서 사랑하는 사람들이 죽음을 맞이하면서 떠나는 것이 너무 슬퍼서 각인이 되었던 것입니다. 경옥이도 네 번의 전생을 찾았고 모두 현생과 연결이 되어 있었습니다.

경옥이의 전생은 이러했습니다. 가장 오래된 전생으로 석기시대에 부족 수장의 셋째 아들로 태어난 남자아이는 명상을 하면서 하늘과 소통을 하고 미래를 알려 주는 영적인 꼬마 아이였습니다. 성인이 되었을 때 부족의 권력 다툼에 휘말리는 것이 싫고 책임질 용기가 없어 관심을 두지 않았습니다. 다른 부족이 권력 다툼의 틈을 타서 경옥이네 부족을 습격하였고 모두 몰살이 되는 것을 보았는데 자신도 그때 죽은 것 같다 했습니다. 이번 생에 당연히 해도 되는 이야기조차 용기를 내지 못한 것이

석기시대 전생과 연결되어 있다는 것을 알았습니다.

그 후 다음 생은 이집트의 신녀로 살았습니다. 좌절이 떠오르고 사무치는 외로움이 있었는데 그 이유는 동무들과 진심을 다해 소통을 하지 않아서 자기 곁에 아무도 있지 않아 신녀로 살아가는 길이 너무 외롭고 힘들었기 때문입니다. 현재의 삶에서 의견을 잘 얘기하지 않고 친구들과 진심으로 말하지 않는 습관이 이 전생에서 비롯되었다는 것을 알게 됐습니다.

그다음 조선시대에 태어난 경옥이는 사랑하는 사람에게 버림을 받아 손끝까지 전해지는 슬픔이 마음까지 전해졌다 했습니다. 이는 헤어지는 아픔과 슬픔이 진정 그 사람을 사랑해서가 아니라 자신이 사람을 지배하려는 욕구가 있어 그런 것이었습니다. 전생의 지배 욕구가 현생에까지 이어져 남편이 집에 늦게 들어오면 화가 치밀어 올랐는데 그 이유가 여기서부터 비롯된 것임을 알게 되었습니다. 감정의 뿌리를 찾아야 풀리는 거구나. 그래야 바뀐다는 것을 경옥이는 깨달았습니다. 지금은 남편이 늦게 오면 웃음이 나온다 하니 감정이란 참 신기합니다.

가장 가까운 전생은 미국에서 태어났으며 몸에 질병이 있어 죽음을 빨리 맞이한 사람으로 죽기 전에 하루라도 무언가를 이루고 싶어 하는 사람이었습니다. 자신이 언제 죽을지 모를 시한부 생을 사는 사람인데 죽기 전에 뭐라도 더 하려 했습니다. 경옥이는 도대체 죽는 날을 앞에 두고 뭘 그리 하려고 하는지 전생의 나지만 이해할 수 없다 했습니다. 현생에도 무언가를 빨리빨리 이루려는 습관이 미국의 전생에서 비롯되었다는 것을 알았고 그 습관 때문에 정신이 없을 때가 많았다고 했습니다.

경옥이의 모든 생을 보면 소통과 관련이 있었습니다. 그것은 용기가 부족한 데서 오는 것이었고 죽음에 대한 두려움이 자신을 크게 지배하는 감정으로 모든 전생이 다 슬프다 했습니다.

　우리는 감정을 느낄 때 긍정적이든 부정적이든 모든 감정을 좋고 나쁨이 아닌 그냥 평등하게 바라보는 입장이 되어야 합니다. 하지만 그 감정 속에 빠져서 헤어 나오기가 힘들어지는 것이 문제였습니다. 감정에 빠지다 못해 완전히 매몰이 되고 그러다 보면 각인이 되어 계속 되풀이되는 삶을 살아가게 되는 것이었습니다.

　사랑받기를 너무 원하면 오히려 버림받는 경험을 하게 되는 것입니다. 사랑받는 것에 결핍이 있기에 결핍을 경험합니다. 강한 감정이 올라오면 그곳에서 빨리 빠져나와 뒤에서 바라보는 습관을 가져야 합니다. 그렇지 않으면 감정에 휩쓸려 어디로 갈지 아무도 모릅니다. 이렇게 가게를 떠나기 전까지 우리는 감정을 찾는 일을 계속 이어 갔으며 현존은 감정을 찾을 수 있도록 도와주었습니다.

　저는 다음 날부터 가게가 나갈 때까지 혼자 가게에 나와서 일주일 중 삼사 일 정도 일을 할 생각을 하고 있었는데 마침 친구의 전화가 왔습니다. 현민이라는 친구는 지난 며칠 저와 같이 일을 도와준 친구로 경옥이가 오늘까지 일하는 날임을 알고 궁금하기도 하고 저의 가게가 나갔나? 해서 겸사겸사 전화를 한 것이었습니다. 저는 아직 전화 한 통 없다 말을 했습니다. 현민이는 깜짝 놀라면서 싸게 내놨는데 어떻게 전화 한 통이 없냐며 걱정을 했습니다. 저는 일을 가끔씩 나와서 할 거라고 말했습니다. 그러자 현민이는 선뜻 자신이 가게 나갈 때까지 대신 일을 해 주겠다고 말했습니다. 저는 그 말을 듣고 정말이냐며 되물었습니다. 현민이는 자신이 필요하면 해 주겠다고 거듭 말했습니다.

　저는 고마워서 눈물이 날 지경이었습니다. 현민이는 저의 구세주였습니다. 그래서 저도 경옥이와 같은 날 일을 그만두게 되었습니다.

'아, 이게 웬일인가요!'

저는 가게가 빠져야만 나올 수 있구나. 생각했지 이렇게 될 줄은 정말 상상도 못 했습니다. 그러면서 드는 생각이 현민이가 이 가게를 혼자 맡아 일하면서 배워야 할 것이 있다는 느낌이 올라왔습니다. 이제야 제 가게가 빠지지 않고 전화 한 통 없었던 이유를 알았습니다.

'현민이가 이곳에 있어야 하는구나. 현존이 그렇게 했구나.'

아무튼 모든 것이 다 잘되었고 저는 걱정 없이 경옥이와 같이 가게를 나올 수 있었습니다.

상부 오라장

경옥이와 같이 가게를 나오고 우리는 거의 매일 만났습니다. 일을 그만두기 전에는 일과 레이키 연구를 동시에 하다 보니 시간에 쫓겨 해 왔기 때문에 오랜 시간을 레이키 연구만 하는 것이 너무 좋았습니다. 항상 궁금했던 오라장에 대해 알아보려고 벼르고 있었습니다.

신체를 둘러싸고 뿜어져 나오는 빛을 경옥이가 자연스럽게 보게 되면서 오라장에 대해 알아봐야겠다고 생각했습니다. 기존에 제3의 눈으로 본 오라장의 정보가 너무 없어서 이해하기가 어려웠습니다. 그래서 우리가 아는 지인들과 가족을 먼저 보기로 했습니다. 왜냐하면 궁금하기도 하고 가족과 지인은 성격이나 상황을 잘 알고 있었기 때문에 오라장의 색이 무엇을 뜻하는지 알 수 있을 거라 생각했습니다.

오라장을 보려면 사진만 있으면 알 수 있었기에 핸드폰에 저장되어 있는 가족과 지인들부터 보기 시작했습니다. 우리는 아는 사람들의 오라장을 보면서 상상했던 것과 반대되는 색이 나오면 놀래기도 하고 웃기기도 하고 너무 흥미로워서 오라장 관찰에 빠져 버리게 되었습니다.

먼저 오라는 두 가지로 나누어지는데 첫 번째로 머리에서 어깨까지 보이는 상체 위주의 오라장이 있고, 두 번째로 몸 중심부에서 나오는 오라장이 있었습니다. 처음에는 몸과 머리에서 나오는 색이 너무 달라서 헷갈렸는데 완전히 별개로 머리는 그 사람의 영적인 성숙도와 정화 정도를 나타내는 것을 알았습니다. 그래서 고유의 색처럼 사람의 영적인 발전 단계를 볼 수가 있었습니다.

상부 오라장은 삶을 살면서 다양한 경험과 지식을 쌓고 진보를 하면서 색이 결정되며 전생과 현생을 모두 포함한 에너지 장을 나타내는 색으로 하루아침에 색이 변하지 않고 자신의 고유의 색처럼 그대로 있었습니다.

하지만 우리는 사념체가 나가면 색이 바뀌는 것을 확인했습니다. 왜냐하면 경옥이와 저는 처음 레이키를 배우기 시작할 때 머리에서 나오는 오라의 색이 푸른색이었습니다. 그런데 사념체를 몇 달째 계속 내보내면서 상부 오라장의 색이 보라색에서 흰색으로 바뀌고 있었습니다. 우리는 사념체가 나가면 그렇게 빨리 정화가 되고 오라장에 영향을 미치는지 알지 못했기에 적잖이 놀랐습니다. 그래서 사념체 정화가 그렇게 중요하다는 걸 다시 한번 느꼈습니다. 그렇다면 다른 사람들도 이렇게 빨리 바뀌는 건가? 결국 몇 달을 추적해서 상부 오라장을 본 결과 우리처럼 빨리 바뀐 사람을 찾아 볼 수 없었습니다.

우리는 정화를 오래 하신 우리나라 영성가들이나 명상을 오래 하신 분들의 오라장이 궁금하여 찾아 보기 시작했습니다. 그런데 상부 오라장 색이 파랑색과 보라색을 가진 분들은 가끔 보이긴 했지만 하얀색을 가진 사람은 거의 찾아 볼 수 없었습니다. 대부분 녹색인 경우가 제일 많았습니다.

그래서 세계의 영성가들을 찾아 보기 시작했습니다. 제가 알고 싶어 하는 세계 영성가들 중에는 돌아가신 분이 많아 안타깝게도 오라장 색을 볼 수가 없었습니다. 죽은 사람은 오라장 색이 보이지 않았기 때문입니다. 그래서 살아 계신 분에 한해 보기 시작했고 우리가 알고 있는 달라이 라마, 피터 마운트 샤스타도 보기로 했습니다.

그런데 다른 영성가들과 달리 그 두 분의 상부 오라장이 투명한 흰색을 띠고 있었습니다. 그래서 흰색 다음이 투명한 흰색이라는 것을 알게 되었습니다.

경옥이와 저는 너무 깜짝 놀랐습니다. 왜냐하면 우리의 상부 오라장이 1년도 안 돼서 흰색이 되었기 때문인데 흰색 다음이 투명한 흰색이라면 얼마 안 가서 우리도 그들처럼 될 수 있는 것이 아닌가? 하는 확신이 들었기 때문입니다. 우리가 지금까지 정화한 과정이 진짜 빠른 방법임을 확인받는 느낌이었습니다.

상부 오라의 색은 무지개 순서처럼 주황색부터 시작해서 노란색, 연두색, 초록색, 파란색, 남색, 보라색, 흰색, 투명한 흰색으로 나타났습니다. 흰색과 투명한 흰색은 영적으로 높은 단계를 나타내고 있었습니다.

상부 오라장은 빨간색이 없는 것이 특징이고 주황색도 전체가 주황색이기보다 노란색과 주황색이 섞여 있는 오라장이 대부분이었습니다. 전 세계 사람들을 봐도 빨간색과 주황색은 상부 오라장에서 발견되지 않았습니다.

머리의 오라는 쉽게 보이기도 하고 간단하게 구별이 되었습니다. 우리는 지인, 가족부터 시작해서 유명 연예인, 정치인, 영성가들, 유명 유튜버 등 전 세계 사람들 모두 오라장을 보기 시작했습니다. 그 결과 대부분 사람들은 상부의 오라장 색으로 연두색, 초록색이 제일 많이 있었습니다. 가끔 푸른색과 보라색을 가진 사람이 나타나면 저와 경옥이는 "우와" 하고 놀랄 정도로 별로 없었습니다.

영적인 성숙도가 높은 보라색을 가진 사람들은 어떤 사람들인지 공통점을 찾으려 했지만 찾기가 어려웠습니다. 확실히 최정상을 누렸던 사람들이나 영향력이 높은 사람들에게 보라색이 많이 보였습니다. 그렇지만 너무 평범하거나, 지독하게 이기적인 사람에게도 보였기에 인간적인 관점에서는 파악하기 어려웠습니다. 그리고 노란색과 연두색을 가진 사람이 영성과 관련된 일을 하거나 성공한 사람에게도 나타나서 공통점을 찾지는 못했습니다.

80%는 예상한 결과가 나왔지만 20%는 전혀 다른 결과로 이어졌습니다. 알 것 같다가도 전혀 예상하지 못한 한두 명의 오라장 색 때문에 혼란이 왔습니다. 그 혼란은 중심부 오라장과 연관이 있어서 그런 것 같은데 보라색을 가지고 있는 사람도 중심부 오라장이 혼탁한 색을 하고 있는 사람들은 보편적인 사고와 행동을 못 하는 경우가 많았기 때문입니다.

중심부 오라장은 현재 지금 이 순간을 나타내는 척도로 현재의 상태가 보편적이지 않다면 중심부 오라장 색이 특이한 경우임에 분명했습니다.

중심부 오라장

몸 중심부에서 나오는 오라장은 진짜 알기 어려웠습니다. 색이 다양하고 상부 오라장처럼 빨, 주, 노, 초, 파, 남, 보 무지개 순서가 아니었습니다. 움직임까지 있고, 특이한 모양을 가진 오라장도 있었습니다. 그래서 헷갈리는 오라에 대해서 연구된 정보가 없는 건가 생각했습니다.

상부에서 나오는 오라는 간단한 데 비해 몸 중심부에서 나오는 오라의 색은 특이한 것이 많았습니다. 완전히 몸 전체가 검은색인 사람이 있기도 하고, 온통 빨간색으로 뒤덮인 사람도 있었으며, 연두색 하나만 보이거나 세 가지 색이 뒤죽박죽 움직이기도 하고 정말 특이한 경우가 많아서 알 수가 없었습니다. 하루에도 몇 번씩 오라장 모양이 바뀌는 사람도 있었습니다.

또다시 가족을 비롯해 지인, 연예인, 영성가, 정치인들의 오라장을 보면서 상부 오라장과 중심부 오라장을 비교했습니다. 많은 사람들의 오라를 보다 보니 몸에서 나오는 기본적인 색이 있다는 것을 알아냈습니다.

흔히 아는 무지갯빛이 전혀 아닌 몸 중심부로부터 나오는 색은 노란색이 몸 가운데서 시작되어 연두색, 주황색, 하늘색, 보라색 순으로 나타났습니다. 처음에는 현존이 있는 가슴 쪽에서 빛이 나오는 건가? 생각했는데 태양신경총을 중심으로 빛이 나오고 있었습니다. 이것도 예상과는 달랐습니다. 이 다섯 가지 색이 태양신경총 중심부에서부터 사람마다 다르게 각자의 빛들을 가지고 있었고 똑같은 색을 가진 사람은 거의 찾아 볼 수 없을 만큼 모두 다 달랐습니다. 같으면서도 조금씩 다른 것이 명도와 채도가 다르고 빛의 질감이나 무게감 등 조금씩 달라 결국 똑같은 사람은 없었습니다.

중심부 오라장은 지금 처해 있는 상황, 감정, 관념, 질병, 생각에 따라 변화가 되고 현재의 상황에 민감하게 반응을 하고 있었습니다. 그래서 색 순서가 거꾸로 보이는 사람도 있었고, 위아래로 반반 나뉘어서 보이는 사람도 있었습니다.

한번은 변화 없이 잘 서 있던 경옥이의 중심부 오라장이 감기에 걸렸을 때 옆으로 누워 있는 형상으로 변해 아파도 모양이 변하는 것을 알았습니다.

그리고 제가 고민이 있는 것처럼 가짜로 말하면서 한탄하는 연기를 하니 순간 오라장 모양이 변해 버렸습니다. 감정을 실지 않고 부정적인 말을 계속하니 중심부 오라장은 진짜와 가짜를 구분을 못 하는지 색이 뒤집혀 버렸습니다. 중심부 오라장의 변화무쌍함을 엿볼 수 있었습니다.

어떤 사람은 노란색이 전혀 없거나, 회색으로 가려져 있거나 노란색과 연두색이 섞인 애매한 색으로 보이는 사람도 있었습니다. 몸 중심부에서 빛나는 노란색은 사랑을 나타내는 색으로 노란색이 투명하게 빛날수록 정화가 많이 되어 있고 영적인 성숙 단계도 높을 때 나타납니다. 하지만 노란색이 밝게 빛나는 사람은 찾기 어려울 정도로 적었습니다. 대체적으로 탁한 빛은 사념체가 많다는 것인데 자신의 고유의 색이 사념체로 얼룩져 있었습니다.

몸 중심부에서 나오는 오라장은 색의 균형이 제일 중요하다는 것을 알면 알수록 더 확실해졌습니다. 균형이 잡히지 않은 삶을 살면 오라장의 색이 불균형을 이루고 있었고, 색도 탁하고 어두웠습니다. 색도 한 가지나 두 가지 정도만 있는 사람도 많았습니다. 다섯 가지 색이 고루

갖춘 오라장을 보기 어려웠습니다.

　상부 오라장의 색이 보라색과 흰색으로 영적으로 많이 성숙되어 있어도 이번 생에서 물질에 집착하거나 자기가 만든 관념의 세계에 빠져서 헤어 나오지 못하는 경우에는 몸 중심부에서 나오는 오라장은 탁하고 한 가지 색이나 두 가지 색만 보였습니다.

　하지만 상부 오라장이 연두색이어도 현재의 삶이 균형을 이루고 의식이 깨어 있는 사람의 경우에 몸 중심부에서 뿜어져 나오는 노란색의 빛이 밝은 사람도 있었습니다. 사랑이 모든 것을 감싸안은 느낌이었습니다. 결국 모든 것은 사랑이 중심이고 사랑을 기반으로 지혜와 의지의 힘을 배우는 과정이라는 것을 오라장을 보면서 알 수 있었습니다.

　오라장 탐구는 하면 할수록 정말 흥미로운 세계입니다. 경옥이는 며칠 동안 너무 오래 오라장을 보다 보니 눈이 아프다고 하소연을 했습니다. 그래서 저는 며칠 쉬다 다시 하자고 하고 경옥이 눈에 레이키를 해주었습니다. 눈에는 정말 사념체가 많았습니다.

현존을 찾는 법

참고 자료

상부 오라장 모습

상부 오라장 모습

오라장은 육체와 비물리적 신체를 둘러싼 에너지 장을 말합니다. 오라는 머리 중심부에서 나오는 오라장과 신체 중심부에서 나오는 오라장 두 가지가 존재합니다. 머리 중심부의 오라장은 사람의 영적 진화 단계와 정화 단계를 나타내고 있고, 신체 중심부에서 나오는 오라장은 현재의 상황과 생각, 느낌, 경험이 만들어 낸 색이 외부로 표출되어 나타납니다.

상부 오라장은 주황부터 색이 나타나서 노란색, 연두색, 녹색, 파란색, 보라색, 흰색, 투명한 흰색 순으로 진화해 갑니다. 빨간색은 상부 오라장에서는 거의 찾아 볼 수 없으며 연두색, 녹색의 경우가 일반적인 사람들에서 많이 보이는 색입니다. 가끔 색이 탁한 경우도 있는데 그 경우는 몸의 중심부에서 나오는 안 좋은 오라의 영향을 받을 경우 색이 흐리거나 탁하게 보이기도 하고 사념체에 의해 색이 조금 달라질 수는 있어도 고유의 색은 그대로 유지됩니다. 상부 오라장의 모습은 하루아침에 변하지 않으며 의식의 정화가 이루어지거나 많은 경험을 통해 점차적으로 변화합니다.

파란색부터는 삶의 많은 경험과 영적 성숙도 면에서 높은 단계입니다. 보라색은 의식 진보가 많이 이루어져 있는 영혼에서 보이는 색입니다. 보라색이 보인다 해도 중심부 오라장이 어두운 경우에는 현재 힘든 경험과 고난을 체험하고 있는 경우가 많습니다. 그런 경우에는 보편적인 생각을 사용하지 못해 타인이 볼 때 이해하기 힘든 말과 행동을 하는 경우가 많습니다. 또는 자기만의 특정적인 자아가 지배하고 있거나 질병이 있는 경우는 중심부 오라장이 어둡습니다.

점점 정화가 많이 이루어진 몸에서는 상부 오라장이 흰색이 보이기 시작합니다. 흰색이 더 진화를 이루면 투명한 흰색이 되면서 의식이 높아

현존을 찾는 법

지고 진동이 올라갑니다. 투명한 흰색이 보이는 사람은 영적 스승인 경우가 많습니다. 달라이 라마나 피터 마운트 샤스타처럼 인류를 위해 봉사하고 있는 분들에게서 보이는 색입니다.

중심부 오라장 모습

몸의 중심부에서 나오는 오라장 모습은 색이 다양하고 움직임이 있습니다. 사람의 상황에 따라 변화무쌍하게 움직입니다. 그래서 색이 고정되어 있지 않고 달라지기도 합니다.

건강한 오라장 신체 중심부에서 나오는 오라장은 사람의 현재 상태를 말해 줍니다. 건강한 삶을 살고 건강한 생각과 보편적인 사고를 하고 있는 사람들은 오라장의 모습도 밝게 빛이 나고 균형이 잡힌 모습입니다. 삶을 바라보는 태도와 의식에 따라 모습이 변합니다.

건강한 오라장의 기본적인 색으로는 몸 중심에서부터 노란색을 기본으로 연두색, 주황색, 하늘색, 보라색 순으로 나타납니다. 특히 노란색은 몸 중심에서 밝게 빛이 나는 것이 좋고 순차적으로 자신만이 가지고 있는 특색으로 색이 나타납니다. 노란색은 사랑을 나타내고 하늘색은 의지의 힘을 나타내고 보라색은 지혜를 나타내고 있습니다. 그 나머지 색인 연두색, 주황색은 물질세계에서 필요한 요소를 나타내고 있습니다.

이 모든 것이 조화를 이루고 보편적인 의식에 다가갈수록 오라장의 색이 중앙의 노란빛이 밝게 빛이 나면서 그 주변으로 사람마다 다르게 여러 가지 색이 균형을 찾아 갑니다. 그것이 자신의 기본적인 중심부 오라장 색이 되면서 상황에 따라 순간 바뀌기도 하지만 다시 자신의 기본적인 색으로 돌아옵니다.

현존을 찾는 법

건강하지 않은 중심부 오라장 모습

삶을 살다 보면 어려운 환경에 놓이기도 하고 정신적으로 고통을 겪기도 합니다. 이것은 잘못된 것이 아니며 모두 배우는 단계에 있는 것입니다. 하지만 그곳에 너무 매몰되면 헤어 나오지 못하는 경향이 있기도 합니다. 그러면서 삶의 균형이 무너집니다.

건강하지 못한 오라장의 특징은 기본 오라장의 색이 다 들어 가 있지 않고 한 가지나 두 가지색으로만 보이는 경우가 많이 있습니다. 색도 탁하고 빛이 약하게 나타나거나 너무 진해서 보기에도 좋지 않습니다.

물질에 집착하거나 관념에 빠져 있을 경우 보편적인 사고에서 벗어나 있어 정신적으로 괴로움을 겪습니다. 사랑의 결핍이 있거나 감정적인 요소에서 불균형이 있을 경우에는 오라장에서 노란색은 거의 볼 수 없고 연두색이나 붉은색 같은 한 가지 색이 나타나기도 합니다.

온통 검은색이나 회색은 두려움과 괴로움으로 고통을 호소하는 사람들에게서 많이 보이기도 합니다. 하지만 검은색이나 회색이 있다고 해도 정작 본인들은 자신이 두려움이 있다는 것을 인식하지 못할 수 있습니다. 왜냐하면 그곳에 너무 매몰되어 있기 때문입니다.

빨간색이 보이는 사람은 질병이 있거나 쇠약할 때 나타나기도 합니다. 생각과 감정의 균형이 무너진 상태에서 보이는 색입니다. 색의 명도와 채도로 상태의 심각성을 알 수 있습니다.

상부 오라장과 신체 중심부 오라장의 부조화

상부 오라장의 모습이 보라색이라 영적 성숙도가 높지만 신체 오라장의 모습은 건강하지 못합니다. 이 경우에는 생각과 감정의 남용과 부조화로 균형이 깨져 있고, 심리적으로도 불안한 상태입니다. 그리고 근심과 두려움이 많은 상태일 경우에도 나타납니다. 의식이 높더라도 내적으로 자신을 돌보지 않는다면 오라장의 균형이 깨질 수 있습니다.

한편으로 의식이 높아도 사념체에 의해 점령당한 경우에도 위와 같은 모습이 나타납니다. 사념체는 공기 중에 떠돌다가 자신과 맞는 파장에 이끌려 자석처럼 달라붙습니다.

자신이 해소해야 할 감정이 내 안에 하나라도 있거나 떠다니는 사념체 중에 같은 것이 있다면 습격을 당하기도 합니다. 그리고 자신을 알아 가는 것에 소홀하거나 숨기는 것이 있다면 회색으로 나타날 수 있습니다. 다양한 이유가 있지만 대표적으로 나타나는 경우입니다.

상가 구하기

저는 우리가 일할 상가를 구하러 다니기 시작했습니다. 요즘 상가 시세도 알아야 하고 제 동네 주변에 비어 있는 상가가 얼마나 있는지, 우리가 일할 수 있는 좋은 장소가 있는지 물색을 해야 했습니다.

저는 제 신랑과 함께 부동산에 들어가 상가를 얼마면 살 수 있는지 알아보러 돌아다녔습니다. 그런데 상가를 사려면 대출도 받아야 하고 세금을 내고 나면 오히려 월세가 싸다는 것을 알았습니다. 요즘은 금리가 너무 높아 가게를 사는 것이 오히려 더 비쌌습니다. 싸게 나온 월세가 많이 있었습니다.

저는 점점 고민이 많아졌습니다. 무조건 상가를 사려고 했는데 아닌가? 하는 생각이 들었기 때문입니다. 그리고 지금 사면 경옥이가 우리 동네로 이사 오기 전이라 어떻게 진행이 될지 감을 잡을 수가 없었습니다.

우리는 상승 마스터의 안내가 있고 굉장히 빠른 속도로 이루어지는 느낌을 받다가 점점 속도가 늦춰지면서 흐름이 바뀌었다는 느낌이 들었습니다. 경옥이는 가게를 내놓자마자 나가서 집도 내놓자마자 나갈 줄 알았는데 이렇게 지연이 되는 상황에서 우리는 다시 생각해야 했습니다. 템포를 늦춰야 할 것 같았습니다.

마스터의 안내는 시간이란 개념이 들어 있지 않았습니다. 그냥 하나의 청사진으로 보이기에 확정된 것이었습니다. 그러나 시간과 공간에 있는 우리는 이것을 모르기에 "언제"가 중요한데 정말 답답하기만 했습니다. 그러면서 슬슬 에고의 두려움이 올라오는 것을 살짝살짝 느꼈습니다.

'시간과 공간이 두려움을 만들어 내는구나!'

예전 같았으면 두려움이 올라오면 그 속으로 풍덩 빠졌을 것이었습니다. 하지만 과거와 다른 점은 그것을 바라보는 입장이 되면서 관찰자가 되는 체험이 자발적으로 이루어졌습니다.

'무언가를 빨리 이루려 하는, 안달복달하는 마음이 나에게 있구나.'

이것은 나의 깊숙한 곳에 자리 잡고 있는 감정으로 그 감정이 이런 상황이 되니 올라와 또 다른 감정들을 만들어 냈습니다. 정말 감정을 찾는 일이 얼마나 도움이 되는지 실시간으로 실감했습니다.

무조건 상가를 사서 일을 할지 아니면 월세를 할지 장소를 어디로 정할지 모든 것은 경옥이가 이사를 와야 그다음 문제를 해결할 수 있었습니다. 경옥이와 저와의 집 거리는 창동과 감일동이라는 엄청난 거리의 격차가 있었기에 경옥이가 감일동으로 이사를 오지 않는 한 답을 찾기가 어려웠습니다.

그래도 집이 나가기만을 기다릴 수 없으니 중간 지점에서 월세로 일을 시작해 볼지 대안을 준비했습니다. 하지만 그것도 아닌 것이 가게를 얻자마자 집이 빠지면 또다시 어긋나는 결과가 생기기에 우리는 생각이 많아졌습니다. 지금이 아니라는 것만은 확실했습니다. 그런데 마스터는 왜 "빨리"를 강조했을까? 내가 못 알아들은 건가? 정화가 아직 안 돼서 내적 가이드를 못 알아듣는 건지 고민이 많았지만 그럴 때면 그냥 교재 만드는 일에만 몰두를 했습니다. 그래야 머리가 비워지는 느낌이 들었습니다. 경옥이와 저는 가게를 나오고 본격적으로 아카데미를 시작하기 전에 준비해야 할 일들을 위해 저희 집에서 책 편집과 책에 들어갈 사진을 찍고 교정도 보고 빛 탐구도 했습니다. 처음 하는 일이라 어렵지만 재미있었습니다. 책을 만드는 일은 처음이라 알아야 할 것들이 많았지만 경옥이가 제가 미흡한 일들을 처리해 주었습니다.

경옥이는 자신이 책 표지 디자인을 했으나 그것이 마음에 안 들었던 것 같았습니다. 그래서 전문가한테 의뢰를 한다고 했습니다. 그러나 며칠에 걸쳐 받은 답장은 모두 못 하거나 바쁘다는 핑계였고 혹은 자기 스타일이 아니라서 어렵다는 답을 들어야 했습니다.

우리는 이것이 그렇게 어려운지 의아해했지만 한 장의 디자인이 돈이 안 되는 것인지 아니면 진짜 어려운 일인지 알 수는 없었습니다. 어떤 누구도 우리의 표지 디자인을 해 주겠다는 곳이 없었습니다. 몇 군데 더 알아봤지만 같은 대답뿐이었습니다.

결국 경옥이는 자신이 다시 해 보겠다는 결심을 했습니다. 전문가가 아니라 생각한 대로 표현이 되지 않아 답답했던 경옥이는 그냥 자신이 다 해야 된다고 느낀 것 같았습니다. 현존이 표지 배경을 보여 줬기에 그 배경을 꼭 집어넣어야 했습니다.

저도 책을 쓸 때 편집이나 교정을 제가 다 할지는 처음에 상상도 못 했습니다. 그런데 어떻게 하다 보니 모든 것을 다 하고 있는 저를 발견했습니다. 우리는 모든 것을 우리가 해야 한다는 걸 알았고 그렇게 생각하니 오히려 창조하는 기쁨이 더욱 커지면서 재미있는 놀이처럼 느껴졌습니다. 잘하고 못하고 그런 문제가 아니었습니다. 자신 스스로 모두 다 하는 것이 중요한 거였습니다.

레이키 교재를 쓰라는 가이드가 있은 후 저는 아이디어가 생각나면 핸드폰에 저장해 둔 글을 경옥이에게 보여 주며 틀린 곳이 있으면 고쳐 달라고 했습니다. 경옥이는 문장들을 읽고 틀린 부분을 수정하고 폰을 저에게 넘겨주었는데 제가 다시 봤을 때 한 군데도 고쳐져 있지 않았습니다.

그래서 경옥이에게 왜 하나도 안 고쳤냐고 물었더니 "너무 틀린 곳이 많아서 다 고쳤는데. 이상하네."라고 말했습니다. 경옥이는 자신이 고쳐 놓은 글을 눈을 크게 뜨고 다시 보더니 깜짝 놀라며 말했습니다.

"어! 분명 고쳤는데! 이상하네. 분명 고쳤었어요!"

그렇게 말했을 때 내면에서 올라오는 말이 있었습니다.

"자신 일을 남에게 맡기지 말라."

그제야 '그렇구나. 모든 것을 다 스스로 해야 하는구나.'를 알았습니다. 그때 일이 생각이 나면서 "경옥아, 그냥 디자인 맡기지 말고 네가 할 수 있는 만큼만 해."라고 말해 주었습니다. 너무 잘하려는 욕심이 있었기에 그랬던 것인데 그것도 내려놔야 하는 것이었습니다.

경옥이도 어쩔 수 없다 생각했는지 결국 본인이 모든 것을 해야 한다는 것을 알았고 나중에 그림과 관련된 모든 일을 하게 되었습니다.

이때까지만 해도 레이키 교재에 그렇게 많은 그림이 들어가게 될 것이란 것을 모르고 있던 경옥이는 자신이 해야 할 일이 제3의 눈으로 본 빛의 모습을 그림으로 표현하는 일이라는 것을 곧이어 알게 되었습니다. 경옥이에게 표지를 디자인을 하라는 가이드는 미래를 예견한 안내였습니다.

***

"로고를 만들라."라는 안내는 디자인 프로그램을 전혀 다루지 못하는 경옥이에게는 굉장히 어려운 숙제였습니다. 그러나 나중에 현존레이키 교재에 제3의 눈으로 본 빛의 세계를 표현하는 일을 하기 위해 로고를 만들면서 디자인 프로그램들을 익히는 예행연습을 시킨 마스터들의 계획임을 알게 되었습니다. 그래서 로고 디자인과 표지 디자인을 하면서 경옥이는 디자인 프로그램을 마스터해야 했습니다.

빛 탐구

　우리는 매일 만나서 레이키 교재를 만들고 더불어 빛 탐구도 같이 병행하면서 레이키를 즐기고 있었습니다. 오늘은 단어에 대한 연구를 하고 싶다는 생각이 들어 무수히 많은 단어나 문장들을 적어 놓고 읽었을 때 빛이 어떻게 달라지는지를 알고 싶어 실험하기로 했습니다.
　이 실험을 하게 된 경위는 친구 현민이와 레이키를 주고받으면서 알게 된 사실입니다. 제가 현민이에게 레이키를 해 주면서 대화를 나누고 있었습니다. 그리고 잠깐 레이키를 안 하고 대화를 주고받을 때 현민이는 눈을 감고 있다가 제가 말하는 동안 레이키가 작동이 된다는 사실을 알려 주었습니다.
　현민이는 갑자기 놀라며 말했습니다.
　"근영아, 네가 말할 때 사념체가 나가네. 입에서 하얀빛이 계속 나와."
　손과 눈에서 레이키가 나가는지 알고 있었지만 말할 때도 레이키가 나가면서 정화가 되는지 몰랐습니다. 그래서 저는 여기서 힌트를 얻어 말할 때 빛이 어떤 모습으로 나타나는지 알고 싶어서 먼저 경옥이에게 이 사실을 알리고 실험을 해 보기로 했습니다. 단어를 말할 때 그 단어에서 나오는 에너지나 빛의 모습을 관찰하여 빛의 세기나 빛의 형상을 그림으로 그리기로 했습니다. 저는 긍정적인 단어와 문장들을 정리하면서 I AM 문장들은 어떤 모습으로 나타날까? 하며 너무 궁금했습니다.
　"나는( )이다."라는 문장은 나에게 힘을 실어 주고 ( ) 안에 높은 에너지의 단어를 말한다면 그 단어와 공명을 일으켜 진동을 올려 주기도 하고 그 단어의 에너지를 사용하여 정화를 할 수 있습니다. 그래서 단어만 말했을 때보다 문장으로 "나는 ~이다."를 말했을 때 어느 정도의 차이가 나는지 알아야 했습니다.

"나는(I AM) ~이다."는 상승 마스터 세이트 저메인의 가르침 중 하나이고 I AM을 말하는 것은 내 안에 내재한 현존을 외부 세계로 현현시키는 행위로 단순한 반복적인 말이지만 엄청난 힘이 있습니다. 경옥이가 눈을 감고 제가 부르는 단어와 문장을 듣고 빛의 색과 강도를 말하면 저는 그 단어와 문장에 대한 특징을 적어 나갔습니다. 정말 흥미로운 실험이기에 결과가 어떻게 나올지 궁금했습니다.

먼저 긍정적이며 에너지가 높은 단어와 문장을 말하기 시작했습니다. '현존'이라고 말하면 먼저 흰색이 보이고 점점 T 자 모양으로 밝게 빛나는 모습이 보였습니다. 그리고 "나는 현존이다."라고 문장으로 말을 하면 똑같이 T 자가 나오지만 빛의 세기나 밝기가 강하고 오래 지속됐습니다. 단어는 약간 퍼져서 흩어지는 느낌이라면 "나는( )이다."는 "빛이 모여 응축"되면서 힘이 모이는 느낌이었습니다. "나는 현존이다."라고 계속 집중적으로 말하면 경옥이가 본 에너지의 모습은 흰빛의 T 자 모양에 푸른빛이 한 줄기 내려와 흰빛에 퍼졌습니다. 계속 집중해서 말할수록 힘이 세지는 느낌이었습니다.

'사랑'이라는 단어의 에너지 모습도 문장으로 '나는 사랑이다'라고 말하면 훨씬 에너지가 세고 진동과 움직임이 많았습니다. 마치 노란빛과 흰빛의 오로라가 춤을 추며 움직이는 것 같은 모습을 보였습니다.

'지혜'라는 단어를 말하면 보라색의 씨앗 모양 같기도 하고 우주선 모양 같기도 한 에너지 모습이 보였으며 '나는 지혜다'라고 말을 하면 더욱 선명한 보라색 우주선 모습에 금빛 테두리가 살짝살짝 비추는 모습이 더욱 선명하게 보였습니다.

　모든 긍정적인 단어를 말할 때 밝은 빛을 발산하지만 확실히 긍정적인 문장으로 "나는(　)이다."라고 말하면 흩어졌던 빛이 모이면서 선명하고 밝은 빛을 내뿜었고 형상이 오래 지속됐습니다.

　긍정적인 단어를 말하는 동안 경옥이는 아름다운 빛을 보고 황홀해하는 듯했습니다. 그리고 빛을 탐구하면서 알게 된 놀라운 사실은 제가 말한 무수히 많은 단어, 문장 중에 가장 밝고 세기가 강했던 것은 "나는 세인트 저메인이다."였습니다.

　저 또한 의아해서 우리가 알고 있는 사랑이나 행복, 풍요, 태양, 현존보다 '세인트 저메인'이란 단어의 에너지가 가장 세다는 것에 어떤 의미가 있는가를 생각해 보아야 했습니다.

　"나는 세인트 저메인이다."라는 문장이 우리가 세인트 저메인을 너무 사랑한 나머지 그렇게 된 것인지, 아니면 오직 세인트 저메인의 권능이 녹아 있기에 그런 것인지 다시 알아보아야 했습니다. 제삼자가 똑같은 말을 했을 때 빛이 어떻게 달라지나 알아야 했기에 저는 현민이에게 도움을 요청했습니다. 보통 예수나 부처님은 알지만 상승 마스터 세인트 저메인을 모르는 사람이 이 단어를 말하면 똑같은 빛이 나가는지 궁금해졌습니다.

　저는 현민이에게 전화를 해서 빛 연구를 해야 하는데 한 사람이 더 필요하다고 말했습니다. 현민이는 흔쾌히 좋다고 했습니다. 우리는 둘이 아닌 세 명에서 다양한 연구를 진행해 보았습니다. 경옥이가 본 것이 맞는지도 알아야 했기에 더욱 그랬습니다.

　현민이는 저와 잠깐 일을 할 때 제가 현존레이키 전수를 해 주었습니다. 현존레이키를 만드는 도중에 제 가게에 와서 같이 일을 했기에 현민이에게 다양한 빛 테스트를 할 수가 있었습니다. 현민이는 우리에게 정말 많은 도움을 주는 고마운 친구입니다. 현민이는 레이키를 알기 전에는 명상이나 영적인 것에는 전혀 관심이 없는 사람이었습니다. 그런데 제가 "나는 현존이다 이니시에이션"을 현민이에게 테스트하면서 쿤달리니 에너지가 열리고 송과체 활성화가 되어서 제3의 눈으로 빛을 보는 사람이 되었습니다. 그 후 관심도 없었던 레이키가 현민이에게 새로운 세상에 발을 내딛는 계기가 되었습니다.

그래서 우리가 하는 빛 탐구에 자신도 동참하여 좋아하는 것 같았습니다. 저는 현민이와 약속을 잡고 그동안 어떤 단어와 문장을 테스트할지 정리를 했습니다. 저의 유일한 친구인 현민이와 경옥이가 투시 능력자인 것이 신기하기도 하고 제3의 눈이 되어 주는 두 사람이 운명처럼 느껴졌습니다.

현민이는 며칠이 지나 저의 집에 왔습니다. 우리 셋은 오랜만에 만나 늦은 점심을 먹고 제가 준비한 문장들로 테스트를 시작했습니다. 경옥이가 본 것과 현민이가 본 것이 같은지 너무 궁금했습니다.

먼저 저는 "나는 현존이다."를 세 번 말했습니다. 그리고 순간 본 장면들을 그림으로 그리라고 했습니다. 그랬더니 현민이와 경옥이의 그림이 일치했습니다.

그런데 한 가지 다른 점이 있다면 현민이는 멀리서 보이는 것처럼 그림을 그리고 경옥이는 아주 가까이에 있는 것처럼 그림을 그렸습니다. 그래서 처음에는 다른 그림을 그리는 줄 알았는데 결과적으로 같은 그림을 다르게 그렸던 것이었습니다. 송과체가 사람마다 조금씩 다른 방식으로 보여 주는구나 생각이 들었습니다.

경옥이는 전체가 아닌 부분을 아주 크게 보았고 현민이는 멀리서 보이는 전체 모습을 그려서 둘의 그림을 합쳐 보니 정확히 하나의 그림으로 완성이 되었습니다.

"나는 현존이다."라고 말하면 한 줄기의 푸른빛이 내려와 강한 T 자 모양의 하얀빛에 부딪혀 물들이는 형상이 실험할 때마다 같은 모습으로 보였습니다. 너무 강한 빛이라 제 입에서 "나는 현존이다."라고 말이 떨어지기가 무섭게 강렬한 빛이 눈앞에 보였다 했습니다.

그다음 문장은 "나는 태양이다."라는 문장을 세 번 밀했습니다. 그것 또한 일치했습니다. "나는 현존이다."와 같이 현민이는 멀리서 보이는 모습, 경옥이는 아주 가까이서 보이는 모습으로 두 그림을 합쳤을 경우 태양과 흡사한 별 모양으로 뾰족하게 빛이 나는 강한 노란색이 보라색으로 변하는 빛이었습니다.

긍정적인 단어의 빛 모습은 단어와 문장마다 아름답고 다양한 색채를 지니고 있으며 고유의 형상이 있는 에너지였습니다. 빛 자체도 힘이 있고 강렬했습니다.

그리고 궁금해했던 "나는 세인트 저메인이다."라는 문장은 현민이에게도 제일 강한 빛으로 나타났습니다.

"세인트 저메인의 동그란 흰빛 가운데 눈이 있는데 나에게 윙크를 했어." 현민이는 놀라서 우리에게 말했습니다.

"세인트 저메인이 너에게 와서 윙크해 준 거야."

"세인트 저메인은 윙크 좋아해."라고 말하니 현민이는 고개를 갸우뚱하며 처음 보는 모습에 신기해했습니다. 빛이 윙크한 것이 너무도 이상했나 봅니다. 세인트 저메인이라는 단어는 누구나 말해도 그의 에너지는 말하는 사람이나 듣는 사람 모두에게 전해지는 것을 알았고 그 에너지도 강했습니다.

빛의 향연이 끝나고 부정적인 단어와 문장을 말하기 시작했습니다. 며칠 전, 경옥이와 실험을 할 때 부정적인 단어를 말하면 속이 너무 거북해서 하다 말았습니다. 그래서 현민이가 오면 그때 하자고 미뤄 두었습니다.

빛 탐구를 하기 위해 레이키가 작동이 될 때 더 강한 빛이 와서 그런지 부정적인 단어나 문장을 말하면 구역질이 올라왔습니다. 그 때문에 다시는 하고 싶지 않았지만 어쩔 수 없이 교재를 만들어야 하기에 실험을 하지 않을 수 없었습니다.

저는 부정적인 단어와 문장을 말했습니다. '공포'라는 단어를 말하면 죽은 주황색으로 둥근 모양에 커다랗게 검은 구멍이 나 있는 모습이었으며 안 좋은 에너지가 너무 세서 옴짝달싹 못 하는 느낌을 경옥이와 현민이가 똑같이 받았다고 했습니다.

'좌절'은 머리가 바닥으로 꺾여 있는 듯한 형상으로 어두운 회색빛이었습니다. 그리고 '분노'라는 단어를 말하면 회색빛을 내면서 여러 겹의 세모 모양이 아크릴처럼 차갑고 어둡게 보였습니다.

대부분 부정적인 단어들은 어둡고 모양이 이상하게 생기거나 괴기하기까지 했습니다. 우리는 부정성의 말들을 계속적으로 하는 도중 속이 불편해서 또다시 실험을 중단했습니다. 부정적인 말을 계속한다면 몸에 치명적인 손상을 입힐 정도로 안 좋다는 것을 실감했습니다.

근원의 빛을 요청하면서 빛 탐구를 하고 있었기 때문에 우리는 높은 진동에 놓여 있는 상태여서 부정성의 단어를 말하면 부정 에너지의 강도가 몇십 배로 강하게 다가왔습니다. 진동이 낮을 때와 높을 때의 경험을 하는 것 같았습니다.

"나는 악마다."라고 말을 하면 경옥이는 하얀빛을 가리면서 검은색 빛이 올라와 온통 검은색으로 뒤덮였다고 했습니다.

현민이는 경옥이와 다르게 진짜 악마 모습이 나타났습니다.

"뿔이 있어! 눈도 올라갔어!"

현민이는 검은 악마의 형상이 나타나서 신기해했습니다. 악마라는 단어를 말했을 때 사람의 관념, 문화, 생각이 내포되어 표현되는 것 같기도 했습니다.

긍정적인 단어를 말할 때는 에너지 모습을 비슷하게 보는 반면 부정성의 단어를 말할 때는 두 투시 능력자의 관념 때문에 색은 같지만 형상은 조금씩 달랐습니다.

요즘 젊은 사람들이 많이 사용하는 언어 중 "이번 생은 망했어."라는 문장이 어떻게 보일지 궁금해져서 실험한 결과 빛을 먹어 삼키는 새까만 연기가 나타나서 점점 어두워지는 모습이 보였습니다. 부정적인 말을 사용한다는 것은 검은빛으로 자신을 갉아먹는 행위이며 그 부정적 에너지의 모습을 보면 더 이상 그 말은 사용 못 할 것입니다.

우리는 부정적인 말을 계속적으로 하니 헛구역질로 속이 너무 안 좋아져서 실험을 하고 싶지 않았습니다. 그래서 다른 테스트를 해 보기로 했습니다.

저는 순간적으로 각자의 이름을 말해 보면 어떨까? 하는 아이디어가 떠올라 먼저 내 이름을 말해 보았습니다. 세인트 저메인의 이름을 불렀을 때 고유의 빛이 있었듯이 내 이름을 말하면 어떤 빛이 나올지 궁금해졌습니다.

저는 박근영이라고 세 번을 말했습니다. 두 명이 동시에 보이는 모습은 브이(V) 자가 거꾸로 된 모습으로 보라와 흰빛이 섞여 있는 에너지 형태로 힘찬 느낌을 받았다고 했습니다. 이름을 말하면 사람 자체의 빛 에너지가 모습으로 표현이 되는 것이 신기했습니다.

박경옥이라고 말했을 경우에는 보라색을 띤 초승달 형상이었습니다. 김현민이라는 말을 했을 경우에는 핑크, 연보라의 둥근 빛이 구름처럼 둥둥 떠 있는 모습이었습니다.

이름은 "나는 박근영이다."라고 말한 것과 "박근영" 단독으로 말했을 경우의 모습은 모두 같았고 이름은 그 사람의 현재 에너지를 나타내고 있는 것 같았습니다.

여러 번 반복해서 불러도 한결같이 같은 모습이었습니다. 마치 모든 사람이 얼굴이 다르듯이 이름에도 고유한 빛이 있는 듯했습니다.

우리는 너무 재미있어서 우리가 알고 있는 사람의 이름들을 모두 불러 보았고 그 모습들은 다 달랐습니다. 그 모습은 별명을 불러도 같은 모습이었습니다.

처음에는 이름이 좋은 이름과 나쁜 이름이 있을 줄 알았는데 그것과는 상관이 없었으며 사람의 현재 에너지만을 나타내고 있었습니다. 그래서 오라장처럼 정화가 되면 변화가 있을 수 있다는 것을 알았습니다.

그리고 저는 알고 있지만 박경옥과 김현민이 전혀 모르는 사람의 이름을 말했을 경우는 어떻게 보일까? 궁금해서 실험을 했습니다. 그 결과 현민이와 경옥이가 보는 모습은 유사했으며 빛 색 또한 일치했습니다.

빛이 보일 때 모습은 조금씩 달라 보였는데 그 이유는 보이는 위치나 크기에 따라 달라 보였을 뿐 느낌은 동일하게 전해졌습니다. 알고 있는 유명인의 이름이나 세 명 중 한 사람만 알고 있는 사람의 이름을 말했을 경우도 현민이와 경옥이가 보는 모습은 일치했고 빛의 색도 같았습니다.

결과적으로 사람의 이름을 말했을 때 그 사람의 빛의 색, 밝기, 강도는 현재의 정화 상태와 현재의 컨디션을 말해 주는 것을 알았습니다. 에너지 정화가 좋은 사람은 모습이 예쁘고 빛이 났으며 빛의 색은 사람마다 다르지만 모두 아름다웠습니다.

반대로 에너지가 안 좋을수록 모양이 괴상하거나 검은색을 띤 형태를 가지고 있었습니다. 몸이 안 좋은 경우는 붉은색을 띤 빛이 많이 보였습니다. 정화 상태가 안 좋은 경우는 거의 회색이나 검은색으로 형태를 구별하기 어려웠습니다. 이름만 불러도 그 사람의 에너지 상태를 전체적으로 알 수 있어 재미있는 실험이었습니다.

이렇게 단어나 문장을 실험하다가 갑자기 노래를 듣고 보이는 모습이 궁금해졌습니다. 그래서 우리가 좋아하는 BTS의 노래 「다이너마이트」를 비롯해 미국의 팝 가수 노래나 클래식을 테스트해 보기로 했습니다.

경옥이는 눈을 감고 제가 음악을 들려주면 그 모습을 말해 주었습니다. 듣기에도 아름답거나 경쾌한 느낌의 노래는 우주 공간에 별들이 있고 그 별들이 팡팡 튀며 움직임이 있는 모습으로 노래마다 진동이 다르다고 했습니다. 템포나 가사에 따라 조금씩 다르지만 모두 진동과 빛이 반짝인다고 했습니다.

우리는 미국의 유명 팝 가수 노래 중 가사가 선정적이거나 부정적이면 어떤 모습일까? 궁금해졌습니다. 예상한 것과 같이 어떠한 빛도 움직임이 없고 정지된 모습이었습니다. 가끔 가사에 따라 굼벵이 모습이 보였다 사라졌다 했습니다.

선정적인 음악들은 화면에 온통 검은 에너지로 흐릿한 모습뿐이었습니다. 헤비메탈 음악은 무조건 나쁘다고 생각해도 가사가 긍정적이고 서정적이면 좋은 에너지의 빛이 보였으며 모든 노래는 멜로디가 아닌 가사와 밀접하게 연관이 있었습니다. 가사에 따라 빛이 나타났다 사라지고 굼벵이가 나왔다 벌레가 나왔다 했습니다.

클래식을 들었을 때 웅장한 느낌과 강한 진동이 느껴지고 무수히 많은 별이 반짝이는 모습을 보여 줬습니다. 빛 또한 우아하고 아름다웠습니다. 경옥이와 저는 빛으로 보는 세계에 빠져 다음은 어떤 것을 테스트해 볼까 찾았습니다.

정반대 감정

저는 네 번에 걸친 전생과 불편한 감정을 모두 찾고 반복되는 드라마를 찾아서 다시는 드라마가 일어나지는 않을 거라 생각했습니다. 막연하게 뭔가 좀 다르게 일어날 것 같다는 생각을 하고 있었습니다.

'드라마는 끝이 없는데. 아직 찾지 못하는 드라마가 진행되고 있을 수도 있는데…'

그래서 지금 어떤 감정이 불편한지 찾아 보았습니다. 하지만 전혀 불편함이 없고 오히려 평화로운 날들을 보내고 있어서 행복했습니다.

제 가게는 아직 어느 누구도 매매하겠다는 사람은 없었지만 현민이가 가게 나갈 때까지 일을 대신해 준다고 해서 저는 신경을 쓰지 않고 레이키 교재를 만드는 일에만 몰두하니 이것도 걱정이 없었습니다.

저는 평일에 집에서 경옥이를 만나 레이키 교재를 만드는 일을 하고 가끔 주말이면 세컨드 하우스에 가서 산과 나무, 꽃들을 보며 시간을 보내고 있었습니다. 제 인생에서 이렇게 행복한 시간은 없었습니다. 그렇게 한 달이 지나도록 불편한 감정은 올라오지 않았습니다. 그런데 가평에 있을 때 밥 때만 되면 찾아오는 고양이가 있었는데 한 달 전쯤 새끼를 다섯 마리를 낳고 새끼와 같이 밥 먹으러 올 때 불편한 감정이 찾아오기 시작했습니다.

오늘도 고양이는 밥을 달라고 야옹거리고 있었습니다. 그런데 그 순간 고양이에게 제가 신경을 쓰고 있다는 생각이 들었습니다. 제가 가평에 올 때마다 밥을 주고는 있지만 평일에는 고양이를 누가 챙겨 주는지 걱정을 하고 있었습니다. 새끼를 낳지 않았으면 몰라도 새끼를 낳고 찾아오는 고양이는 저를 불편하게 했습니다.

'이것이 뭐라고 신경이 쓰일까? 혹시 이것이 드라마인가? 설마 아니겠지?'

제가 항상 느껴 오던 드라마 감정표와 비교해 보았습니다. 그랬더니 불편한 감정들과 순서까지 똑같았습니다. 이렇게 미세한 감정이 드라마라니! 한 달 만에 드라마를 찾았습니다.

그런데 기존의 감정 드라마와 다른 점이 있었습니다. 저는 드라마가 시작되는 첫 느낌이 '처음에는 좋지는 않지만'으로 항상 시작이 되었던 것이 '처음에는 좋았어'로 바뀌어 시작되었습니다. 그리고 다음으로 시작되는 감정이 '하기 싫은 일을 억지로 하니까 억울해'라는 감정에서 '하기 좋아, 자발적으로'로 모두 상반되는 감정과 느낌으로 바뀌어 드라마가 만들어져 있었습니다. 이 느낌은 너무 미세해서 이것도 감정인가? 하고 의아할 정도의 미세 감정들이었습니다. 그래서 드라마가 없다고 생각했던 것입니다.

새롭게 시작되는 감정은 기존의 감정과 반대되는 감정이 시소처럼 왔다 갔다 하듯 평형을 이루기도 하고 상반되는 감정이 올라와서 두 개의 감정이 공존하는 느낌을 받았습니다.

널뛰는 감정이 사라지면 미세 감정이 올라오면서 상반되는 감정 상태에 놓이게 된다는 것을 알게 되었습니다. 그렇다면 긍정적이고 좋은 감정도 느끼면 안 되는 건가? 하는 생각이 들었습니다.

모든 감정은 긍정이든 부정이든 사념체로 저장이 되어 있고 상반되는 감정이 어느 한쪽으로 치우쳐지면 또 다른 감정이 치고 올라왔습니다. 여기에 끝이 있기는 한 건가? 그러면 감정을 느끼지 말아야 한다는 것인데…. 저는 혼란스러워졌습니다. 긍정적 감정도 다스려야 된다는 걸 알고는 있었지만 과연 내가 할 수는 있는 것일까? 그래서 마스터란 생각과 감정을 다스리는 사람이구나! 온몸으로 체험하니 완전히 무슨 뜻인지 이해가 되었습니다.

이제부터 시작되는 드라마는 상반되는 감정에 놓여 있다는 것이고 긍정과 부정, 좋고 나쁨이 없는 평정 상태를 유지해야 한다는 것인데 머리로 글로 다 이해를 했지만 단박에 이루어지지 않는 것이 문제였습니다. 평정심을 계속 유지하는 체험을 해야 한다는 것을 알았습니다.

미세 감정이 올라오면 평가 없이 바라본다는 것은 기존의 에고가 사용하던 감정들을 현존에게 맡기는 것이며 그것이 진정한 내맡김이자 진정한 자유의지였습니다.

기존의 드라마가 아닌 반대되는 감정의 드라마가 동시에 존재한다는 것이 신기하기만 했습니다. 만나는 사람이 없으니 현존은 고양이를 동원하여 드라마를 만들어 알려 주었습니다. 불편한 상황과 감정이 없다고 생각했는데 한 달 만에 또 하나의 드라마가 만들어졌습니다.

같은 시기에 경옥이도 저와 비슷하게 새로운 감정을 찾았습니다. 경옥이는 평일에는 매일 제 집에 와서 같이 교재 만드는 일을 했습니다. 창동에서 감일동은 정말 먼 거리라 오는 도중 차가 막히면 한 시간 반이 걸렸습니다. 그러면서 경옥이는 불편한 감정이 올라오는 것을 느꼈는데 그것은 자신이 운전을 오래 하는 것에 대한 불편한 감정이 아빠에서 비롯되었다는 것을 알았습니다. 너무 미세한 감정이라 모르고 있었는데 우리 집에 오면서 그 감정이 불쑥 올라왔다고 했습니다.

어릴 적 아빠가 15년 동안 출퇴근을 세 시간 넘게 다녔는데 그것을 지켜보는 자신은 먼 거리를 가는 것에 대한 부정적인 생각이 내재되어 있었다는 것을 알게 되었습니다.

'그 먼 거리를 다니면서 우리를 위해 일하시는 아빠가 얼마나 힘들까?'

어린 나이에 아빠를 걱정한 것이 각인이 되어 자신이 그와 똑같은 경험을 투사해서 직접 하고 있었습니다.

아주 작더라도 내가 오랫동안 걱정한 것, 내가 많이 생각한 것은 반드시 물질화되어 그대로 경험을 하거나 간접적으로 하게 되어 있었습니다. 우리는 이것을 알자 겸허한 마음이 올라왔고 내 자신이 무슨 걱정을 하면서 살았는지 찾아 보았습니다.

그리고 경옥이가 이 감정을 찾고 나서 안 사실은 이번 생에서 자신의 모든 출퇴근 시간이 매우 긴 편이었다고 말했습니다. 정말 감정은 속속들이 숨어 있는 보물찾기입니다.

오늘도 한 시간이 넘게 걸려 오는 동안 경옥이는 감정을 찾은 이후 불편함이 거의 사라졌다 했습니다. 온몸으로 알아차릴 경우 세포에 각인된 에너지가 떨어져 나가면서 급속도로 정화가 이루어졌습니다.

그리고 경옥이가 새롭게 안 사실은 이러했습니다. 아빠가 그 먼 거리를 출퇴근하는 경험이 자신이 생각했던 것과 달리 그리 불편한 일이 아니라는 것을 알았는데 자신이 이 감정을 찾고 제 집을 오가는 일이 자신만의 시간으로 보내는 소중한 시간임을 깨달았다고 했습니다.

아마 사념체를 내보내지 않고 감정 찾기만 했다면 그렇게 한순간에 감정이 사라지지 않았을 것입니다. 사념체를 용해시키면서 감정을 알아차리면 불편한 감정이 눈 녹듯이 사라지는 것도 참 신기한 일입니다.

참고 자료

상반되는 감정

이원적 세계에서는 창조한 모든 생각과 감정들이 만들어 낸 긍정적 에너지와 부정적 에너지가 펼쳐 내는 세계에서 반복적인 삶이 펼쳐지고 있습니다. 대부분 부정적 감정은 나쁘고 긍정적 감정은 좋다고 생각하지만 결과적으로 모두 좋고 나쁨은 없습니다.

당연히 긍정적 감정이 부정적 감정보다 좋은 것은 사실이고 언젠가는 긍정적인 감정만을 사용하는 것도 맞지만 더 높은 의식의 차원에서는 긍정적인 감정마저 내려놔야 합니다. 왜냐하면 긍정적인 감정이 물질계에서 일어난 감정이기 때문입니다.

상반되는 감정의 세계에서는 항상 두 개의 감정이 저울질에 놓여 있습니다. 감정에 휩쓸리지 않으려면 어느 쪽에도 치우치지 않는 관찰자 입장이 되어 중립 상태에 머물러야 합니다.

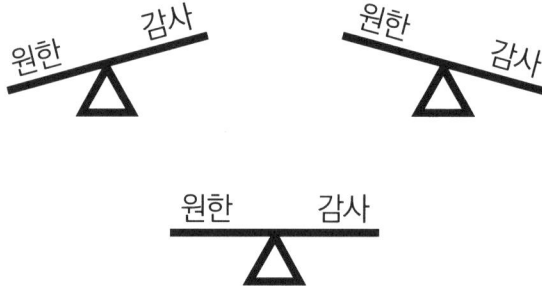

모든 감정에는 상반되는 감정이 동전의 양면처럼 동시에 존재하고 있습니다. 이원성의 불균형 상태에서는 두 개의 감정이 동시에 있고 이것을 체험하면서 진화해 가는 과정에 있습니다.

의식적으로 바라보는 습관이 되어 있다면 미세 감정의 저울질을 알아차릴 수 있습니다. 감정의 폭풍에서 벗어나 있다면 평정 상태에서 바라보는 관찰자 입장이 될 수 있습니다.

물질계를 체험할 때는 에고의 에너지를 사용하게 됩니다. 에고는 물질계에서 나의 보호자 역할을 합니다. 하지만 에고는 나를 보호하려고 다양한 파괴적인 생각과 감정의 남용으로 부조화를 만들어 냈습니다. 오용된 에고 에너지를 정화해서 다시 빛으로 돌려놓을 때까지 계속 윤회를 거듭합니다.

과거에는 정화라는 단어조차 없었고 빛의 에너지를 사용하는 것을 모르고 살았지만 의식이 높아지면서 점점 근원의 빛으로 자신을 정화해야 한다는 자각이 일어나고 있습니다. 근원의 높은 빛 없이는 정화의 속도가 느리고 감정만 찾는다고 내 안에 남용되어 저장된 에너지를 모두 없애지 못합니다. 높은 의식의 빛이 반드시 필요합니다.

빛의 모습

레이키 입문 책을 다 쓰고 난 그날 저녁 내면에서 "마스터 책을 쓰라"라는 느낌이 전해졌습니다. 마스터 교재는 경옥이가 하기로 되어 있었는데 왜 나에게 쓰라고 하지? 이상한 생각이 들어 경옥이에게 물어보니 자기도 요즘 책을 쓰고 싶은 생각이 들지 않았다고 말했습니다.

그리고 경옥이는 마스터 책을 쓰기 위해 몇 달 동안 책만 읽고 거의 글을 쓰지 않았는데도 자신은 아무렇지 않았다고 했습니다. 그제야 처음부터 모든 책은 제가 쓰는 것이라는 것을 알게 되었습니다. 현존은 처음부터 세 권의 책을 쓰라고 하면 부담스러울 테니 마스터 교재는 '경옥이가 써라'라는 가이드가 주어졌던 것이었습니다.

항상 느꼈지만 현존은 너무 자상하고 배려도 있었습니다. 이렇게 하면 제가 부담도 갖지 않고 책을 쓸 것이고, 경옥이도 책을 쓰면서 공부도 많이 하게 되니 둘에게 좋은 일이었습니다.

경옥이는 마스터 책에 들어갈 그림을 그리고 있었고 거기에 모든 집중을 하고 있었습니다. 다른 것에는 전혀 관심이 없을 정도로 그림에 몰두했습니다. 왜냐하면 한 번도 안 해 보던 디자인 프로그램을 배워서 빛을 표현해야 했기에 기술적인 면이 필요했습니다.

그림을 전공하긴 했지만 순수미술을 배운 경옥이에게는 또 다른 도전이었습니다. 경옥이는 시간이 지나면서 제3의 눈으로 보이는 빛의 모습을 실제처럼 잘 그려서 깜짝 놀랐습니다.

마스터 교재의 핵심은 '말의 힘'과 'I AM 가르침'을 알리는 것이기 때문에 말할 때 제3의 눈으로 보이는 문장이나 단어의 형상을 그림으로 그려 보기로 했습니다. 그래서 경옥이는 거기에 들어갈 그림들을 그리고 있었습니다.

저는 안 보이는 사람들을 위해 많은 영감과 정보를 줄 수 있을 것 같았습니다. 그림으로 마스터 교재를 만들면 어떨까? 생각을 하고 경옥이에게 근원에서 오는 빛을 그림으로 그리라고 권했습니다.

레이키를 하면서 간혹 저처럼 투시가 안 되는 사람을 위해 레이키의 빛이 어떻게 보이고 어떻게 치료가 되는지 알려 주고 싶었습니다. 저도 투시가 안 되니 옆에서 경옥이가 설명을 해 줘서 레이키 할 때 많은 도움을 받았기 때문입니다.

사념체의 모습들, 사념체를 보호하고 있는 보호막 모습들, 사념체가 용해될 때 보이는 모습, 근원에서 내려오는 빛들을 그림으로 그려서 보여 주면 이해가 바로 될 것 같았습니다. 제3의 눈은 인간적인 눈으로 보지 못하는 에테르, 오라, 세포, 원자, 전자 단위의 미세 세계를 투시해서 볼 수 있습니다.

송과체를 통해 보이는 모습들은 정말 아름답습니다. 모든 사람이 빛을 본다면 자신이 빛 그 자체라는 것을 알고 진실을 자연스럽게 받아들일 텐데 한 번이라도 빛을 본다면 그 세계를 탐구하고 싶지 않을까? 경옥이와 저는 이런 말을 하곤 했습니다.

왜냐하면 아무리 에고로 살아가더라도 자신의 본래의 모습이 빛이기 때문에 내 안에 내재한 빛을 숨길 수 없으니까요. 에고로 살아가다 보면 과거부터 오랫동안 함께해 온 자신의 몸을 보호하고 애쓰면서 돌봐야 하기에 진짜 자기 자신이 빛인 줄 모릅니다.

에고적 자아는 삶의 경험과 활동으로 많은 것을 배우지만 그것만이 전부인 줄 알고 살아가는 것에서 근원과 분리가 일어납니다. 에고로 쌓아 온 경험과 활동은 부조화를 만들어 현재 삶에서 시간이 지날수록 고착화되어 벗어나기가 어렵게 됩니다.

이것은 모두 상위 차원과 현존과 분리에서 비롯된 일이며 분리가 자신에게 유리하다고 판단한 에고의 의지로 인해 생겨난 결과입니다. 에고적 삶에서 벗어나 자신이 다차원 존재라는 것과 상위 차원의 세계가 있다는 것을 몸소 체험을 하면 의식의 확장이 일어나면서 행동이 바뀝니다.

레이키 교재는 우리가 만들어 낸 생각과 감정이 어떻게 형성이 돼서 어떻게 모양을 갖추고 어떻게 에너지 형태로 존재하는지 제3의 눈을 통해 보이는 모습을 보면 흥미로울 거라 생각했습니다.

상승 마스터를 만나고 빛을 탐구한 이후의 삶은 너무나 다릅니다. 그것은 빛을 몸소 체험했기 때문입니다. 글로써 영성 탐구를 하는 것도 중요하지만 빛을 실제 체험하고 사용하면 의식의 확장이 일어납니다.

하지만 모두에게 해당하는 것은 아닙니다. 물질계의 경험이 더 필요한 사람들이 있고 배워야 할 것이 남아 있을 경우는 해당이 안 됩니다. 에고의 힘에 사로잡혀 있다면 빛을 체험하고 싶어 하는 마음이 올라오지 않기도 합니다.

저는 많은 영성 책을 읽고 또 읽었습니다. 하지만 근원의 빛 없이 글로 지식을 습득하는 것만으로는 빠르게 자신을 정화하지 못했습니다. 물론 지식은 무지에서 탈출시키는 중요한 요소인 것은 맞습니다. 하지만 그 속도가 느리다는 것입니다. 어떤 영혼은 질투라는 한 가지 감정을 다스리지 못해 수천 년의 윤회를 거듭하면서 체험합니다. 그 한 가지 감정을 다스리고 배우기 위해 너무 오랜 세월을 거듭해서 태어나야 하는 것이죠. 그리고 이번 생에 못 하면 다음 생으로 넘어갑니다.

하지만 근원의 빛을 사용해서 내가 가지고 있던 감정을 용해하면 질투의 감정이 서서히 사라지게 됩니다. 진리는 간단하지만 의지를 필요로 합니다.

엄청난 사념체들은 나 자신이기 때문에 그 숫자는 셀 수 없이 많으며 세포, 원자 단위의 미세 입자 속에 있는 에너지는 바닷가에 모래알 숫자만큼 있다고 해도 과언이 아닙니다. 그 정도로 방대한 양이고 무거운 감정의 에너지들이 나가면 또 다른 순서가 기다리고 있습니다. 하지만 아무리 많은 양이라 해도 자신을 정화하는 과정을 지켜보는 일은 행복한 일입니다.

내가 한 모든 것은 자신의 몸에 기록되어 있고 오라장에도 기록이 되어 있습니다. 자신이 한 모든 생각, 느낌, 감정, 행동은 내 몸을 비롯해 내 주위 에너지장에도 고스란히 저장되어 있습니다.

우리는 오라장을 연구하면서 사념체를 내보내면 오라장의 색이 변화가 일어나는 것을 보면서 깜짝 놀랐습니다. 신체에 있는 사념체를 내보내면 내보낼수록 상부 오라장의 색이 점점 변해 갔습니다. 몸이 변화될수록 오라장의 색은 보라색에서 흰색으로 변했습니다. 그것도 1년도 안 되는 짧은 시간에 말이죠.

경옥이는 변화하는 모습을 그림으로 항상 알려 주었습니다. 오라장 색이 변해 가는 모습을 보는 것은 감격 그 자체였습니다.

나의 제3의 눈이 되어 준 경옥이가 아름다운 빛들을 그림으로 표현한 것을 제게 보여 줄 때 "아! 그래서 마스터가 우리를 선택했구나!" 이제야 알 것 같았습니다.

I AM 가르침

경옥이와 저는 빛을 탐구하면서 마스터 교재에 들어갈 내용과 명상에 도움이 되는 무언가를 찾고 있었습니다. 그러던 중 『I AM 담론』 책에 나오는 문장들이 어떻게 의식을 상승시키는지 연구하기 시작했습니다.

고드프리 레이 킹의 『I AM 담론』은 세인트 저메인을 비롯해 여러 상승 마스터들의 빛과 소리의 광선을 통해 전해진 것으로 수천 년 동안 이어져 온 의식 상승의 비법을 담은 책입니다. 단순하고 짧은 문장들을 사용해 반복적으로 말을 하거나 명상을 하면 생각과 감정을 조정하고 균형을 맞춰 준다는 내용입니다.

그 책에 나오는 문장들은 "나는 ~이다."라고 하는 단순한 문장들입니다. 예를 들어 "나는 살아 있는 빛이다." "나는 사랑의 현현이다." "나는 장엄한 현존이며 정복하는 권능이다." 같은 문장입니다.

이렇게 단순한 문장이 어떤 힘을 발휘하는지 탐구하기 위해 제가 이 문장을 말하면 경옥이가 신체에 나타나는 빛을 그려 보기로 했습니다.

I AM 문장은 모든 상승 마스터들이 사용하였습니다. 그들은 자신의 몸을 현존에 가까운 진동으로 상승시켰으며 그들의 에너지가 고스란히 그 문장들에 깃들어 있습니다. I AM 문장을 말한다는 것은 내 안에 내재한 신성한 현존을 외부 세계로 현현하는 창조 행위입니다.

우리는 이 문장들로 명상을 해 왔기 때문에 얼마나 위대한지 잘 알고 있었지만 I AM 확언 사용 방법을 모르고 그것이 무엇을 뜻하는지 모르는 사람들에게 이 위대함을 증명하고 알리고 싶었습니다. 그래서 I AM

문장을 말할 때나 명상할 때 신체에 나타나는 빛을 그림으로 그리기 시작했습니다.

먼저 "나는 현존이다."라고 여러 번 말하고 제 몸에서 빛이 어떻게 나타나는지 경옥이가 관찰했습니다. 무심코 말만해도 보랏빛이 부분적이지만 제 몸에 나타났습니다.

저는 의식적으로 "나는 현존이다." 여러 번 말을 했습니다. 제 온몸에 노란색 빛이 퍼졌습니다. 똑같은 문장인데 무심코 말한 것과 의식적으로 말한 것은 아주 달랐습니다.

그래서 완전히 집중을 하고 "나는 현존이다." 말하면서 명상을 시작했습니다. 그리고 경옥이는 명상할 때 제 몸에 나타나는 빛을 그리기 시작했습니다. 저는 명상을 하면서도 빛이 어떻게 나타날지 궁금했습니다.

명상이 끝나고 그림을 보니 백광의 한 줄기 광선이 정수리 위에서 내려와 몸을 관통하고 흰빛이 몸 전체에 퍼졌으며 가슴에는 더 밝은 흰빛이 빛나고 있었습니다. 명상을 더 깊게 하니 제 몸은 강렬한 백광의 빛으로 변했으며 가슴에서 빛나는 흰빛은 점점 강해졌습니다.

물론 제3의 눈으로만 봤을 때 보이는 빛이라서 제 눈에는 보이지 않았지만 명상 중에 강한 진동이 정수리부터 심하게 느껴지고 가슴에 집중을 하면 가슴에서 빛이 나오는 느낌을 받았습니다.

"나는 현존이다."라는 문장으로 명상을 하면 백광의 빛이 온 몸에 나타나는 것을 보고 우리는 『I AM 담론』에 나오는 다른 I AM 문장들은 어떤 빛이 나타날지 궁금해져서 I AM 문장 모두를 관찰하기로 했습니다.

I AM 문장 중에서 예수를 상승시켜 준 "나는 부활이요 생명이다."라는 문장으로 명상하면서 확언을 했습니다. 내면에 집중하고 명상을 하고 있는 저를 경옥이가 관찰했을 때 머리 위에서 밝은 하늘색 빛이 정수

리를 관통하고 가슴에서 연보랏빛이 좌우로 뻗어 나갔습니다. 경옥이는 너무 아름다운 색에 감탄을 하며 왜 이 문장이 대단한지 알 것 같다 했습니다. 저 또한 경옥이가 보여 준 그림을 보고 내 몸에서 이런 빛이 나타나다니 많이 놀랐습니다.

또다시 "나는 사랑의 현현이다."라는 문장으로 명상을 했고 제 몸에 나타난 색을 경옥이가 그려서 보여 주었습니다. 온통 노란색 빛이 몸 중심에서 그 주변으로 퍼져 나가며 움직이는 모습이었습니다. '현현'의 단어가 들어가서 그런지 움직임이 많다고 경옥이는 말했습니다.

『I AM 담론』에 있는 문장들을 모두 관찰한 결과 I AM 문장들은 빛 그 자체였습니다. 문장 하나하나 모두 다른 빛이며 정화의 에너지였습니다. 그리고 사념체들이 I AM 문장을 말할 때 같이 나가고 있었습니다. 왜 살아 있는 빛이라고 말하는지 알 것 같았습니다.

특히 "나는 지금 이 육신의 상승이다."라는 문장은 명상할 때마다 사념체가 나가면서 기침이 나왔습니다. 우리는 사념체가 나가는 것을 목격하고 평소에 이 문장을 반복적으로 말하거나 명상할 때 자주 사용하였습니다.

우리는 I AM 문장에 완전히 매료되었습니다. I AM은 문장에 따라 에너지를 채워 주기도 하고 사념체를 내보내 주기도 하고 생각과 감정을 조정해 준다는 것을 그림으로 확인하니 명상이 더 잘되었습니다.

그런데 중요한 것은 아주 무거운 사념체들은 나가지 않는 것 같았습니다. 보호막을 가지고 있는 무거운 사념체들은 일일이 레이키로 직접 해결을 해야 했습니다. 고착화된 감정 덩어리인 무거운 사념체는 다 나간 것 같다가도 I AM 문장을 말하면 아주 깊은 곳에서 수면 위로 사념체가 떠올랐습니다. 마치 오래된 앙금이 막대기로 휘휘 저으면 올라오는 분비물처럼 말이죠. 저는 진동이 낮은 분비물은 레이키로 용해시켰습니다.

I AM 문장으로 명상을 하면 생각과 감정의 균형이 맞춰져서 순수한 빛과 사념체의 해체가 일어났습니다. 해체된 사념체를 직접 레이키로 처리해야 완전히 정화되었습니다.

우리에게 빛을 준 상승 마스터들과 빛의 존재들은 수 세기 동안 인류가 만들어 낸 부조화들이 누적되어 있어 이렇게 높은 진동의 빛이 아니고는 그것들을 처리할 수 없기 때문에 인류에게 도움을 주고자 높은 빛들을 제공하게 되었습니다. 하지만 사람들이 이것이 무엇을 의미하는지 어떻게 사용하는지 잘 모를 것 같다고 생각했습니다. 저 또한 지식적으로 알고는 있었는데 직접 체험을 하고서야 상승 마스터들의 말들과 빛을 완전히 이해하게 되었습니다. 그래서 우리에게 이 방법을 알리라는 것이구나 하고 생각했습니다.

상승 마스터는 빛을 원하고 자신의 의식을 끌어올리고자 하는 사람이라면 도움을 받을 수 있도록 정화의 빛을 우리에게 주었습니다. 우리는 I AM 확언들과 함께 사용할 사념체를 없애는 빛으로 자신의 의식을 끌어올려 우리도 상승 마스터들처럼 될 수 있다는 것을 알려야 했습니다. I AM 확언은 단순한 긍정적인 확언이 아닙니다. 상승 마스터들이 사용한 이 문장들은 빛이고, 부활이자 생명이며, 의식 상승의 확실한 도구입니다.

참고 자료

세인트 저메인의 'I AM 가르침'이 우리에게 전해진 과정

고대부터 내려오던 위대한 지혜 I AM 가르침은 세인트 저메인에 의해서 본격적인 사용이 시작되었습니다. 예수, 부처 시절부터 사용하기는 했으나 I AM 가르침은 제대로 전해지지 못했습니다. 절실한 구도자에 한해 개인적으로 빛들이 제공되었습니다.

세인트 저메인은 가이 발라드(1878~1939)를 통해 직접적으로 I AM 가르침을 전해 주기 위해 1930년경에 나타나 『베일 벗은 미스터리』를 집필하게 하여 심오한 영적인 가르침을 전했고 『I AM 담론』(1932)에서는 세인트 저메인을 비롯해 다른 상승 마스터들의 도움으로 위대하고도 초월적인 I AM 가르침을 알렸습니다.

가이 발라드는 자신의 이름을 고드프리 레이 킹이라는 이름으로 바꾸고 세인트 저메인 재단을 설립하여 I AM 가르침을 전했고 고드프리 레이 킹이 상승한 뒤 그의 부인인 로터스가 활동을 이어 갔습니다. 그 뒤를 이어 I AM 가르침을 고드프리 레이 킹의 학생이자 그의 단체에서 일하는 스태프였던 펄 도리스(1905~1990)가 세인트 저메인에 의해 권한을 부여받고 진정한 내면의 가르침을 가르쳤습니다. 펄 도리스는 이 끌림에 의해 샤스타 산에서 시작된 삶에서 본격적으로 영적인 임무를 1972년대부터 시작했습니다. 수많은 사람들이 그녀를 만나기 위해 샤스타 산을 방문했고 자신 안에 내재한 신성을 깨닫는 방법을 알려 주었습니다. 고드프리 레이 킹과 펄 도리스 모두는 에테르체로 상승했으며 빛의 몸이 되었습니다.

1973년 펄 도리스와 그의 제자인 피터 마운트 샤스타의 만남은 상승 마스터 세인트 저메인의 안내로 스승과 제자가 되었습니다. 피터 마운트 샤스타는 펄의 뒤를 이어 지금까지 I AM 가르침을 전해 오고 있고 그의 저서로 『마스터의 제자』, 『나의 스승 레이디 마스터 펄』, 『소원을 이루어주는 보석을 찾아 떠난 나의 티베트 여행기』, 『나는 열린 문이다』 등이 있습니다. 특히 『나는 열린 문이다』라는 책은 진정으로 상승 마스터의 길에 들어선 사람들에게 필요한 지혜와 진리가 잘 담겨 있습니다. 그는 동양의 고대 가르침과 인도, 티베트 가르침을 서양에 더 드러나게 하고 동서양의 진리의 가르침을 통합하여 알리려 노력하고 있습니다.

I AM 가르침은 영적인 구도의 길에서 여러 단계의 가르침 중 하나로 상승 마스터들 모두 이 방법을 사용하여 자신의 신체를 I AM의 진동으로 고양시켰습니다.

특히 예수는 I AM 확언을 성실하게 적용하여 영적 성취의 완전한 높이에 이르게 되었습니다. 예수가 사용한 이 놀랍고도 마법적인 진술 중에 "나는 부활이요 생명이다"라는 유명한 진술이 있습니다. "I AM을 의식적으로 사용하는 것 이외에는 외적인 활동에서 영구적인 성공을 가져다 줄 수 있는 것은 아무것도 없다."라고 예수는 말했으며 그 정도로 I AM 확언은 의식 상승의 도구이자 근원의 빛입니다.

우리 몸의 가슴 중심에는 신적 자아, 영적 자아라는 높은 차원에 머무르고 있는 근원인 현존이 존재합니다. 그리고 우리 신체는 여러 개의 진동으로 이루어진 몸체들이 있습니다. 가장 낮은 진동으로 만들어진 육체,

감정의 통로인 아스트랄체, 자아의 상념이 나타나는 통로인 멘탈체, 보다 높은 주파수의 원인체가 있고 그 상위에 에테르체가 존재합니다.

지상에서 살면서 자신의 하위 4가지 신체 모두를 정화하면 상위 에테르체로 상승할 수 있는 자격이 부여됩니다. 그것이 영원한 상승 마스터로 가는 길입니다.

하지만 그 정화 과정은 만만치 않습니다. 자신 스스로 전생부터 지금까지 만든 모든 부조화를 정화해야 하기 때문입니다. 자신이 축적한 모든 불완전함은 각각의 신체를 오염시키고 진동을 낮췄습니다. 이것을 조정하고 균형을 맞춰야 합니다. 그래서 우리는 상위 차원의 도움이 절실히 필요하고 그 일을 성취하기 위해서 광선의 힘(정화의 빛)이 필요합니다. 그중 I AM 가르침은 수천 년 동안 전해져 온 내면의 가르침인데 신성한 불꽃 사용이 인류에게 전해지지는 않았습니다. 하지만 상승 마스터들은 더 이상은 인류가 만들어 내는 누적된 부정적 에너지를 극복하고 더 높은 곳까지 오르려면 초월적인 정화의 빛들을 제공해야 했습니다.

I AM 확언은 생각과 감정을 정화하고 영적 상승의 장벽들을 수정하는 빛입니다. 어떤 조건에서든지 I AM이라고 말할 때 그것은 우주에서 가장 위대한 권능(현존)에 의해 즉각적인 행동이 일어나고 있는 것입니다. 상승 마스터들은 인류를 보호하고 도움을 주기 위해 정화의 빛들을 사용할 수 있게 했고 동시에 I AM 확언을 사용하여 주어진 목적을 달성할 수 있도록 하였습니다.

빛을 원하고 자신의 자유와 자아 성취를 위해 의식적으로 노력하는 모든 사람들은 도움을 받을 수 있을 것입니다. 상승 마스터 세인트 저메인을 비롯해 인류를 위해 봉사하는 모든 상승 마스터들의 에너지가 그대로 느껴지는 『I AM 담론』은 인류를 위해 제공되는 근원의 높은 빛이며 이 빛을 사용하고자 요청하는 사람들은 모두 완벽한 사랑의 빛들을 받을 수 있습니다. 의식적으로 I AM을 사용한다면 자신의 한계를 넘어 자신을 완전한 지배에 도달하게 될 것입니다.

가게가 나가다

아직 제 가게는 어느 누구에게도 전화가 온 적이 없었습니다. 경옥이는 2주 만에 가게가 나가서 저도 그럴 줄 알았지만 상황은 그 반대였습니다. 하지만 그럴 만한 이유를 알 것만 같았습니다. 만약 둘 다 가게가 바로 나가 버리면 에고는 무언가를 빨리 성취하려고 조바심이 생겨 책 만드는 일을 소홀히 하게 될 테니 집에서 편안하게 레이키 교재를 만드는 일을 즐기면서 행복한 날들을 보낼 수 있게 해 준 것입니다. 저는 이것이 저에게 주는 현존의 선물임을 알고 있습니다.

하루는 부동산에서 전화가 왔습니다. 속눈썹숍을 운영하겠다는 사람이 나타나 문의를 했습니다. 저는 이제야 가게가 나가는구나 하고 단정 지어 생각했지만 그 후로 속눈썹숍을 운영하겠다는 사람은 권리금 때문인지 연락이 오지 않았습니다.

사실 지금 가게가 나가도 준비가 안 되어서 바로 현존레이키 아카데미를 못 하지만 빨리 정리가 되었으면 했습니다. 이것 또한 빨리빨리 무언가를 이루려는 에고의 마음이겠죠.

저보다 더 급한 것은 경옥이었습니다. 경옥이는 지금 사는 집을 팔고 우리 동네로 이사를 와야 했기에 언제 집이 팔릴지 모르고 기다리는 일 외엔 어떤 것도 할 수 있는 일이 없었습니다. 경옥이는 집을 빨리 내놔야 한다는 상위 자아의 안내에 당장 집이 빠질 거라 생각했지만 그렇지 않았습니다.

뭔가 어긋난 것 같은 느낌이 들었습니다. "집값을 더 내려야 했나?"

하고 후회하는 것 같았습니다. "내가 찾지 못한 무슨 감정이라도 있는 건가?" "현존이 무슨 드라마를 만들어서 체험하게 하려고 그러지?" 하며 답을 찾고 싶어 했습니다. 그래서 경옥이는 기도와 명상을 하면서 상위 자아에게 답을 요청하면 '인내'라는 단어가 자꾸 떠오른다고 했습니다.

"기다리는 것은 인내를 배우는 거구나."

경옥이는 이사가 가장 큰 문제로 하루아침에 해결될 일이 아니었습니다. 경옥이나 저나 육체적인 힘든 일을 하다가 갑자기 삶이 하루아침에 바뀌었고 집에서 둘이 행복하게 책 만드는 일을 한다는 것 차제가 꿈만 같은 감사한 일이었습니다. 하지만 기다리는 일은 불편한 일 중의 하나였습니다. 잠잠하다 올라오는 불편한 감정은 에고가 '나 여기 있어' 하고 말하는 것 같기도 했습니다. 내 몸 한구석에 자리 잡고 있는 에고는 불쑥불쑥 올라와서 불안을 만들어 냈습니다. 행복과 불안이 동시에 존재하고 있었습니다.

이원성의 세계에서 양극성을 경험하기 위해 왔으니 당연한 결과인지는 모르겠지만 출렁이는 미세 감정들은 눈앞에서 나의 모습을 적나라하게 보여 줬습니다. 언젠가 상승 마스터처럼 "생각과 감정을 다스리는 날이 오겠지!" 하고 그 미세 감정을 바라보았습니다.

현재 현민이가 제 가게에서 일을 맡아서 해 주고 있어서 가게 일은 신경을 쓰지 않아도 됐으며 저는 온전히 교재 만드는 일에 집중하며 하루하루를 보냈습니다.

그러던 어느 날 온라인 애견 카페에 가게를 내놨던 글을 보고 문자가 왔습니다. 가게가 나갔는지 물어 왔습니다. 저는 기대를 안 하고 있었는데 뜻밖에 그분이 가게를 하고 싶다는 의사를 표시해서 드디어 가게가 나가는 건가? 기대되었습니다. 처음으로 가게를 하겠다는 분이 나타나서 너무 기뻤습니다. 저는 기쁜 마음을 가라앉히고 설레발치면 안 되었기에 담담함을 유지하려 했습니다.

제 가게를 보러 오겠다는 분은 저보다 다섯 살이 더 많은 분이었습니다. 자신의 가게를 처음 운영하는 것에 대해 두려움이 심하게 느껴졌습니다. 잘하실 수 있을 거라는 용기를 주며 대화를 한 끝에 결심이 서셨는지 하루를 생각해 보고 연락을 준다 말하고 전화를 끊었습니다. 하루 뒤 그분에게서 연락이 왔습니다. 그리고 가게를 인수하겠다는 말을 듣게 되었습니다.

그분은 가게를 바로 인수하고 싶어 하셔서 저는 현민이에게 가게가 나가게 되었다는 말을 전했습니다. 현민이는 제 가게에서 2달을 일했고 다시 자신의 자리로 돌아갔습니다. 처음으로 혼자서 모든 것을 할 수 있다는 용기를 얻은 현민이가 스치듯 말했습니다.

"가게를 내가 인수할 걸 그랬나."

저는 '아, 현존이 현민이에게 할 수 있다는 용기를 주려고 그랬구나.' 생각했습니다.

가게를 인수하실 분은 가게 계약을 할 때 주인이 동참할 것을 요구했습니다. 그것은 너무나 당연한 일인데 저는 제 가게 주인 얼굴을 한 번도 본적이 없었기 때문에 '아! 그렇구나. 주인이 와야 하는구나.' 했습니다. 가게 주인은 대전에 살고 있어 20년 전에 가게를 계약할 당시 저와 전화 통화만 하고 가게를 인수했기 때문에 얼굴을 본 적은 없었습니다. 그런데 드디어 20년 만에 만나게 되다니 저는 그분을 모르지만 항상 고마운 마음을 가지고 있었습니다.

드디어 계약 날이 되었습니다. 계약을 하는 날은 좀 분주했습니다. 물건 정리와 제가 가져갈 것을 미리 챙겨야 하기 때문에 청소를 하면서 정리를 해야 했습니다. 저는 거의 모든 것을 고스란히 두고 나오기에 딱히 가져갈 것은 없었지만 꼭 챙겨야 하는 세인트 저메인의 의자와 작은 식물 세 개를 챙겨 놓았습니다.

그리고 대전에서 올라온 주인 부부를 만나게 되었습니다. 저는 제가 오랫동안 편안하게 일할 수 있게 해 준 부부에게 감사의 인사를 전했고 그분들의 따스한 마음도 느꼈습니다. 우리는 서로에게 무한한 신뢰가 있었습니다. 그것이 서로의 간섭과 연락이 없이도 지금까지 온전한 관계를 유지했던 것입니다.

이렇게 가게 계약은 잘 마무리가 되었습니다. 다행히 나의 가게를 인수해 주겠다는 분이 나타나서 가게를 나올 수 있었습니다. 불과 저는 8개월 전에 인테리어를 새로 하고 영원히 일할 것처럼 가게를 꾸몄습니다. 결과적으로 그것은 나를 위한 인테리어가 아니라 새로 들어오시는 분의 것이었습니다. 제가 여기에서 아무 걱정 없이 일을 하게 해 준 가게 주인의 내적 자아인 현존의 사랑을 받은 것처럼 저의 현존이 새로 오시는 분을 위해 한 일이라는 것을 가게가 나가고 나서야 알게 되었습니다.

이렇게 저는 한자리에서 20년을 운영한 가게를 나오게 되었습니다. 앞으로 또 다른 새로운 여정이 저를 기다리고 있었습니다. 이 글은 제가 2023년 1월부터 2023년 11월까지의 경험을 쓴 내용입니다.

| 부록 |

감정 찾기 프로젝트

• 감정표

① 유아기	② 아동기	③ 청소년기
④ 불편한 인물		⑤ 성인기
⑥ 드라마1(~ 년도)		
드라마2(~ 년도)		
드라마3(~ 년도)		
드라마4(~ 년도)		

불편한 감정이란

 삶을 살면서 불편함을 느낀다는 뜻은 신경 쓰이는 것과 같습니다. 편안하지 않아 신경이 쓰이고 더 나아가기 싫어지고, 거슬리고, 기분이 안 좋아집니다. 불편하다는 감정은 사람에게서 주로 많이 오지만 사물로 인해 느끼는 감정, 행동에서 오는 거슬림, 언어에서 오는 기분 나쁜 느낌 등 다양하며 뭔가 가슴속에서 올라오는 신경이 쓰이는 느낌, 걱정 모두를 말합니다.

 불편한 감정이 베이스로 항상 깔리는 것도 있고, 어떤 상황에서 순간 욱해서 확 올라오는 흥분된 감정일 수 있습니다. 불편의 강도가 각각 다르게 나타나지만 아주 사소한 불편한 느낌도 오랫동안 지속될 경우 엉뚱하게 사고가 나거나, 몸이 다치거나, 불행한 일이 생길 수 있습니다.

 불편하다는 것은 거북한 일이나, 책임을 지는 일, 물질적인 모든 것을 말합니다. 불편한 마음이 하루가 아니고 지속적으로 내 속 한쪽에서 지배해 온 감정일 수 있습니다. 그렇게 싫지는 않지만 계속 부정적이든 아니든 신경이 쓰인다면 그곳에 무언가 있다는 것입니다.

 순간적으로 불편을 느꼈다고 생각하지만 그것은 과거에 경험한 감정에서 온 것이기에 새로운 것이 없습니다. 아주 싫으면 금방 알지만 자신도 모르게 신경이 지속적으로 가지고 있으면 불편을 알아차리지 못합니다.

 문제가 있다면 문제를 끌고 가는 것을 찾아 봅니다. 그곳에 나의 소화하지 못한 감정이 들어 있기 때문입니다. 불편한 감정을 찾았다면 이 감정이 어디서부터 왔는지 찾아 봅니다.

유아기 시절

감정표에서 ①번에 해당하고 감정을 찾으면 찾은 감정을 적습니다. 0세에서 7세까지의 느끼는 감정은 부모로부터 오는 감정이 거의 대부분입니다. 부모에게 원초적인 사랑과 관심이 전부인 유아기는 애정의 결핍을 느끼는 경우가 많습니다.

유아기에 느끼는 감정을 찾는 것이 중요하며 그때의 감정을 반복해서 살아가기도 합니다. 너무 어릴 때의 경험이라 찾기가 어렵지만 찾기를 시작하면 서서히 모습이 생각나고 감정의 중요한 단어가 불쑥 올라오는 경험을 하기도 합니다.

올라온 단어는 필히 메모를 해야 합니다. 본인은 생각하지 못한 단어이기에 메모를 하지 않으면 잘 기억이 나지 않으며 현존은 두 번 세 번 알려 주지 않기 때문입니다.

유아기 때 느꼈던 감정과 느낌을 일상생활을 할 때 갑자기 온몸으로 알려 주는 경우가 많습니다. 기억으로 떠오르지 않으니 온몸으로 "이런 감정을 느끼고 자랐어!" 하고 알려 줍니다.

> 예시) 부모가 밥을 안 챙겨 줘서 서러움
> 부모와 떨어져서 버려질까 봐 두려움
> 미움받기 싫은 두려움

아동기 시절

감정표에서 ②번에 해당하고 감정을 찾으면 찾은 감정을 적습니다.
7세에서 14세까지 아동기에 느끼는 감정은 첫 교육이 시작되는 시기로 친구들, 선생님, 부모님, 형제, 자매 등 등장인물들이 다양해지면 감정도 풍부해집니다. 유아기 자아가 느꼈던 감정과 아동기 시절 정신적으로 느꼈던 감정들이 섞여서 변형(가면)이 일어납니다.

이 시절은 학교를 가서 친구도 사귀고, 선생님도 만나며, 친척 집에도 가고, 친구 집도 가고, 새로운 것도 배웁니다. 이 시기에 감정을 기억 못할 수도 있는데 현존은 체험으로 기억나게 해 줍니다.

체험은 평소에 느끼지 못하는 감정 상태로 2~3일 살아가는 경우가 생깁니다. 그때의 감정 상태를 느껴 주면 그 감정에서 풀려나게 되는 것이고 나 자신이 어릴 때 이런 감정 상태로 지내고 있었구나 하고 알게 됩니다.

아동기 때도 유아기의 연장선이며 똑같은 불편한 감정을 느끼는 경우가 많습니다. 그리고 새롭게 시작되는 감정들도 생기면서 감정의 변화가 생기기 시작하는 시기입니다.

다양한 경험을 시작하면서 불편한 감정들이 올라오는 시기입니다. 그때의 기억을 생각하면서 불편한 감정들, 불편한 상황들, 신경이 쓰였던 것들, 불편한 사람들, 불편한 사건을 찾아 봅니다.

> 예시) 아무것도 할 수 없는 무력감
> 우물쭈물 말 못 하는 소심함
> 잘 못할까 봐 느끼는 두려움

청소년기 시절

감정표에서 ③번에 해당하고 감정을 찾으면 찾은 감정을 적습니다.
14세에서 21세까지는 신체적 변화가 일어나는 시기로 친구 관계가 더 밀접해지면서 14세까지의 감정들을 덮어 두거나 포장을 씌우기 시작하는 시기입니다. 이 시기는 유아기, 아동기 감정과 같을 수도 있지만 완전히 다른 새로운 감정들이 드러나는 시기입니다. 유아기 때 느꼈던 감정은 거의 찾아 볼 수 없는 경우도 있습니다. 신체적 변화로 인해 행동으로 다양한 일들이 생기며 많은 생각과 변화가 일어나는 시기이기 때문입니다.

이 시기는 친구 관계, 사회적 관계가 발생하고, 미래에 대한 고민과 불안, 생각들이 많아지면서 유아기, 아동기의 감정은 거의 찾아 볼 수 없는 것처럼 느껴집니다. 그래서 그 감정들이 완전히 사라진 것처럼 알고 있지만 그 감정들이 행동으로 옮겨 간 것으로 완전히 사라지지는 않았습니다. 반대로 아동기에 느낀 감정들이 그대로 청소년기에 나타나기도 합니다.

청소년 시절의 감정 변화는 신념 체계를 형성하기도 하며 이 시절에 느꼈던 불편한 감정들을 몸속에 고스란히 잘 저장해 둡니다.

이 시기는 드라마가 단편으로 시작되는 시기이기도 합니다. 단편의 드라마에 많은 감정이 복합적으로 나타날 수 있습니다. 이 시기에는 폭풍 같은 감정과 행동이 일어나면서 괴로운 상황이나, 힘든 상황이 일어날 수 있으며 그 속에서 불편한 감정과 느낌, 상황을 찾습니다.

> 예시) 무료해서 그림과 음악에 빠져 있음
> 거절 못 하는 무력감
> 소속되지 못한 외로움
> 허점을 드러내기 싫은 수치심
> 내 잘못인가? 하는 죄책감

불편한 인물 찾기

감정표에서 ④번에 해당하고 감정을 찾으면 찾은 감정을 적습니다.

감정 찾기에서는 불편한 인물이 아주 중요합니다. 과거에 나와 다툼이 있었거나 그 사람의 어떠한 부분이 너무 싫었던 사람들을 찾습니다. 그리고 현재에 다툼이 있었던 사람이거나 다툼이 없더라도 그냥 불편한 사람을 찾습니다.

그 불편함이 어디에서 오는지 찾습니다. 그 불편함이 행동에서 오는지, 말에서 오는지, 그냥 느낌에서 오는지 알아야 합니다. 우리는 일반적으로 사람이 특정한 행동이나 말할 때 느끼게 되는 감정들이 있습니다.

아무리 싫어도 계속 잘 참다가 못 참는 결정적인 순간을 포착합니다. "이런 말은 도저히 못 참아. 이런 행동은 도저히 못 참아." 그때 느끼는 감정 상태가 있습니다. 이 감정 상태를 찾는 데에 불편한 인물들이 아주 큰 도움이 됩니다.

보통은 아주 가까운 곳에서 찾을 수 있고, 친하지 않아도 저 사람은 왠지 불편해! 느껴진다면 그곳에 내가 알아야 할 무엇이 있다는 뜻입니다.

만약 불편한 인물을 5명 찾았다면 그 5명의 공통점을 찾으세요. 공통점은 거의 두세 가지이고 그중 한 가지가 내가 가장 불편해하는 감정 상태입니다. 그 감정 상태가 내가 해결 못 한 감정이고 '그 감정을 내가 싫어했구나.' 하며 느끼고 알아차립니다.

그때 올라오는 감정을 못 참으면 헤어지거나, 싸움이 일어나거나, 속으로 묻어 두게 됩니다. 만약 그때 잘 참아서 그 상황을 지나쳤다면 우리 몸에 그 감정을 저장해 둡니다. 그래서 다른 사람이 똑같은 행동, 말을 한다면 그때 그 감정이 올라와서 참을 수 없게 됩니다. 그 올라오는 감정이 아주 중요합니다. 불편한 인물들을 찾고 나면 공통점을 알게 됩니다. 그러면서 내가 이럴 때 화가 나는 사람이구나 하고 느끼면 됩니다.

아무리 싫어하는 사람이라도 그냥 잘 참고 넘기다가도 나는 이것만은 못 참지 하는 특정 행동을 할 때 올라오는 감정이 있습니다.

본인과 유사점이 있는지 찾아 보는 계기도 될 수 있습니다. 나의 모습을 보여 주는 역할일 경우가 있기 때문입니다.

> 예시) 잘해 주면 주인 행세하는 사람
> 　　　질투가 많아 자신을 질투하는 사람
> 　　　남에게 완벽을 요구하는 사람
> 　　　예의 없이 함부로 하는 사람
> 　　　별것도 아닌 일로 잘난 체하는 사람

성인기

감정표에서 ⑤번은 청소년기가 끝나고 성인으로서 삶을 살아가게 됩니다. 그러면서 다양한 일들을 경험하면서 느끼게 되는 감정들을 ⑤번에 적습니다.

사건 사고로 찾기

사건 사고가 일어난다는 것은 거기에서 내가 모르는 불편한 감정을 느끼라고 일어나는 것이며 일어난 일에만 집중을 하면 그 감정을 찾을 수가 없습니다.

현존은 그 불편한 감정 하나를 알려 주기 위해서 엄청난 일들을 만드는데 나중에 알아차리고 나면 이 감정을 위해 이런 드라마를 만들다니! 하고 감탄하는 순간이 옵니다. 만약 과거에 차 사고가 났을 경우, 사고 순간 올라오는 감정이나 생각 또는 사고 처리 과정에서 불편한 감정이 있습니다. 사고가 다 처리된 후에도 유독 한 가지 불편한 감정이 남아 있는 경우에 그 감정이 처리가 안 되어진 것입니다.

차 사고를 예시로 들었는데 그 이유는 가장 짧은 순간에 엄청난 감정 변화가 오면서 묻어 두었던 감정과 느낌이 순간 확 올라오는 경우로 현존은 충격적인 경험을 잘 사용합니다. 이런 차 사고가 아니더라도 충돌하는 경우를 생각해 보세요.

형사 사건이 일어나거나, 배신을 당했거나, 이별을 했거나, 출산을 했거나, 돈을 잃었거나, 몸이 아프거나, 사업에 문제가 생기는 등 충격적인 사건부터 소소한 사건 사고로 현존은 제발 불편한 감정과 느낌을 알아차려 주기를 기대합니다.

> 예시) 어쩔 수 없는 무기력
> 일을 떠맡아 억울해
> 정신없는 초조함
> 내 말 안 듣는 화

사람과 싸웠을 때 감정 찾기

싸움은 대부분 아주 가까울수록 감정이 극대화해서 나타날 수 있어 불편한 감정을 찾기가 아주 좋습니다. 우리는 매번 싸움이 일어나지 않더라도 그럭저럭 지내다가 결정적으로 화가 올라와서 못 참는 순간이 올 때 불편한 감정을 찾습니다.

누군가 10가지가 싫어도 참고 지내다가 유독 나도 모르게 불쑥 올라오는 화가 있습니다. 그 하나가 처리되지 못한 불편한 감정이나 생각일 수 있습니다. 싸우지 않아도 속으로 불편해서 말 못 하거나 속으로만 생각하는 것을 찾습니다.

대부분 싸우지는 않지만 기분이 나쁘다거나, 분노가 올라오거나, 속상하다거나, 실망을 하거나, 자신이 느끼는 감정과 상황에서 말을 못 하고 속으로 생각만 하는 경우가 대부분입니다. 속으로 올라오는 느낌을 찾습니다.

> 예시) 잘못 없는 억울함
> 존중하지 않는 무시
> 내 마음대로 하고 싶은 지배

정말 싫은 일 억지로 할 때 감정 찾기

정말 싫은 일, 불편한 일, 억지로 하는 일, 시켜서 하는 일, 돈 때문에 하는 일 등 뭔가 불편한 일을 하면서 억울한 감정이 올라올 수 있는데 '그냥 억울한 것'이 아니고 무엇 때문에 억울했는지가 중요한 포인트입니다.

만약 분노가 올라와서 '분노'라는 단어를 찾았어도 무슨 분노인지 찾아야 합니다. 찾은 감정들이 분노, 우울, 억울함, 슬픔, 두려움이라면 그 이유를 적어야 합니다. 모든 사람들의 감정은 똑같기 때문에 자신만이 느끼는 감정의 원인과 어떤 감정인지 '그 이유'를 적어야 합니다.

> 예시) 벗어나지 못한 억울함
> 가지지 못한 억울함
> 거만 떠는 분노
> 손해 보는 분노
> 텅 빈 무기력
> 어쩔 수 없는 무기력
> 사랑받지 못한 슬픔
> 죽음에 대한 슬픔

평소 감정 상태로 찾기

살면서 평소에 오랫동안 느끼던 감정 상태를 찾습니다. 이 경우에는 유아기 때 내가 알아야 할 불편한 감정 상태를 경험하는 경우인데, 평소에 이유 없이 올라오는 감정 상태를 말합니다.

예를 들어 살면서 무력감, 무기력을 느꼈다면 그것이 어디에서 왔는지 찾아야 하는데 대부분 유아기, 아동기, 청소년 시절의 감정 상태를 현재 상황에서 체험을 하는 경우입니다.

평상시 가끔 느껴지는 감정 상태를 체크합니다. 대부분 무기력, 무력감, 무료함, 심심함, 공허함, 무서움, 서러움이 베이스로 깔리는 감정 상태가 많습니다. 이 베이스로 깔리는 감정 상태는 전생이나 과거 어디서부터 해결되지 못한 감정과 행동에서 생긴 느낌이 응축되어 나타나기 때문입니다.

이 감정이 도대체 무엇인지 알기가 어려울 수 있습니다. 정확하게 모르더라도 베이스로 깔리는 감정을 찾아 두면 나중에 원인을 자연스럽게 찾게 됩니다.

부모로 인해 불편한 감정 찾기

부모는 나의 거울과 같습니다. 인정하고 싶지는 않겠지만 가장 어려운 숙제이기도 하고 그 반대로 나의 쉼터이기도 합니다. 집은 인생에서 배울 감정이 모두 모여 있는 장소이기에 불편한 감정이나 상황을 주의 깊게 찾아 봅니다. 부모가 불편할 경우에는 오히려 감정을 찾기가 쉬우나 부모에게 아무 감정이 없을 경우에는 찾기가 매우 어렵습니다.

부모가 고마운 경우에도 대물림되는 카르마가 있을 수 있고 가족 드라마가 있을 수도 있습니다. 아니면 너무 잘해 줘서 부모의 꼭두각시가 된 상태라면 찾기가 어려울 수 있습니다. 부모가 너무 싫다면 자세히 들여다봐야 합니다. 그곳에서 자신의 해소되지 못한 감정이 있습니다. 부모의 모습에서 불편을 느꼈다면 그곳에서 찾아 봅니다.

> 예시) 날 안 챙기는 무시
> 내 말 안 들어 주는 무시
> 날 버리는 두려움
> 미움받기 싫은 두려움
> 날 조정하는 무력감
> 옴짝달싹 못 하는 무력감

감정을 찾을 때 그 이유, 그 무엇, '왜'를 찾는 것이 중요합니다.

돈에 대한 감정 찾기

물질세계에서는 돈에 대한 관념이 중요합니다. 자신이 돈에 대해 어떠한 생각을 하고 있는지 알아야 합니다.

돈을 좋아하면서 싫어하는 척, 돈을 과시하는 척, 돈을 뺏긴다고 생각하거나, 돈을 잃을까 두려워하는지, 돈을 모으기만 하는지, 돈을 쓰기만 하는지, 돈 관리를 못 하는지, 돈이 불공평하게 나누어진다고 생각하는지 등 돈에 대한 생각이 행동으로 이어지는데 여기서 감정을 찾아야 합니다.

예를 들어 돈을 과시하는 척하지만 그 속으로 들어가 보면 인정 욕구가 있다거나 좋아 보여야 하거나 숨은 뜻을 찾아야 합니다. 작은 돈이든 큰돈이든 상관없이 패턴으로 나타나는 감정을 찾아야 합니다.

돈을 손해 보는 경우에 찾기가 쉬운데 돈을 손해 보면서 느껴지는 감정을 찾으면 됩니다. 돈을 남에게 쓸 때 아주 깊은 곳에서 올라오는 느낌을 찾습니다.

돈은 아주 중요한 물질이라 누구에게 쓰거나, 주거나, 돈이 나갈 때 느껴지는 공통점을 찾아 봅니다. 꼭 돈이 아니더라도 물질적인 모든 것에서 찾아 봅니다. 아깝다, 뺏긴다, 불공평하다, 사라진다, 억울하다, 낭비하다 등 감정, 느낌을 찾습니다.

> 예시) 돈은 주는 것이 아깝다
> 돈으로 도와주는 것은 뺏기는 것이다
> 돈을 내가 쓰는 것은 불공평하다

돈의 감정은 가면을 씌우는 경향이 있어 자신이 찾은 돈에 대한 감정이 정확하지 않을 수 있습니다. 물질세계에서는 돈이 전부인 세상이라 전부를 잘 숨겨 놓기 때문에 철저히 자신의 감정을 숨기는 경향이 있습니다. 돈에 대한 감정을 찾아도 더 밑바닥에는 다른 감정이나 느낌이 나

중에 다시 올라올 수 있습니다.

내가 가장 두려워하는 것 찾기

두려움은 부정적 감정의 대표이며 이 두려움에서 파생되어 생겨난 감정은 온갖 불편한 상황과 어려움을 발생시킵니다. 이 어려운 상황을 찾습니다.

두려움을 벗어나는 길은 두려움으로 들어가는 법 외엔 없습니다.

무엇을 왜 두려워하는지, 두려움의 이유가 무엇인지, 두려운 상황이 있는지, 두려움의 원인을 찾습니다.

두려움은 근원적이 것이 많습니다. 죽음, 절망, 공포 등 무서워하는 감정과 느낌이며 신체에 해하는 공포감으로 오는 경우도 많습니다. 두려움을 찾았다면 '무엇' 때문인지, 이유가 중요합니다.

> 예시) 죽음에 대한 두려움
> 버려지는 데 대한 두려움
> 자신이 해쳐지는 데 대한 두려움
> 사랑받지 못할까 봐 두려움

반복되는 패턴으로 찾기

새로운 직장 생활을 시작했을 때 혹은 퇴사했을 때 패턴이 있는지.

새로운 것을 시작했을 때 혹은 마무리 단계에서 패턴이 있는지.

연애의 시작과 끝의 패턴이 있는지.

싸울 때의 패턴이 있는지.

말할 때 패턴이 있는지.
특별한 사건이 있을 때 느껴지는 감정의 패턴이 있는지.
일에서 처음과 끝의 같은 행동 패턴이 있는지.

> 예시) 해방감 감정, 자포자기 감정, 헤어지기 싫은 감정
> 술을 마신다, 물건을 산다, 잠을 잔다
> 처음에는 좋다, 끝은 싫다

극복하지 못한 몇 가지 감정 때문에 또 다른 감정들을 불러 모아 많은 감정들이 발생됩니다.

> 예시) 잘못될까 봐 긴장 (대표 감정)

파생된 감정들: 불안, 초조, 귀찮음, 짜증 등 많은 감정이 생겨납니다.

드라마 중첩

드라마는 시간의 연속으로 이루어집니다. 하나의 드라마가 끝나면 새로운 드라마가 펼쳐집니다. 하지만 드라마는 중첩이 존재하며 하나의 드라마에 같은 감정과 느낌으로 두 개의 드라마가 동시에 존재하기도 하며 여러 개가 겹쳐서 생길 수도 있습니다.

아니면 같은 느낌의 드라마가 아닌 완전히 다른 종류의 드라마가 있을 수도 있습니다. 테마가 두 가지 이상이 될 수도 있습니다.

감정은 미지의 영역으로 모두 찾으면 좋겠지만 긴 시간을 필요로 하는 작업입니다. 내가 만들어 놓은 영원한 숙제이며 내가 놓아주어야 합니다.

> 여기서 내가 왜 이러한 반응을 보이지?
> 왜 메신저에 반응을 할까?
> 이와 같은 동일한 경험이 있는 것 같은데?
> 왜 저 사람만 보면 불편할까?
> 왜 저항심이 생기는 걸까?
> 왜 별것도 아닌데 거슬릴까?
> 왜 저 사람만 보면 신경이 쓰일까?
> 왜 저런 행동을 보는 것이 힘들까?

나에게 불편을 주는 사람, 일, 상황은 나를 비추는 거울임을 알아야 합니다. 불편함은 내가 알아야 할 것이 있다는 것을 사람과 상황으로 보여 주는 것입니다.

내 안에 뭔가 조그만 불편함이라도 있다면 그것이 무엇을 뜻하는지는 자기 자신밖에 모릅니다. 오직 자신만이 그것을 찾아낼 수 있습니다.

> 흥분되고 불편한 감정이 올라올 때:
> 한발 떨어져 바라보기
> 왜 이 감정이 올라왔지? 생각하기
> 올라온 감정에 대한 이유 찾기
> 감정에 반응하지 않고 수긍하기
> 긍정적 중립 상태로 바라보기

드라마란

감정표에서 ⑥번에 해당합니다.

드라마 하나가 아니며 여러 개로 지금도 만들어지고 있습니다.

현존을 찾는 법

　인간은 태어나서 지금까지 불편한 감정들을 평생 반복하면서 살고 있습니다. 특히 부정적이고 불편한 감정들은 변형이 일어나기도 하며 나이가 들어서까지 똑같은 감정들을 계속해서 느끼고 또 느낍니다.
　변형이 되었다는 말은 감정을 속이려고 가면을 쓰는 경우를 말합니다. 그런데 사람들이 모르는 이유는 드라마를 만들어서 나타나기 때문입니다.
　드라마란 태어나면서부터 지금까지 삶을 살아가면서 다양한 경험, 활동, 상황, 사람과의 만남을 통해 불편한 감정을 느끼기 시작하면서 이야기가 만들어지는 것을 말합니다. 꼭 사람이 아니더라도 동물, 식물, 집, 일, 물질로 드라마를 현존은 만들어 냅니다.
　5년 동안 일어난 이야기를 5년 드라마라고 부릅니다. 5년 안에 모든 해소되지 못한 불편한 감정들을 다 경험하게 만들어져 있습니다. 한 치의 오차도 없이 모든 감정이 들어가 있습니다.

　이야기 전개가 크게 세 등분으로 처음 부분, 중간 부분(줄거리), 끝부분으로 나누어집니다. 꼭 정해진 것은 아니고 사람마다 다르지만 예를 들어 7년 동안 일어난 이야기가 하나의 드라마라고 한다면 그 속에서 모든 해소되지 못한 불편한 감정들을 다 경험하게 만들어져 있습니다. 이 하나의 드라마가 끝나면 두 번째 드라마가 '처음, 줄거리, 끝'으로 다시 시작됩니다.
　두 번째 드라마에서 감정을 알아차리지 못했다면 다시 세 번째 드라마가 펼쳐집니다. 알아차릴 때까지 현존은 영원히 합니다.
　현존은 단 한 가지 감정 처리가 안 되어도 그 하나를 알아차리라고 모든 사람을 동원하고 사고도 내며 내 주변의 일어날 수 있는 일들을 만들어서 감정을 알아차리길 바랍니다.

현존은 한 편의 드라마를 만들려고 1년 2년 3년… 14년 그 이상의 대하드라마를 만들어 냅니다. 드라마 길이는 사람마다 다르고 드라마 수도 다릅니다.

영화로 예를 들면 한 편의 영화가 끝나면 다른 영화가 시작되고 그 영화가 끝나면 또다시 새로운 영화가 시작되는 것과 같습니다.

모든 영화의 내용과 등장인물 배경은 다르지만 감정은 한결같이 순서까지 똑같습니다.

모든 감정을 찾아 감정 통합이 이루어지면 다음 드라마는 길이가 짧아지기 시작하고 한 달 드라마, 한 시간 드라마, 오 분 드라마로 줄어들며 시간 개념이 사라지는 경험을 하게 됩니다.

그러면서 감정 통합이라는 모든 불편한 감정이 한순간에 모두 합쳐지는 느낌을 받으면서 그 길었던 나의 인생의 감정들이 통합을 이룹니다.

감정 통합이 이루어지면 현존이 드러나게 되는 경험을 합니다. 현존이 드러나게 되면 살면서 단 한 번도 생각하지 못한 생각을 합니다. 처음에는 내 생각인 줄 알고 상상도 못 하는 생각을 실천해 옮깁니다. 그러면서 이상하다고 느끼지만 처음에는 현존이 드러나는 것을 눈치를 채기가 어렵습니다. 하지만 지식으로 알고 있다면 금방 알아차릴 수 있습니다.

감정을 다스리지 못하면 감정의 노예가 되는데 전혀 눈치를 채지 못합니다. 누적된 소화하지 못한 감정을 찾는 것은 좋은 것만 취하고 나쁜 감정은 버리라는 것이 아닙니다. 좋고 나쁨이 없이 흐르는 에너지처럼 감정도 막히지 않고 흘러가게 바라보고 느끼는 것을 말합니다. 모든 감정을 긍정적 중립 상태로 바라보는 것입니다.

이것이 연습이 안 되면 어려울 수 있으나 의식의 진화 과정 중 하나입니다. 그리고 나에게 일어난 일들을 의식적으로 바라보며 나의 생각이 원인임을 자각하는 것입니다.

모든 감정을 찾아 통합이 이루어져도 기존의 자신이 하던 습관 감정이 계속 올라옵니다. 하지만 그 이유를 정확하게 알기 때문에 전과 같이 감정에 휩쓸리지 않고 바라보고 긍정적 중립 상태로 존재하게 됩니다.

시작과 결말로 드라마 찾기

다양한 감정들을 찾았다면 드라마 대본을 만들어야 합니다. 드라마 대본을 크게 시작과 줄거리 결말로 나눕니다. 먼저 시작과 결말을 찾아 냅니다.

줄거리는 찾기가 어렵기 때문에 먼저 처음과 끝을 찾아 두면 전체적인 틀이 완성되어서 찾기가 수월합니다. 드라마의 시작과 결말을 찾아냅니다. 찾아 두었던 다른 드라마가 있다면 다른 드라마와 대입해 봅니다.

드라마 시작은 직장에 들어가거나, 이사를 하거나, 연인을 만나거나, 결혼을 하거나, 출산을 하거나, 새로운 뭔가를 새로 할 때 시작되는 경우가 많습니다. 드라마 끝은 곧 시작을 의미합니다. 시작과 끝의 감정을 먼저 찾아 봅니다.

예를 들어 직장을 처음 들어갔을 때 느낌과 직장을 그만두었을 때 느낌을 찾습니다. 직장을 그만두었을 때가 새로운 드라마가 시작되는 것입니다. 새로운 다른 드라마는 직장을 처음 들어갔을 때 느낌과 같습니다. 무엇이든 처음과 끝의 느낌들을 찾아 드라마가 몇 개가 되는지 찾아봅니다. 드라마 찾기의 가장 첫 번째가 처음과 끝을 찾는 것입니다.

> 예시) 처음에는 좋았어. (　　) 회피했어.
> 　　　처음에는 그냥 그랬어. (　　) 탈출했어.
> 　　　처음에는 싫었어. (　　) 좋은 척했어.
> 　　　처음에는 다 그렇지 뭐. (　　) 스스로 끝냈어.

감정표 ①~⑤에서 찾아 두었던 불편한 감정들을 가지고 드라마를 만들어 봅시다.

> (드라마 예시)
> 예시1) 겁이 나는 슬픔 / 절절한 서글픔 / 조이는 불안 / 쌓여서 터졌어 / 사무치는 실망
> 불편한 감정을 5가지를 찾았다면 가장 먼저 찾아 놓았던 처음과 끝의 감정 "처음에는 그냥 그랬어, (　　) 탈출했어"를 가지고 완성된 드라마를 만듭니다.

드라마1

3년의 회사 생활이었다면

　회사에 들어가서 처음에 그냥 그랬어. 그런데 조이는 불안이 생겨 절절한 서글픔이 오는 거야. 그래서 쌓여서 터졌어. 회사에서 나오려 하니 겁이 나는 슬픔이 몰려오면서 사무치는 실망감이 생겼어. 그래서 탈출했어.

　3년의 회사 생활이었다면 감정표에 찾아 두었던 불편한 감정 5가지로 이야기를 만들어 보면서 자신의 삶과 맞아떨어지는 느낌이 들 때까지 연결해 봅니다.

회사에서 나오고 새로운 드라마가 이사로 시작됩니다. 새로운 드라마도 불편한 감정과 순서까지 똑같이 반복됩니다. (회사를 들어갔을 때 나이를 적고 회사에서 나올 때 나이를 적습니다. 회사를 나온 연도가 새로운 드라마가 시작되는 연도입니다.)

> 예시2) 이사를 하게 되면서 드라마가 또다시 생긴다면 위의 감정이 똑같이 들어가게 됩니다. 삶은 바뀌어 있지만 안에 들어가는 감정, 느낌은 동일합니다.

드라마2

이사를 갔는데 처음에 그냥 그랬어. 그런데 조이는 불안이 생겨 절절한 서글픔이 오는 거야. 그래서 쌓여서 터졌어. 식구들 때문에 겁이 나는 슬픔이 몰려오면서 사무치는 실망감이 생겼어. 그래서 탈출했어.

이처럼 불편한 상황과 사람과 배경은 다르지만 느끼는 감정은 똑같습니다. 드라마가 만들어지는 소재는 꼭 직장, 사람이 아니더라도 동물, 식물, 일, 집, 책임 등으로 한계가 없습니다.

위 드라마는 회사와 이사로 예를 들었습니다.

드라마는 시작되는 연도(나이)와 끝나는 연도(나이)가 중요합니다. 그것을 알아야 드라마 찾기가 수월합니다.

감정표 ①~⑤에서 찾아 두었던 불편한 감정들로 ⑥에서 드라마를 만듭니다. 찾아 두었던 감정이 10개라면 10개가 모두 들어가게 이야기를 만들어야 합니다.

찾은 감정이 20개라면 20개가 모두 들어가게 이야기를 만들어야 합니다. 드라마 하나가 만들어지면 새로 시작된 삶에 적용해 봅니다. 이 불편한 감정은 자신이 전생부터 지금까지 소화하지 못한 감정들이며 이것을 찾는 것이 미션입니다.

드라마는 불편한 감정, 느낌, 상황이 반복해서 일어나는 것을 찾는 여행입니다. 이 여행은 현존이 우리를 위해서 배워야 할 것들을 만들어 놓은 드라마 세트장입니다.

감정을 찾지 못한다면 현존은 새로 세팅을 해서 새로운 드라마를 만들기 시작합니다. 새로 세팅된 드라마에서는 이사도 할 수 있고, 결혼도 할 수 있고, 취직도 하고, 새로운 무언가를 시작할 수도 있습니다. 이 과정에서 생기는 불편한 감정과 느낌, 상황을 경험합니다.

여기서 또다시 반복되는 불편한 감정을 찾지 못한다면 현존은 또다시 드라마를 만듭니다. 현존은 찾을 때까지 영원히 합니다.

만약 이번 생에 나의 감정 패턴을 찾고 그와 관련된 사념체를 모두 내보내면 그 이후에는 아주 다른 삶의 패턴이 일어납니다. 그것은 한 챕터가 끝나고 다른 레벨 업 되는 챕터가 펼쳐지는 첫 시기가 되는 것입니다.

불편한 감정을 찾고 통합이 이루어져도 알아야 할 감정은 계속 이어집니다. 그것은 아주 섬세하고 미세한 감정들이며 기존에 찾지 못한 불편한 감정과 기존에 찾았던 생각과 감정들을 다시 복습하는 것처럼 현존은 아주 가벼운 드라마를 만들어 제공하고 감정 중립을 유지할 수 있도록 도움을 줍니다.

자신의 불편한 감정을 찾는 것은 자신을 알아 가는 일 중에 가장 첫 번째로 해야 하는 것이고 가장 중요한 요소입니다. 현존이 만든 드라마를 찾아도 자신의 감정을 찾는 일을 멈추지 마세요.

감정, 드라마 찾기는 파트너가 있으면 서로에게 도움을 주고 즐겁게 자신의 감정을 찾기를 게임처럼 즐길 수 있습니다. 친한 친구와 같이 자신의 드라마를 찾아 보세요.